Alpine Guide

ヤマケイ アルペンガイド

八ヶ岳

赤岳・横岳・硫黄岳・権現岳

天狗岳・縞枯山・北横岳・蓼科山

Alpine Guide
ヤマケイ アルペンガイド

八ヶ岳

Contents

本書の利用法……4
八ヶ岳に登る……6

南八ヶ岳

コース1 赤岳 阿弥陀岳……12
サブコース 阿弥陀岳から御小屋尾根を下山……18
コース2 赤岳 横岳・硫黄岳……22
サブコース 杣添尾根から横岳へ……28
コース3 赤岳 県界尾根・真教寺尾根……30
コース4 硫黄岳 峰ノ松目……36
コース5 編笠山 権現岳……42
コース6 西岳 編笠山……48
コース7 権現岳 赤岳……54

北八ヶ岳

コース8 天狗岳 高見石……68
サブコース 西尾根から天狗岳へ……73
コース9 天狗岳 みどり池・本沢温泉……76
サブコース 白砂新道から天狗岳へ……83
コース10 にゅう 白駒池……86
サブコース 八千穂高原から剣ヶ峯・白駒池へ……92
サブコース 麦草峠から雨池・八柱山へ……94
サブコース 麦草峠から狭霧苑地・渋ノ湯へ……96

コース11　縞枯山 茶臼山……98
コース12　北横岳 双子池・雨池……102
サブコース　山頂駅から三ツ岳・大岳へ……109
コース13　蓼科山……112
サブコース　竜源橋から蓼科山へ……117

積雪期

積雪期の八ヶ岳に登る……120
コース14　山頂駅から北横岳へ……122
コース15　渋ノ湯から天狗岳へ……124
コース16　美濃戸口から赤岳へ……126

コラム

八ヶ岳の山名・地名考察……21・53・61
八ヶ岳に咲く花……62

インフォメーション

八ヶ岳へのアクセス……128
八ヶ岳の登山口ガイド……132
八ヶ岳の山小屋ガイド……141
立ち寄り湯ガイド……148
行政区界・地形図……149
問合せ先一覧……150
主な山名・地名さくいん……151

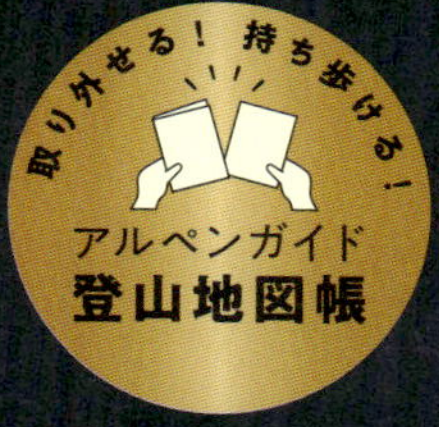

1 編笠山・権現岳・西岳
2 天女山・美し森
3 赤岳・阿弥陀岳・横岳・硫黄岳
4 県界尾根・杣添尾根
5左 権現岳・赤岳詳細図
5右 横岳・硫黄岳詳細図
6 天狗岳・にゅう
7左 みどり池・本沢温泉入口
7右 天狗岳詳細図
8 縞枯山・茶臼山・麦草峠
9 白駒池・稲子湯
10 北横岳・蓼科山・双子池
11左 麦草峠・白駒池詳細図
11右 北横岳・縞枯山詳細図

本書の利用法

本書は、八ヶ岳の一般的な登山コースを対象とした登山ガイドブックです。収録したコースの解説は、八ヶ岳に精通した著者による綿密な実踏取材に基づいています。本書のコースガイドページは、左記のように構成しています。

コースガイド

サブコース

❶山名・行程

コースは目的地となる山名・自然地名を標題とし、行程と1日ごとの合計コースタイムを併記しています。日程（泊数）はコース中の山小屋を宿泊地とした標準的なプランです。

❷コース概念図

行程と主な経由地、目的地を表したコース概念図です。丸囲みの数字とアルファベットは、登山地図帳の地図面とグリッド（升目）を示しています。

❸コースガイド本文

コースの特徴をはじめ、出発地から到着地まで、コースの経路を説明しています。主な経由地は、強調文字で表しています。本文中の山名・地名とその読みは、国土地理院発行の地形図に準拠しています。ただし一部の山名・地名は、登山での名称・呼称を用いています。

❹コース断面図・日程グラフ

縦軸を標高、横軸を地図上の水平距離としたコース断面図です。断面図の傾斜角度は、実際の登山道の勾配とは異なります。日程グラフは、ガイド本文で紹介している標準日程と、コースによって下段に宿泊地の異なる応用日程を示し、日程ごとの休憩を含まないコースタイムの合計を併記しています。

❺コースタイム

30〜50歳の登山者が山小屋利用1泊2日程度の装備を携行して歩く場合を想定した標準的な所要時間です。休憩や食事に要する時間は含みません。なおコースタイムは、もとより個人差があり、登山道の状況や天候などに左右されます。本書に記載のコースタイムはあくまで目安とし、各自の経験や体力に応じた余裕のある計画と行動を心がけてください。

6 コースグレード

八ヶ岳の無雪期におけるコースの難易度を初級・中級・上級に区分し、さらに技術度、体力度をそれぞれ5段階で表示しています。

初級 とくに難所のないコースです。登山の初級者で、八ヶ岳にはじめて登る人に向いています。

中級 注意を要する岩場や急斜面などがあり、おおむね行程も長いコースです。日頃から登山に親しみ、注意箇所のあるコースおよび宿泊を伴う登山の経験がある人に向きます。八ヶ岳は中級コースが中心となりますが、体力度・技術度は幅があります。

上級 急峻な岩場や迷いやすい地形に対処でき、読図（地形図の判読）と的確な天候判断が求められるコースです。八ヶ岳もしくは同等の山域の中級以上のコースを充分に経験している人に向きます。

技術度

1＝よく整備された散策路・遊歩道
2＝とくに難所がなく道標が整っている
3＝ガレ場や雪渓、小規模な岩場がある
4＝注意を要する岩場、迷いやすい箇所がある
5＝きわめて注意を要する
　地形や規模の大きな岩場がある

これらを基準に、天候急変時などに退避路となるエスケープルートや、コース中の山小屋・避難小屋の有無などを加味して判定しています。

体力度

1＝休憩を含まない1日の
　コースタイムが2〜3時間程度
2＝同3〜5時間程度　3＝同5〜7時間程度。
4＝同7〜9時間程度　5＝同9時間以上

これらを基準に、コースの起伏や標高差、日程などを加味して判定しています。なおコースグレードは、登山時期と天候、および荒天後の登山道の状況などによって大きく変わる場合があり、あくまで目安となるものです。

登山地図帳

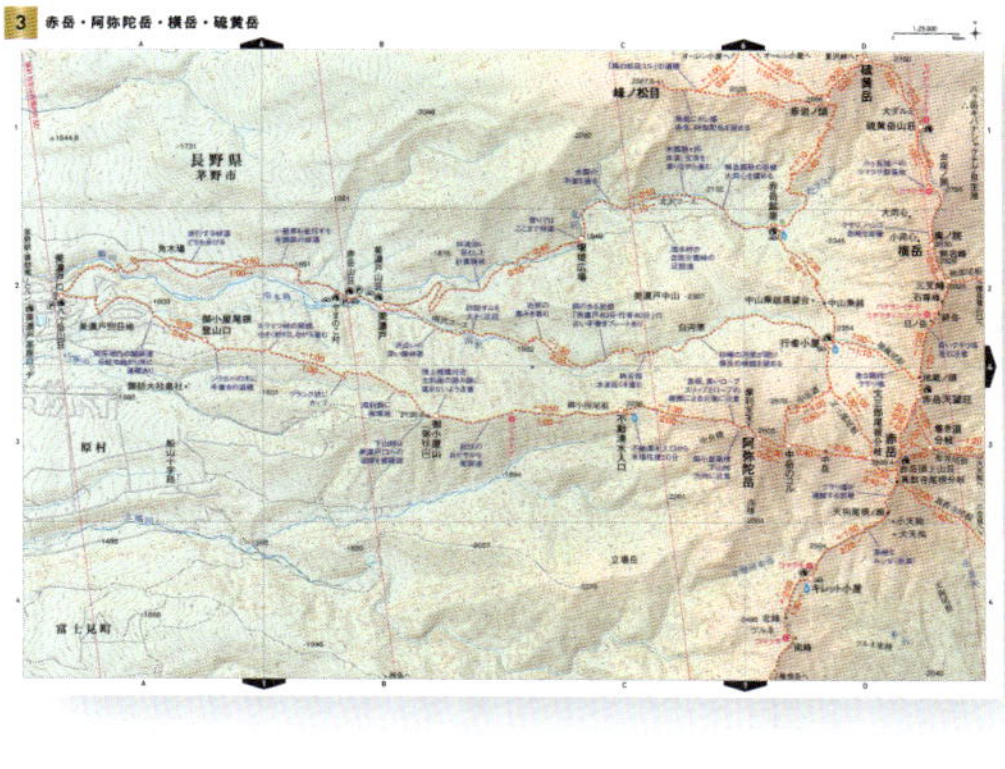

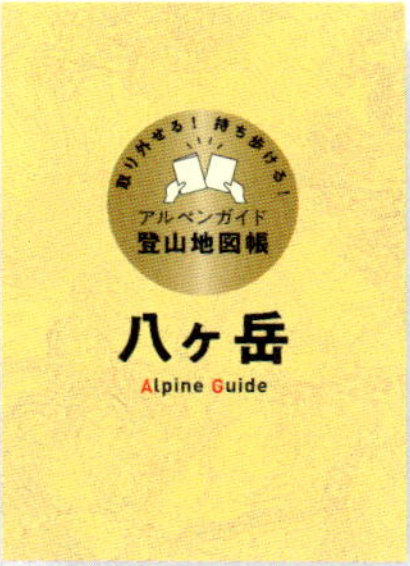

7 コースマップ

登山地図帳に収録しています。コースマップの仕様や記号については、登山地図帳に記載しています。

八ヶ岳に登る

山梨県と長野県にまたがる八ヶ岳《やつがだけ》は、主稜線が延びる南北に約30km、裾野の広がる東西に約15kmの規模をもつ山脈である。アルプスの呼称こそ与えられていないものの、日本の屋根を形成する本州中部山岳を代表する山域のひとつだ。1964年に霧ヶ峰《きりがみね》や美ヶ原《うつくしがはら》とともに八ヶ岳中信高原国定公園に指定されている。

八ヶ岳は、130万年~30万年前に活動を始めた火山群で、その形成年代から、ほぼ中間の夏沢峠《なつざわとうげ》を境に、以南を南《みなみ》八ヶ岳、以北を北《きた》八ヶ岳と区分して呼ばれる。

早くに形成された南八ヶ岳は、標高2899mの主峰・赤岳《あかだけ》を中心に、横岳《よこだけ》や阿弥《あみ》陀岳《だだけ》、権現岳《ごんげんだけ》など峻険な峰々がそびえ立ち、アルペン的な景観を見せている。

対照的に、形成年代の新しい北八ヶ岳はおだやかで、針葉樹の原生林に包まれ、静かな山上湖や明るい草原が点在する山並みが広がっている。

南北を通じて登山対象となるエリアはコンパクトで、登山口から稜線へは、おおむねコースタイム3~5時間とアプローチが短い。さらに首都圏や名古屋方面からのアクセスがよく、山小屋が充実していることから、1泊2日程度の短期間でも、ひとつのピークの往復だけでなく、複数のピークを結ぶ縦走登山も計画できる。

このように南北でふたつの表情をもち、森と山上湖をめぐるトレッキングから、アルペン的な峰々を結ぶ縦走まで、コンパクトなエリアに魅力が凝縮しているのが八ヶ岳の大きな特徴である。

■山名由来

八ヶ岳という名の由来には諸説がある。よく根拠とされるのは、江戸時代に編纂された甲斐国《かいこく》(現在の山梨県)の地誌『甲斐国志《し》』である。巻乃二十九・山川部第十には、「峯巒宕崒トシテ八葉ニ分ル故ニ名ト

林床一面が苔むした麦草峠付近の原生林

主峰・赤岳を背に、横岳の岩稜を縦走

北八ヶ岳で最も大きい山上湖、白駒池

高山植物の女王とも
呼ばれるコマクサ

赤岳や阿弥陀岳への登山基地となる
行者小屋

頂上に鋭い岩峰を突きだした権現岳

ス」との記述がある。峰々は険しくそそり立ち、八葉《はちよう》に分かれるゆえに八ヶ岳の名がある、と解釈できる。八葉とは、仏教で浄土《じょうど》をあらわす八葉蓮華《れんげ》。具体化したものはハスの花の形をした仏像の台座（蓮華座）に見られる。

一方、谷をさす「谷戸《やと》」、「谷津《やつ》」も、八ヶ岳の由来として考えられる。とりわけ浸食の進んだ南八ヶ岳は、多くの谷に刻まれ、起伏に富んだ地形をしている。もとより「八」は「八百」のように数の多さをあらわすことから、八ヶ岳とは「多くの峰々」ともいえそうだ。なかでも、八ヶ岳は、権現岳にまつる檜峰《ひみね》神社の祭神、八雷神（やついかつちのかみ）に由来し、本来、八ヶ岳とは、権現岳をさしたとする説は有力だ。

中世から修験の中心であった権現岳の頂上には鋭い岩峰がそびえ立ち、V字に裂けたような形状をしている。檜峰神社の語源は「火の峰」であり、この岩峰は雷が切り裂いたもの、あるいは天から降ってきた矢と見て崇めた、とも伝わっている。

登山シーズン

一般的な登山適期となる無雪期は、おおむね6月上旬〜10月下旬。シーズン序盤の6月は、積雪量の多い年だと北斜面や谷沿いで残雪を見ることがあり、無雪期と明確に区分するのはむずかしい。

6月中旬〜8月下旬は、活気あふれる八ヶ岳の夏山シーズン。例年7月中旬までは梅雨のさなかだが、八ヶ岳の高山植物は種類によって開花が早く、梅雨時期にも多くの登山者が花を目的に訪れている。ただし、6月は低い気温や残雪、7月上旬〜中旬は梅雨末期の豪雨などに注意が必要だ。

甲信地方の梅雨明け平年日は7月20日、以降、8月下旬にかけては夏山の最盛期。前線停滞などの異例な気象を除けば、天候

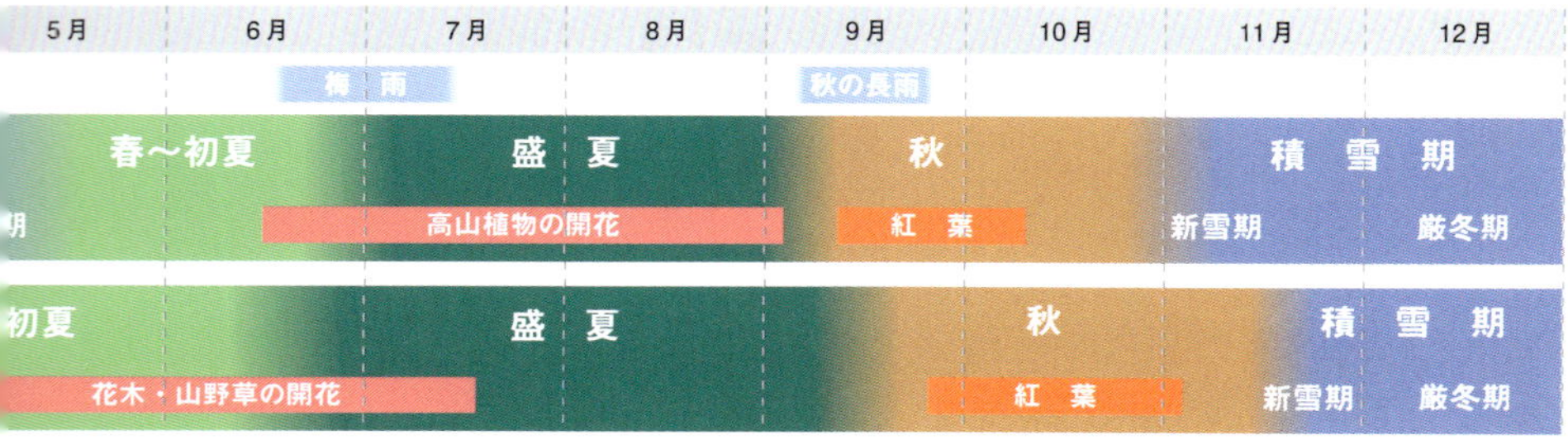

夏山最盛期、赤岳から横岳、硫黄岳を望む

は比較的安定し、青空のもと夏山登山を満喫できる。南八ヶ岳の稜線ではコマクサやチシマギキョウなどの高山植物が咲き競う。

９月に入り、台風の通過時期と秋の長雨を過ぎると、八ヶ岳は彩りの季節を迎える。稜線付近では９月中旬～下旬にダケカンバや花期の終わった高山植物の葉が色づく。北八ヶ岳では10月上旬～中旬、山上湖のほとりのナナカマドやツツジ類が葉を深紅に染め、美しい風景を描く。

10月中旬～下旬になると、紅葉ラインは山麓へ下り、落葉針葉樹のカラマツが黄金色に輝く。11月に入り、カラマツが葉を落とすころ、稜線は雪化粧をまとい、無雪期の登山シーズンが幕を閉じる。

なお積雪期については、「積雪期の八ヶ岳に登る」（P120）で解説している。

山小屋

登山者用の宿泊施設である山小屋の充実は、周辺の山域と比べても特筆でき、八ヶ岳の大きな特徴といえる。主稜線にはコースタイムにして２～４時間ごとに位置し、主要登山口と中腹の要所にも多い。山小屋が充実していることで、行程を組みやすく、登山計画の幅が広がる。

素朴さを守り続けている山小屋や、登山者との交流に力を入れる山小屋など、その個性も豊かだ。山小屋を営む主人の人柄を慕って八ヶ岳に通うファンも少なくない。

10月上旬、鮮やかな彩りに包まれた双子池

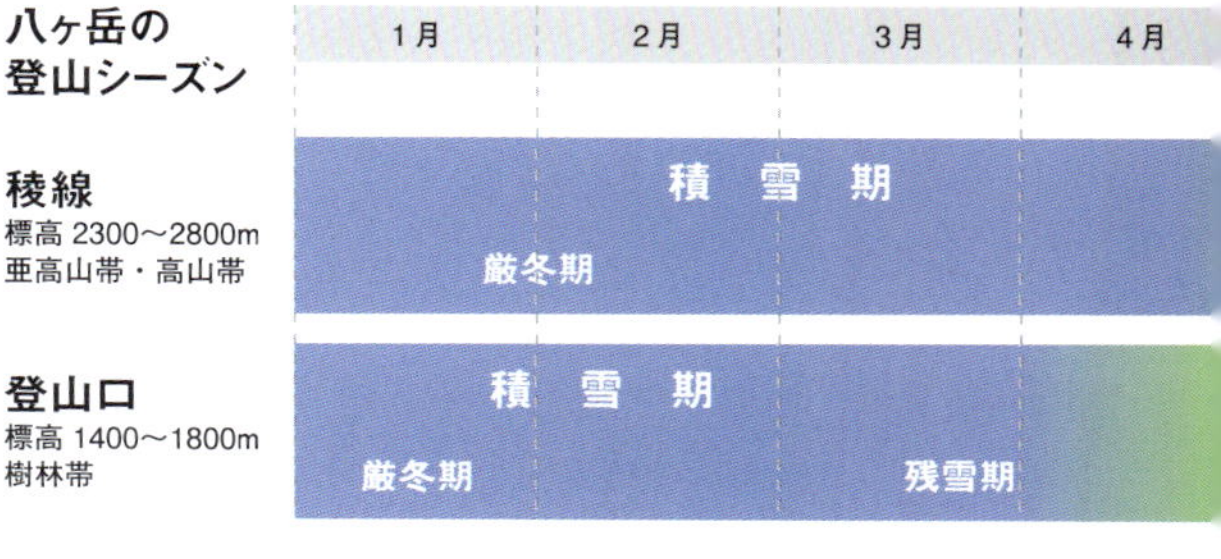

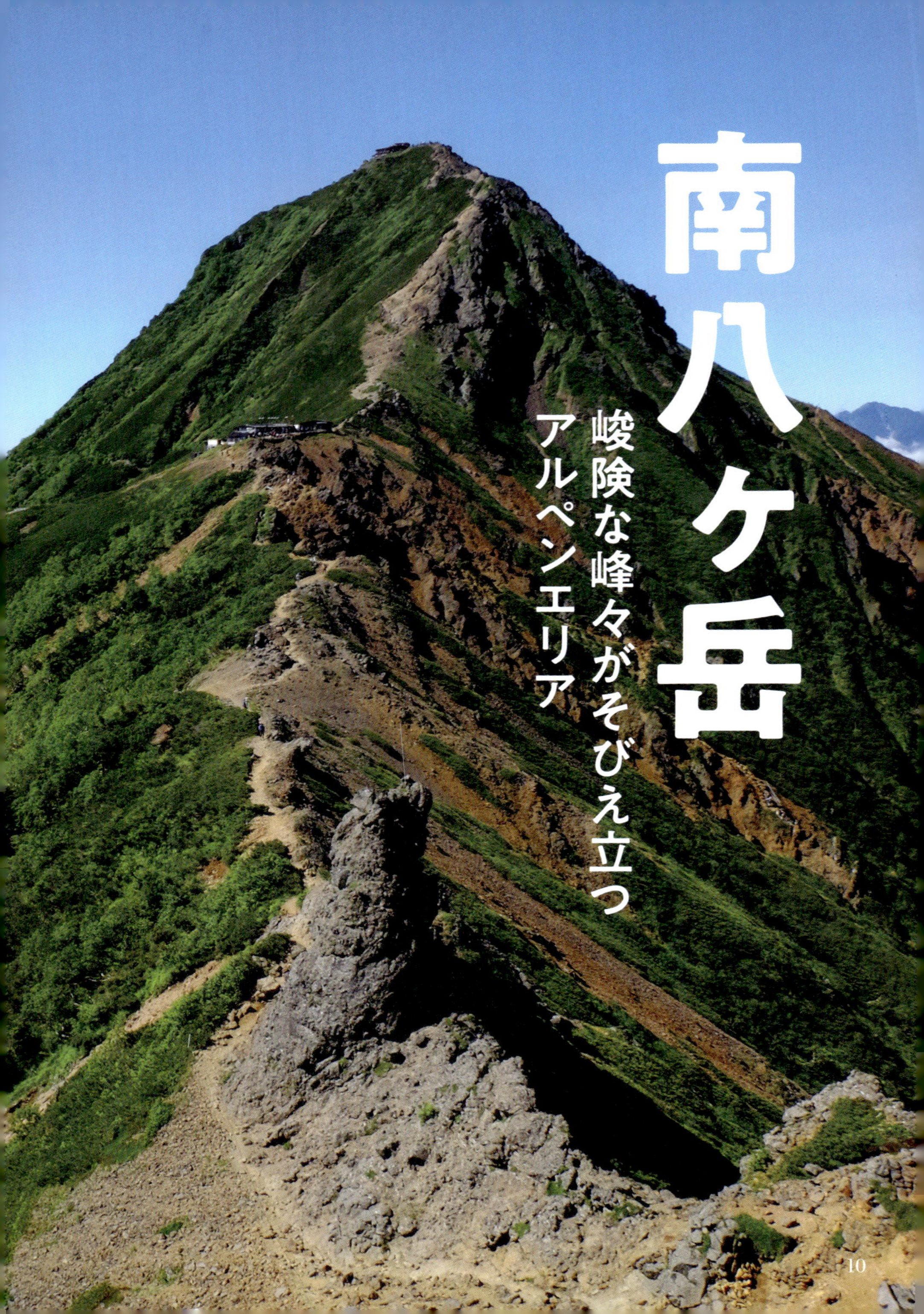

南八ヶ岳

峻険な峰々がそびえ立つアルペンエリア

南八ヶ岳にそびえ立つ主峰・赤岳。
そのアルペン的な景観は日本アルプスの3000m級山岳にも匹敵する

中岳のコル付近から望む赤岳、西壁が際立つ

群を抜いて颯爽とそびえ立つ八ケ岳の主峰へ

1泊2日

赤岳 阿弥陀岳

1日目

美濃戸口→美濃戸→行者小屋→赤岳天望荘 計4時間50分

2日目

赤岳天望荘→赤岳→阿弥陀岳→行者小屋→美濃戸→美濃戸口 計6時間10分

コースグレード **中級**

技術度 ★★★★ 4

体力度 ★★★ 3

赤《あか》岳《だけ》は峻険な峰々が連なる南八ヶ岳の主稜線にあって、ひときわ群を抜いて颯爽とそびえ立つ。標高2899m、名実ともに八ヶ岳の主峰だ。山名は酸化鉄による赤褐色の岩肌に由来し、朝夕の斜陽を浴びてまさに赤く染まる姿は美しい。

標高2805mの阿弥陀岳《あみだだけ》は、諏訪《すわ》側の西麓から望むと、八ヶ岳の山並みの最前列にそびえ、その名が表わすように人々の信仰を集めたピーク。標高こそ赤岳におよばないものの、山頂部をぐっと立ち上げた山容は凛として、赤岳と双璧をなしている。

1日目 美濃戸口から南沢コース、地蔵尾根を登り主稜線へ

八ヶ岳西麓の主要登山口、**美濃戸口**《みのとぐち》からスタートする。まずは車道をはさんで八ヶ岳山荘北側のカラマツ林に続く未舗装の林道へ進む。柳川《やながわ》に架かる橋を渡り、右岸(川の上流を背にして下流を見て右側の岸)の林道をたどる。林道が沿う柳川の河岸にはかつて森林軌道が敷かれ、材木供給の重要な役割を果たしていた。森林軌道は美濃戸から原《はら》村を通って中央本線富士見駅まで延長約19㎞。原村では軌道とトロッコの復元が試みられている。

やがて前方頭上に阿弥陀岳が姿を見せると、**美濃戸**に出る。順に、やまのこ村、赤岳山荘、美濃戸山荘が立ち並び、各山小屋の前がよい休憩地にもなっている。

美濃戸から赤岳方面へは、柳川上流の北沢・南沢、それぞれに沿ったコースに分かれる。南沢コースは、谷沿いの深い樹林帯を登る。現在地を知る明瞭なランドマークが少なく、長く感じるコースだが、行者小屋へ早く出られる。

北沢コースは、現在地を知るポイントがあり、距離感をつかみやすい。赤岳鉱泉から行

阿弥陀岳を背に地蔵尾根上部の岩稜を登る

行者小屋の前から赤岳(中央)を間近に見上げる

者小屋へは、中山乗越《なかやまのっこし》へのやや急な登りがある。ここでは、コースタイムを優先して、南沢コースをたどる。

　美濃戸山荘の前で、北沢コースへ向かう林道から分かれ、南沢の右岸の樹林帯に続く登山道へ入る。ほどなく左岸へ移り、小さな尾根地形をごくゆるやかに登っていく。

　再び右岸へ移り、谷沿いの斜面を急登して、近年建設された砂防ダムを大きく迂回する。足もとには木の根や露岩が目立つので、気をつけて歩こう。

　その先、ジグザグを切って右岸の斜面を登り、天然の石畳のような道を進むと、谷が深まってくる。大岩がつくる滝を左岸へ回り込んで越え、右岸に戻ると、祠や石碑が置かれた高さ10m、幅20mほどの岩壁の下に出る。ここが南沢コースのおおよそ中間点だ。「美濃戸40分、行者40分」と手書きされた古いプレートが見つかるが、実際にはどちらも1時間ほどかかる。

　後半は、だいぶ細くなってきた水流を2度、3度と渡りながら、深みを増した谷沿いを登っていく。やがて南から注ぐ支流を渡り、左岸の斜面を進むと、前方に横岳《よこだけ》の岩稜を望める河原に出る。白河原《しらっかわら》と呼ばれる場所である。

　この河原と左岸の針葉樹林を交互に抜けると、**行者小屋**に出る。目前にはめざす赤岳が赤褐色の西壁をせり上げている。

　稜線へは地蔵尾根を利用する。行者小屋から稜線まで標高差360m、急登の連続で上部は岩稜だ。道標を確認して行者小屋の北東側から地蔵尾根に取り付く。前半は

稜線で迎える日の出、朝日に染まる赤岳

針葉樹林帯で、登るほどに傾斜が強まってくるが、足場となる石段が積まれているので、着々と登っていける。

ダケカンバが目立ってくると、登山道沿いに平坦なスペースがある。憩いの広場と通称されている休憩適地だ。この先、森林限界に達した高山帯の岩稜となるので、天候によって防風・防寒対策をしよう。

まず小規模な露岩のクサリ場を登り、次いで岩礫の斜面に設置された急勾配の階段を上がる。さらに高さ20mほどの急な岩場をクサリを補助にして登ると、視界が大きく開ける。尾根の両側には、いくつもの急峻なルンゼ（岩溝）やリッジ（岩尾根）が突き上げている。

岩礫の斜面を登り、登山道脇に置かれた地蔵尊を過ぎると、狭い岩稜となる。クサリに導かれて岩稜を急登すると主稜線上の地蔵ノ頭に登り着く。東側の展望が広がり、奥秩父《おくちちぶ》の山並みとともに、これまで稜線に隠れていた富士山が姿を現わす。

横岳の奥ノ院から赤岳、阿弥陀岳と主要登山道を望む

地蔵ノ頭から主稜線を南へ進むと、ほどなく**赤岳天望荘**に到着する。周辺の岩礫地では、夏にコマクサやウルップソウが咲く。

2日目

赤岳、阿弥陀岳に登り中岳道、南沢コースを下山

目前となった赤岳頂上へは、主稜線を南へ登る。クサリに沿って、ガラガラとした岩礫の斜面にジグザグを刻みながら高度を上げていく。いったん傾斜がゆるむところは赤岳の肩にあたる地形だ。ここで岩塊をひとつ乗り越える。数歩だが足場を見通しにくいので気をつけよう。

さらに岩礫の急斜面をもうひと登りすれば**赤岳**頂上に立つ。最初に登り着いたピークは赤岳北峰で、赤岳頂上山荘が立っている。頂上標識のある赤岳南峰は、細い岩稜をたどって30mほど、三角点が置かれ、かたわらに赤岳神社が鎮座している。

北峰・南峰とも展望はまさに全方位。稜線で結ばれた八ヶ岳の峰々をはじめ、南から西にかけて富士山、南・中央アルプス、御嶽山《おんたけさん》、北アルプス。北にかけて頸城山塊《くびきさんかい》、浅間山《あさまやま》、そして東に奥秩父の山々と、雄大なパノラマが展開する。

下山は南峰から主稜線を南下する。鉄ハシゴが2カ所設置された岩場を下降すると、権現岳《ごんげんだけ》への縦走路との分岐に出る。ここで主稜線から分かれ、はじめ南西向きに傾斜の強い岩場を下る。眼下には立場川《たつばがわ》の深い谷が落ち込み、高度感があるが、あわてず慎重に足場を選んで下っていこう。

距離にして約50m下降して、中段で西へトラバース、さらに約20m下ると岩場の基部に下り立ち、主稜線からの巻き道を合わせる。地形は比較的おだやかになり、南に権現岳を望みながら下って、進路が西を向くと**文三郎尾根分岐**《ぶんさぶろうおねぶんき》に出る。

正面にそびえ立つ阿弥陀岳へは、文三郎尾根を見送り、中岳《なかだけ》手前の鞍部まで、岩礫の斜面をジグザグに下る。鞍部から中岳へ

360度の大パノラマが展開する赤岳頂上

横岳を背景に赤岳天望荘から赤岳へ急登

前方の阿弥陀岳へ、中岳手前の鞍部まで下る

は、見た目ほどきつくない登り返しだ。

中岳を越え、**中岳のコル**から阿弥陀岳東面に取り付く。約15mのハシゴを上り、クサリに沿って岩場を急登していく。岩場を抜けると、ハイマツと赤土のなだらかな斜面となって、**阿弥陀岳**の頂上に出る。頂上は赤岳とは対照的に平坦で広く、信仰を物語る石像や石碑が立ち並んでいる。

阿弥陀岳からは下山行程だ。いま登ってきた道を**中岳のコル**まで慎重に下降し、北へ分岐する中岳道を下る。すぐにロープの設置された砂礫の急斜面を下り、ダケカンバ林に入って阿弥陀岳から北へ延びる尾根の東側面を下っていく。浅い谷の源頭に大きくジグザグを切り、針葉樹林の斜面を急下降すると、文三郎尾根との分岐に出る。ナナカマドの茂みを抜け、涸れ沢沿いを下れば**行者小屋**が見えてくる。

行者小屋からは往路にたどった南沢コースを下り、**美濃戸**を経て**美濃戸口**へ向かう。

プランニング&アドバイス

1日目に赤岳天望荘まで登るには、美濃戸口を午前10時頃までには出発したい。時間にゆとりをもって歩くなら美濃戸口または美濃戸で前夜泊するとよい。前夜泊の日程なら1日目に赤岳頂上まで登ることもできる。また美濃戸口を正午前後に出発し、ゆっくり入山するには、1日目を行者小屋までとすると無理がない。2日目、阿弥陀岳へは登らず赤岳を目的地にする場合、下山は往路の地蔵尾根または文三郎道がよく利用されている。

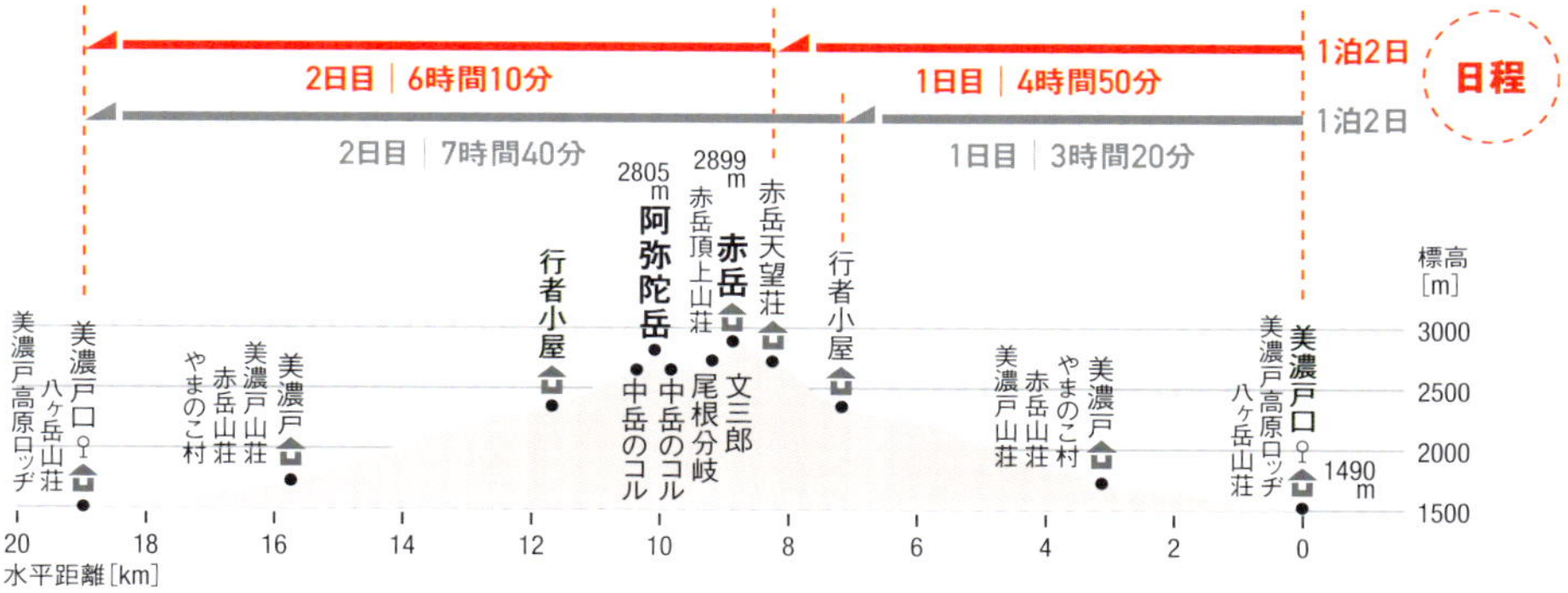

サブコース

阿弥陀岳から御小屋尾根を下山

阿弥陀岳↓御小屋山↓美濃戸口

計3時間55分

阿弥陀岳《あみだだけ》から西に延びる御小屋尾根《おこや》は、美濃戸口《みのとぐち》まで距離約6km、標高差1315mのスケールをもつ。東面の県界尾根《けんかい》や真《しん》教寺《きょうじ》尾根と並ぶ長大な尾根である。

御小屋とは、尾根の西麓に鎮座する諏訪《すわ》大社の奥社のこと。諏訪大社の神事、7年に一度の御柱祭《おんばしらさい》で曳くモミの大木は、この山中からも伐り出され、尾根の中間部にある御小屋山は、御柱山ともいう。

御小屋尾根は、南沢・北沢コースに比べると、道標などの整備は最小限だが、それだけに行き交う登山者は少なく、静かな雰囲気を味わえる。

ただし、阿弥陀岳直下には周囲が切り立った岩場があるうえ、尾根の最上部はきわめて傾斜が強い。さらに登山コース以外の踏み跡に誤って入り込まないよう注意が必要な場所もある。したがって赤岳《あかだけ》への地蔵尾根や横岳《よこだけ》の岩稜など、南八ヶ岳の主要コースを2、3度歩き、地形や岩質、植生などの特徴を知ってから利用してほしいコースである。

阿弥陀岳頂上からの下山はまず道標を確認しよう。中岳《なかだけ》のコルから登ってきた道のほかに、登攀ルートの南稜の踏み跡もあるので注意しよう。御小屋尾根へは北西へ、ハイマツと低木のシャクナゲをかき分けるようにして細い頂稜をたどる。すぐに見えてくる王冠状の岩塊は、摩利支天《まりしてん》あるいは阿弥陀岳西ノ肩と呼ばれ、周囲が切り立っ

Map 3-3C 阿弥陀岳

Map 3-3B 御小屋山

コースグレード	中級	
技術度	★★★★	4
体力度	★★★	3

尾根上部はハイマツと岩礫の斜面を急下降する

難所の摩利支天、この岩塊を乗り越える

ている。これを乗り越える。

約3mのハシゴを使って岩塊に上がり、進行方向にゆるく下っている岩盤の上を歩く。わずか数歩で補助ロープも設置されているが、このロープをつかむと前かがみの不安定な姿勢となるため緊張する。犬返しの岩とも呼ばれている難所だ。

次の岩塊の下を横切ると道標がある。御小屋尾根の下降は、ここで西へほぼ直角に折れる。そのまま南へ延びる岩稜は、登攀ルートの中央稜だ。この中央稜と分かれ、山麓を広く見下ろしながら、急下降をはじめる。地面はザラザラとした岩礫で滑りやすい。そこで約200mに渡って設置されたロープを頼りに下っていくが、摩擦による火傷防止のため、軍手など手袋を事前に着用しておきたい。

ロープの末端まで慎重に下り、さらにハイマツと岩礫の斜面をジグザグに急下降していく。ダケカンバやミヤマハンノキの低木帯に入ると、明瞭な尾根地形となり、いくぶん傾斜がゆるむ。広いスペースは得られないが、露岩の南側を巻く地点に比較的、足場が安定したところがある。このあたりで、ようやくひと息つける。

その先、シラビソやコメツガなどの針葉樹林帯に入ると、やがて**不動清水入口**に出る。ここから往復10分ほど、東へ戻るように山腹をトラバースすると、湧水の得られる不動清水に出る。かたわらには不動明王の石像が安置されている。

不動清水から登山道に戻ったら、さらに尾根を下っていこう。これまでより傾斜はなだらかで、平坦に近いところもある。ところどころ開ける草地では、夏にオニシモツケやシナノオトギリ、ミネウスユキソウなどが咲く。左手、南側には編笠山《あみがさやま》と西岳《にしだけ》が横たわり、振り返れば、阿弥陀岳の山頂部が間近にそびえ立っている。

しばらくシャクナゲが群生する尾根道を進み、起伏をひとつ越える。登山道沿いにカラマツ多く見られるようになり、ゆるや

尾根のほぼ中間に位置する御小屋山

樹林帯まで下り、振り返って阿弥陀岳を見上げる

かな下り坂が続くと、**御小屋山**（御柱山）の頂上に出る。樹林に囲まれ、頂上らしくない景観だが、道の中央に頂上標識が立っている。ここで右（北西）へ派生している踏み跡には、赤テープなどの目印が見られるが、登山コースとは異なる作業道だ。誤って踏み込まないよう気をつけよう。

美濃戸口と船山《ふなやま》十字路への道がY字状に分岐する地点は、御小屋山の頂上標識から左斜め前（西南西）へ約50m進む。途中、登山道脇に三角点がある。分岐には美濃戸口、船山十字路、阿弥陀岳への方向を示した道標が立っている。必ず確認しよう。

阿弥陀岳から美濃戸口までの標高差では、御小屋山がおおよそ中間点。残りはまだ半分ある。定期的に休憩をとり、無理のないペースで下っていこう。

御小屋山からは、樹林の尾根道が長々と続く。山腹に大きくジグザグを切り、下草の多いカラマツ林を小さく蛇行しながら下っていく。蛇行をショートカットする薄い踏み跡もいくつか見られるが、最も踏まれた道を歩くのが無難だ。

やがて登山道沿いの林床がササで埋まり、ごくゆるやかな下りとなると、2本並んだシラカバにくくりつけられた手書きの道標がみつかる。ここで北西へゆるくカーブして、カラマツ林を開いた道を下っていくと、**御小屋尾根登山口**に下り立つ。現在地の表示はないが、「この先、鋪装道を下山」と添え書きされた道標が目印だ。

道標のとおり100mほど先から鋪装道となり、曲がり角や分岐ごとに立つ道標に導かれて、美濃戸別荘地内の道を下っていくと、**美濃戸口**に着く。

御小屋尾根のオアシス、不動清水

プランニング&アドバイス

阿弥陀岳から御小屋尾根の下山は、中岳のコルから行者小屋経由で下山する場合とコースタイムに大差はない。ただし、難所のほか、山小屋がないことからもコースグレードは高くなる。一方、美濃戸口から御小屋尾根を登り、阿弥陀岳を越えて赤岳をめざす場合、行程が長くなる。登りでは、時間と体力面でゆとりのある計画を立てることが肝心だ。

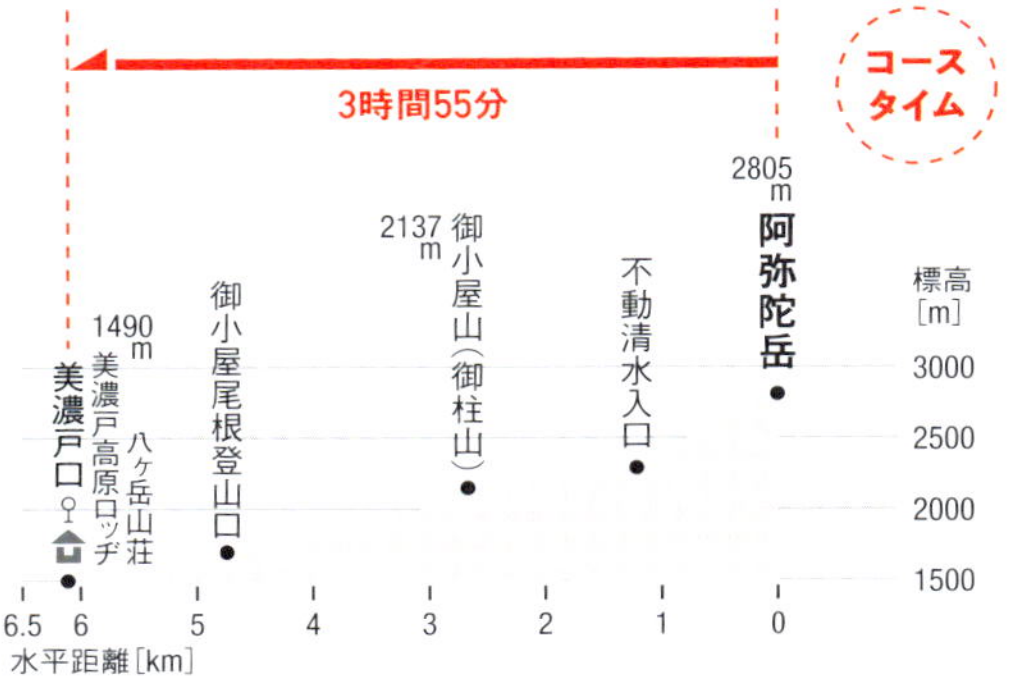

コラム1

八ヶ岳の山名・地名考察［横岳周辺］

山名・地名は、山の歴史や文化を知る手がかりのひとつ。八ヶ岳の主要な峰々の山名はもちろん、コースの途上にある地名にも興味をもってみると、八ヶ岳への親しみが深まる。そこで、コースガイドでは紹介できなかった八ヶ岳の気になる山名・地名を考察していこう。

■大同心・小同心

美濃戸口《みのとぐち》から美濃戸を経て赤岳《あかだけ》方面へ向かう北沢・南沢コースを登っていくと、どちらも最初に見えてくるピークは横岳である。その切り立った岩壁のなかで、ひときわ目にとまる岩峰が大同心《だいどうしん》だ。袈裟《けさ》をまとった僧侶が横岳の主峰、奥ノ院《おくのいん》に向かって読経しているような姿の岩峰である。すぐ南には、大同心につき添うように小《しょう》同心がそびえる。

同心とは、江戸幕府の配下で主に警務を担当した役人。もとは戦国時代の兵、足軽《あしがる》とされる。警務のほか司法や行政も担った町方同心、市中の見廻りを担当した廻り方同心などの同心職があった。

八ヶ岳で山岳信仰が栄えた江戸時代、このふたつの特徴的な岩峰を奥ノ院の守り役と見立てたのだろう。

中山乗越付近から見上げる大同心の岩峰

■二十三夜峰

二十三夜峰《にじゅうさんやほう》は、横岳の南端、日ノ岳《ひのだけ》と地《じ》蔵ノ頭《ぞうのかしら》との間にある高さ20mほどの岩塔。日ノ岳から赤岳を望むと、眼下の稜線に突出した二十三夜峰がよく目立つ。

二十三夜とは、月齢23の月に子宝や豊饒を願った日本古来の月待行事のひとつ。ほかに十三夜、十五夜、二十六夜などがあり、特定の月齢の夜、人々が集い供えものなどをして祈念したという。その供養のしるしとして二十三夜塔を建立することもあった。

二十三夜は夜半に出る下弦の月。古き時代、夜を徹して赤岳をめざした人々が、この二十三夜峰のもとで月に願いを託したのだろうか。

二十三夜峰のすぐ北には、日ノ岳がある。月と日が稜線に並ぶ構図も興味深い。

■峰ノ松目

峰ノ松目《みねのまつめ》は、硫黄《いおう》岳から西へ延びる支稜に連なるピーク。八ヶ岳では、にゅうやギボシと並んで特異な山名のひとつに挙げられる。峰ノ松目の山名は、その由来を裏づける資料に乏しいが、こんな説がある。

山岳信仰が盛んだった昔、八ヶ岳にも女人禁制の慣わしがあった。峰ノ松目の「松」は「待つ」で、「目」は「女」。すなわち峰ノ松目とは「女人が待つ峰」。

古くは横岳・奥ノ院へ登る参道が峰ノ松目を通っており、このピークが女人結界だったのではないか、という推察である。

日ノ岳付近から横岳の岩稜の中心部を望む

八ヶ岳屈指の
花と展望の岩稜縦走

1泊2日

赤岳 横岳 硫黄岳

1日目

美濃戸口→ 美濃戸→ 赤岳鉱泉→
硫黄岳→ 硫黄岳山荘　計5時間25分

2日目

硫黄岳山荘→ 横岳→ 赤岳→ 行者小屋→
美濃戸→ 美濃戸口　計7時間10分

コースグレード	中級
技術度 ★★★★	4
体力度 ★★★	3

主峰・赤岳《あかだけ》をめざすコースのうち、赤岳から横岳《よこだけ》、硫黄《いおう》岳へと連なる主稜線の縦走は最も人気が高いコースのひとつ。北面に壮絶な爆裂火口を見せながらも、伸びやかな表情をもつ硫黄岳、夏は色とりどりの高山植物の花が咲き競う横岳の岩稜、そして抜群の展望を誇る赤岳と、南八ヶ岳の醍醐味と魅力に満ちたコースである。

主要登山口の美濃戸口《みのとぐち》からは1泊2日で周回コースを組める。主稜線の縦走は硫黄岳から南下するか、赤岳から北上するか、行程は2とおり。ここでは赤岳をフィナーレとして、硫黄岳から主稜線を南下するコースを紹介する。

1日目 美濃戸口から赤岳鉱泉、赤岩ノ頭を経て硫黄岳へ

美濃戸口から柳川《やながわ》右岸の林道を**美濃戸**へと歩く。美濃戸山荘前で南沢コース入口を見送り、もうしばらく林道を歩く。コメツガやオオシラビソなどの針葉樹林を抜け、

横岳を見上げる赤岳鉱泉、左上に大同心

硫黄岳から岩礫の稜線を大ダルミへ下る

北沢右岸へ渡って河原が開けると、まもなく林道終点の**堰堤広場**に出る。

　広場から橋を渡って左岸に移ると、登山道がはじまる。北沢の増水時の巻き道を見送り、木橋で北沢の本流・支流を渡りながら沢沿いをゆるやかに登っていく。

　やがて前方に横岳《よこだけ》の稜線を望めるようになり、その岩壁が目前にせまると**赤岳鉱泉**に着く。見上げる岩壁のなかで、ひときわ突出した岩峰は大同心《だいどうしん》である。南にはめざす赤岳も姿を見せる。

　赤岳鉱泉の玄関前の石積みを上がって、横岳側のシラビソ林へ入る。はじめ東向きにゆるやかに登り、しだいに北へカーブしていく。この先、ジョウゴ沢を渡るまで、登攀ルートの踏み跡が横岳側に分かれている。誤って入り込まないよう注意しよう。

　ジョウゴ沢を渡り、草地の斜面を横切ったあと、おおよそ北向きに針葉樹林の尾根を登っていく。中間部でいったん傾斜がゆるみ、休憩に向く平坦地が2、3カ所ある。

　しばらく登ってダケカンバ林に入り、赤土と岩礫が目立ってきた山腹に大きくジグザグを切ると森林限界に達し、**赤岩《あかいわ》ノ《の》頭《かしら》**に出る。ここで峰《みね》ノ《の》松目《まつめ》とオーレン小屋からの道を合わせる。

　赤岩ノ頭からは、岩礫の稜線を北東へ登っていく。ロウソク岩と呼ばれる岩塔を見上げ、直下の岩塊を登ると**硫黄岳**の頂上に立つ。岩礫を敷きつめたような広々とした頂上からは、赤岳、横岳、阿弥陀岳《あみだだけ》の眺めがすばらしい。ただし、頂上北縁は爆裂火口の断崖が切れ落ちている。近づき過ぎないよう注意しよう。

　硫黄岳頂上からは八ヶ岳の主稜線を南下する。頂上南縁を東向きにトラバースしながら下り、南へカーブして岩礫の広い斜面を下る。鞍部の大《おお》ダルミまで8つの石積みのケルンが並び、進路を導いてくれる。

　稜線東側にキバナシャクナゲが自生するハイマツ帯が広がると、傾斜がゆるみ、まもなく**硫黄岳山荘**に到着する。

横岳・奥ノ院へと続く岩稜

台座ノ頭の西斜面に広がるコマクサ群落

2日目

横岳、赤岳へと縦走し文三郎尾根を下山

硫黄岳山荘から南へ登り、台座ノ頭《だいざのかしら》の西斜面を横切っていく。赤褐色の砂礫地が広がるこの一帯は、八ヶ岳随一のコマクサ群落地だ。例年7月中旬から8月上旬の花期には、斜面がうっすらピンク色に染まるほど咲き競う。

コマクサ群落地を過ぎると、いよいよ横岳の岩稜へ入っていく。横岳とは、台座ノ頭付近から日ノ岳《ひのだけ》付近まで稜線に連なる岩峰群の総称で、個別には三叉峰《さんじゃほう》、石尊峰《せきそんほう》、鉾岳《ほこだけ》といった呼び名がある。

最初に向かうのは横岳主峰の奥ノ院《おくのいん》で、直下は峻険なナイフリッジ（両側が切り立った刃のような岩稜）となっている。稜線の左右に回り込みながら、クサリの連なる岩場を慎重に登っていく。積雪期用のハシゴが設置された岩の下を通り、金網の足場を直進して、短いハシゴを登ると岩稜の上

赤岳から岩峰を連ねた横岳と硫黄岳を望む

に出る。クサリを手すりにして、高度感のある岩稜を30mほど登ると**横岳**の奥ノ院に立つ。赤岳、阿弥陀岳の眺めが抜群だ。

奥ノ院から短いハシゴが2カ所設置された岩稜を下ると、しばらくおだやかな地形が続く。無名峰を越え、S字を描いて下った鞍部では、青紫色の花を咲かせるウルップソウが群生している。周辺の草地を見渡せば、純白のハクサンイチゲ、濃いピンク色のミヤマシオガマも見つかる。さらに次の三叉峰へゆっくり登り返していく間には、チョウノスケソウ、オヤマノエンドウ、イワウメ、ミヤマキンバイ、ツガザクラなど開花の時期ならまさに百花繚乱だ。

横岳のお花畑は規模こそ大きくないが、狭い岩稜に多種多様な高山植物種が密集して咲く。とりわけ夏の早い時期に開花する種類が多く、梅雨のさなかに横岳はみごとな花園になる。

次の三叉峰は、杣添《そまぞえ》尾根が分岐するピーク。横岳の岩稜のほぼ中間点だ。縦走路は東側直下を通るが、ピークにも立てる。

三叉峰の先は、稜線東側の岩盤をトラバースして高さ3～4mのハシゴを下り、次いで小さな岩峰を稜線西側から巻く。稜線上へ戻って少し登ると、大権現の板碑が置かれた石尊峰の頂上に出る。

石尊峰から岩礫の稜線をゆるやかに下ると、コースはいったん西側へ下降し、鉾岳を大きく巻く。ミヤマダイコンソウが群生する草地の斜面を横切り、クサリの設置された岩壁を稜線へ登り返す。稜線上に戻ると、横岳の岩稜南端の日ノ岳に出る。

日ノ岳周辺も高山植物が豊富だ。西側の斜面はハクサンイチゲやミヤマキンバイ、オヤマノエンドウ、ミヤマシオガマの群落地。岩肌にはイワウメ、イワヒゲ、ツガザクラ、コイワカガミ。これらの花々がいっせいに開花した光景に出会うと、しばらく

地蔵ノ頭付近から日ノ岳を振り返る

赤岳天望荘から赤岳を見上げる、左に富士山

足がとまるほどである。

日ノ岳からは、赤岳の勇壮と富士山を望みながら傾斜の強い南斜面を下降する。下部は浅いルンゼ（岩溝）で、スラブ（一枚岩）に設置されたクサリを補助にして下る。スラブを下り、二十三《にじゅうさん》夜峰《やほう》と呼ばれる高さ20mほどの岩塔の下を通ると、地形のおだやかな稜線となる。ハイマツと岩礫の稜線をたどり、地蔵尾根が分岐する地蔵ノ頭を過ぎると、**赤岳天望荘**に着く。

赤岳天望荘から赤岳、さらに阿弥陀岳へ連なる支稜上の文三郎《ぶんさぶろう》尾根分岐までは、コース1赤岳・阿弥陀岳（P12）と同じ経路だ。

急な階段が連続する文三郎尾根

赤岳頂上に立ち、大展望を満喫したら、**文三郎尾根分岐**まで下る。これから下っていく文三郎尾根は、行者小屋の南方から中《なか》岳《だけ》と赤岳の間に突き上げる傾斜の強い支尾根で、中間部は鉄階段が連続する。途中、後方を振り返ると、目前に赤岳西壁が立ち上がる。荒々しくも迫力ある景観だ。

長い鉄階段や岩礫の斜面を北西へ急下降し、ナナカマドの茂みに入ると中岳道との分岐に出て、じきに**行者小屋**に下り立つ。

行者小屋からは、コース1赤岳・阿弥陀岳と同じ南沢コースを下り、**美濃戸**を経て、**美濃戸口**へと下山する。

プランニング&アドバイス

コース中には山小屋が多く、入下山スケジュールに応じて宿泊地を選択できる。1日目に硫黄岳山荘まで入るには、午後からの稜線での行動を考え、美濃戸口を午前10時頃までには出発したい。2日目、体力と時間に余裕があれば阿弥陀岳にも登り、中岳道を下山するコースも組める。1日目の宿泊地を赤岳鉱泉とする場合、2日目のコースタイムが長くなるため、なるべく早い時間に出発したい。

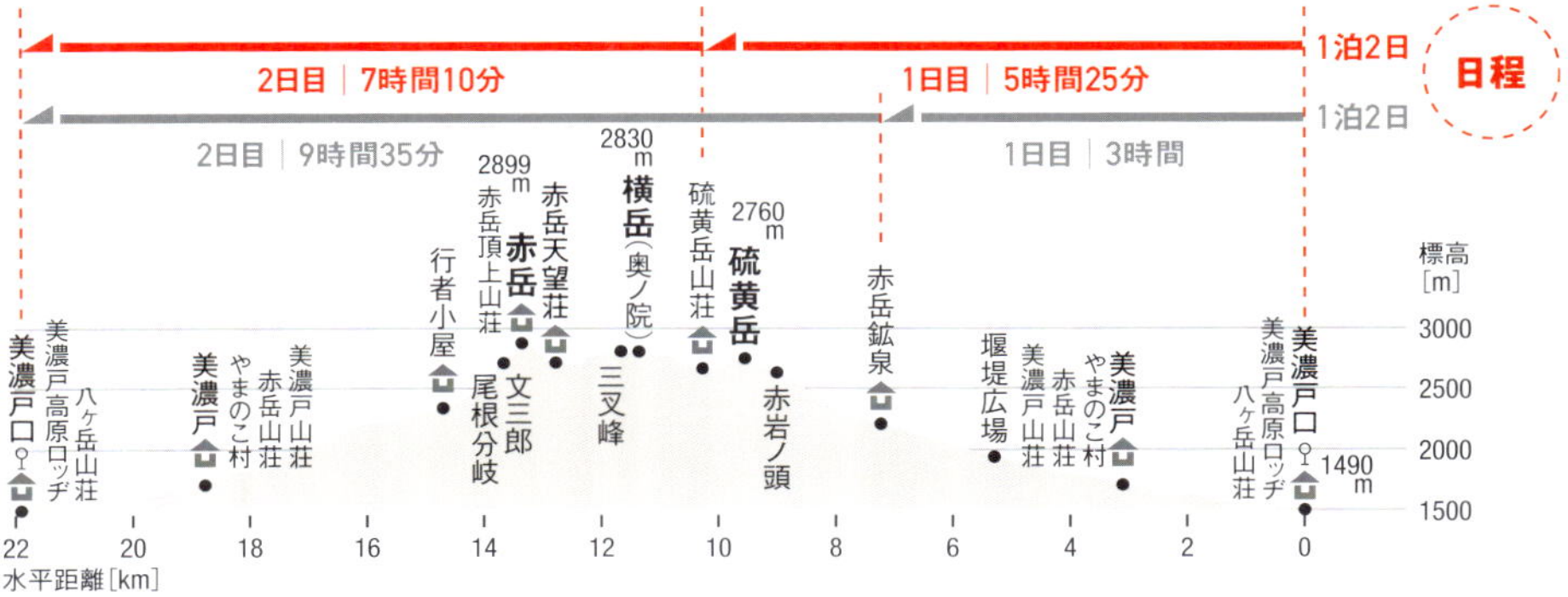

サブコース

杣添尾根から横岳へ

横岳登山口↓貯水池↓枯木帯↓横岳　4時間5分

Map 3-2B 横岳登山口

Map 3-1C 横岳

コースグレード	中級
技術度 ★★★	3
体力度 ★★★	3

杣添《そまぞえ》尾根は横岳《よこだけ》の三叉峰《さんじゃほう》から東へ延びる比較的、距離の短い尾根である。海ノ口《うみのくち》自然郷の横岳登山口（杣添尾根登山口）から稜線まで標高差１０００ｍ以上、森林限界に達するまで、樹林帯のやや単調な登りが続き、展望ポイントなどはごくわずかである。決して楽をさせてはくれないが、東麓から直接、横岳をめざす登山道としては貴重なコースである。

横岳登山口からしばらく別荘地内の車道を横切りながら、小さな沢沿いの遊歩道をたどる。やがてＴ字路に突き当たり、ここで富士見岩へ向かう遊歩道と分かれ、左へ折れてササが深い道を進むと杣添川北沢左岸のやや荒れた林道に出る。いったん北沢を離れ、この林道を北方向へ歩くと、八ヶ岳東麓を縦断している旧南八ヶ岳林道に合流する。道標にしたがって旧南八ヶ岳林道を今度は南方向へ進み、杣添川北沢に架かる橋を渡ると**貯水池**がある。池の周辺は園地で、案内図や休憩舎が設けられている。

園地の一角から登山道に入り、杣添川北沢と中沢の間の針葉樹林帯をゆるやかに登っていく。ほどなく中沢に出て、木橋を渡ると、傾斜が強まる。ここから杣添尾根の本格的な登りだ。厳密には標高２３００ｍ付近で主尾根から東北東に枝分かれした支尾根を登る。シラビソやコメツガなど針葉樹の深い樹林に包まれた支尾根は部分的に傾斜が強く、ところどころで露出した木の根や岩が段差をつくっている。

しばらく急登を続け、広葉樹のダケカン

ハイマツ帯の最上部から杣添尾根を見下ろす

休憩舎が設けられた旧南八ヶ岳林道沿いの貯水池

バが目立ってくると、主尾根上に達する。横岳との標高差では、この付近が中間点だ。後半も樹林帯の登りが中心となるが、上下2カ所の枯木帯で視界が開けるので変化が出てくる。下部の小規模な枯木帯を抜け、標高2500m付近まで登ると、上部の**枯木帯**に入る。ここがコースマップで表示している地点である。後方の展望がよく、佐《さ》久《く》と奥秩父《おくちちぶ》の山並みを見晴らせる。

枯木帯を過ぎ、林床にシャクナゲが現われると、登山道はシャクナゲが密生した尾根筋からそれ、水平にトラバースして北面の低木帯に入る。初夏まで雪渓が残ることがある浅い沢を2本渡り、幹を張り出したダケカンバやミヤマハンノキをまたぎながら尾根側面を進んでいく。尾根筋へ戻ると森林限界に達する。

見上げるハイマツの斜面はいかにも傾斜が強いが、南に主峰・赤岳《あかだけ》と富士山を望みながらの登りは爽快だ。ぐんぐん高度を上げていくと、稜線の縦走路に出て、横岳の岩峰群のひとつ、三叉峰に登り着く。

三叉峰から主稜線を北上し、無名峰を越えると**横岳**の奥ノ院《おくのいん》に立つ。夏の花期なら台座ノ頭《だいざのかしら》付近のコマクサ群落地まで足を延ばすのもよいだろう。

三叉峰直下から南側に主峰・赤岳を望む

プランニング&アドバイス

横岳を目的地として杣添尾根を往復する場合、コースタイムは7時間。前夜泊・日帰りが標準的な日程だ。杣添尾根を登りに利用して稜線を縦走する場合、赤岳側は赤岳天望荘(三叉峰からコースタイム50分)、硫黄岳側は硫黄岳山荘(同50分)が最寄りの宿泊地となる。なお開花の早い高山植物を目的に梅雨時期に登るときは、アイゼンやストックなど残雪対策を。

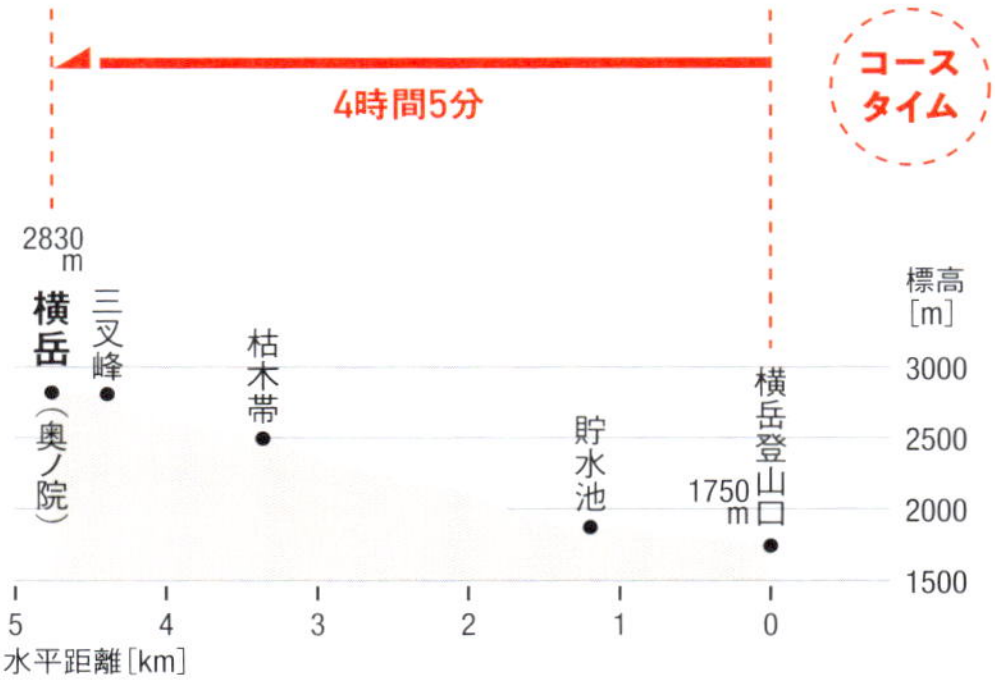

県界尾根の小天狗付近から、めざす赤岳を望む

1泊2日

赤岳

県界尾根 真教寺尾根

東麓から主峰をめざす2つの長大な尾根をトレース

コースグレード	上級
技術度	★★★★☆ 4
体力度	★★★★☆ 4

1日目	美し森→ 大門沢林道入口→ 小天狗→ 大天狗→ 赤岳	計6時間5分
2日目	赤岳→ 牛首山→ 賽ノ河原→ 羽衣池→ 美し森	計4時間40分

県《けん》界《かい》尾根と真教寺《しんきょうじ》尾根は、赤岳《あかだけ》から大《だい》門沢《もんざわ》をはさんで東へ並行して延びるスケールの大きな尾根だ。日本隊のマナスル初登頂（1956年）を契機とした登山ブームの往時には、登山者の列ができるほど歩かれたクラシックコースである。

登山口となる清里《きよさと》の美《うつく》し森《のもり》から赤岳までの標高差は1429m。長い登りが続くが、どちらの尾根も中間部はおだやかな地形となっている。背後に富士山、正面にはめざす赤岳をとらえて着々と高度を上げていくロケーションが爽快だ。

ただし、急激に傾斜が強まる最上部は岩場が連続する険路。岩場にはハシゴやクサリが設置され、格段に困難とはいえないが、エスケープルートに乏しく、山小屋もないことから上級者向きのコースである。美し森を起点に両尾根をトレースする場合、どちらを登りにするか人気は二分する。優劣つけがたいが、ここでは県界尾根を登り、真教寺尾根を下りとして紹介する。

1日目 美し森から県界尾根を登り大天狗を経て赤岳へ

美し森山の南東麓、観光案内所や駐車場が整備された**美し森**からスタートする。美し森とは「斎《いつき》の森」が語源で、その昔、諸国の神が国の掟を話し合うため、瑞穂《みずほ》の国（日本）のなかほどとして選んだ地、という伝説にちなむ。

しばらく車道をたどり、カラマツ林のなだらかな裾野を登っていく。ときおり前方に姿を見せる赤岳は、まだ遠く高い。サンメドウズハイランドパーク入口を見送ると、**大門沢林道入口**に着く。車道終点から未舗装の大門沢林道に進んだら、堰堤上を渡って対岸に移り、大小数ヶ所の堰堤を巻きながら上流へと進んでいく。

途中、真教寺尾根へ登る**賽ノ河原《さいのかわら》分岐**を過ぎると、**県界尾根取付点**に出る。赤岳との直線距離ではここで約半分、美し森付近から遠望した赤岳にだいぶ近づいた実感が

赤岳頂上がいっそう間近にせまる大天狗付近

小天狗付近では背後に富士山も望める

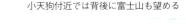

する。登山道へ入り、支流の谷から山腹をぐっと急登して、小さな支尾根に上がる。付近に大門沢上流とその源頭にそびえ立つ赤岳をよく望めるポイントがある。

　この支尾根を登って、オオシラビソなどの針葉樹林帯に入ると、県界尾根上の**小天**《こてん》**狗**《ぐ》に達する。ここで県界尾根登山口（野辺《のべ》山口《やまぐち》）から登ってくる登山道と合流する。

　県界尾根と真教寺尾根には、合目に相当する番号を表示した標識が随所に立っている。それによると小天狗は三合目である。

　小天狗からわずかに下って、登り返すと樹林が途切れる。権現岳《ごんげんだけ》から赤岳、横岳《よこだけ》と連なる南八ヶ岳中心部の稜線を望める県界尾根随一のビューポイントだ。振り返れば奥秩父の山並みとともに、富士山が姿を見せる。この眺望のよさが県界尾根を登りに選ぶ理由である。

　この先は、なだらかな尾根道が続き、ゆっくり高度を上げていく。かろうじて「大なぎ頂」と読める古い道標を過ぎ、四合目に達すると大門沢側から上がってくる旧道を合わせる。かつては大門沢をかなり遡ってから県界尾根に取り付いていたようだ。

　四合目からは、じわじわと傾斜が増してくる。枯木帯を抜け、苔むした露岩を巻いたところが、五合目の**大天狗**《おおてんぐ》だ。この露岩の上に天狗の石像が置かれている。

　大天狗から少し下って、ぽっかり開けた草地を通り抜けると、ぐっと傾斜が強まる。足もとに岩が目立ち、風衝と積雪によって枝がくねったダケカンバ林に入ると、森林限界が近い。間近にせまった赤岳は、槍のように尖った勇ましい姿だ。

　ダケカンバに変わって、シャクナゲやミヤマハンノキなどの低木が登山道の両側をおおうと、垂直の岩壁に行く手をはばまれる。ここから県界尾根最上部の難所に入る。

　目前の岩壁は、鉄製のステップを足場に

大天狗を過ぎると、この岩場から難路となる

赤岳北東面に突き上げるリッジを攀じ登る

して北向きに約10ｍトラバースしてから、クサリのかかったスラブ（一枚岩）を約20ｍ直上する。さらに短いハシゴを登ると、いったん岩場を抜ける。

次に現われる岩峰の基部が七合目。岩峰は北側から難なく巻ける。その先、ロープに誘導され、延々とクサリが連なる浅いルンゼ（岩溝）を登る。傾斜はさほど強くないが、見た目よりきびしい。岩盤上の細かい岩屑でスリップしないよう、足場を選んで登っていこう。県界尾根を下降する場合は、要注意のポイントである。

ルンゼの先で森林限界に達し、ハイマツ帯の狭い尾根を登ると、**巻き道分岐**に出る。赤岳天望荘までトラバースできる巻き道で、天候急変時などに利用できる。

めざす赤岳へは、ハシゴとクサリの両方が設置された岩場を登る。長さは約50ｍ、ハシゴを使うには中途半端な傾斜で、クサリを補助にして岩盤上を登ったほうが安定する。岩盤を登りきったらハイマツと低木の斜面を主稜線側へトラバースしていく。途中、九合目の標識を見送り、浅い谷状のガレ場を渡るとリッジ（岩尾根）に上がる。赤岳北東面にまっすぐ突き上げるリッジで県界尾根のハイライトだ。

傾斜が強く、長いクサリがかかっているが、足もとの岩盤が比較的、安定しているので、ぐんぐん登っていける。

じきに十合目の標識を見ると、赤岳頂上山荘の前に出て、赤岳北峰に登り着く。呼吸が落ち着いたら、**赤岳**の頂上標識がある南峰へ行こう。

2日目 赤岳から真教寺尾根を美し森へ下山

2日目は真教寺尾根の下山行程である。真教寺尾根の下降点へは、赤岳南峰から主稜線を南下する。まず文三郎《ぶんざぶろう》尾根と阿弥陀《あみだ》岳《だけ》方面への分岐まで下り、その先、20ｍほどのクサリがかかった岩場をトラバースし

赤岳北峰頂上に立つ県界尾根十合目の標識

赤岳南峰から真教寺尾根分岐へ岩稜を下る

て、竜頭峰《りゅうとうほう》と呼ばれる岩峰の西側直下を巻く。さらにクサリとハシゴが設置された峻険な岩稜を下降すると、真教寺尾根分岐に出る。ここに真教寺尾根十合目を示す標識が立っている。

主稜線から分かれ、真教寺尾根最上部の下降をはじめる。針葉樹林帯上部のダケカンバ林に入るまで急な岩場が続く。岩場にかかるクサリは延長約２５０ｍにもおよぶ。

すぐ下の九合目へは、固い岩盤を下降する。表面にはザラザラとした岩屑が多いのでスリップしないよう気をつけよう。九合目の小さな平坦地を過ぎると、真教寺尾根で最長のクサリ場が現れる。連続するクサリは約１２０ｍ。段差が大きい岩場では、後ろ向きに下降したほうが安定する。

延々とクサリが連なる真教寺尾根の最上部

最長のクサリ場を下ると、尾根の南側からガレ沢が突き上げてくる。その源頭が2段、高さ約15mの涸れ滝となっている。設置されたクサリ利用して、この涸れ滝を下降する。傾斜は垂直に近く、足場も少ない。どうしてもクサリに頼ることになるが、クサリに体を完全に預けてしまうと振られるので危険だ。靴底を岩に押し当て、その摩擦で体重を支えるようにして下降しよう。真教寺尾根の最難所がこの岩場だろう。

涸れ滝の岩場を下り終えると、じきにダケカンバ林に入る。緊張はほどけるが、傾斜はまだ強い。真教寺尾根を登りに利用すると、このあたりががんばりどころだ。シラビソやコメツガなどの針葉樹林に包まれると、ようやく傾斜がゆるむ。視界の開ける岩礫地を過ぎると、**六合目**の標識がある。標高約２３５０ｍ、赤岳からここまで標高

樹林に囲まれ、おだやかな地形の牛首山

真教寺尾根の最難所、涸れ滝状の岩場

差約550mを下ってきたことになる。

六合目からは、なだらかな尾根道を進む。尾根上の小ピークや樹林に囲まれた扇山《おうぎやま》を越えると、三角点の置かれた**牛首山**《うしくびやま》の頂上に出る。頂上は平坦な広場で休憩に向くが、展望は樹林にさえぎられる。

牛首山からの下りは、方向と踏み跡に注意しよう。赤テープを目印にして樹林の深い斜面をおおよそ東向きに下っていくと、南側が開けたガレ場に出る。正面の荒々しい岩壁は、天狗岩と呼ばれる。天狗岩を見送って、焦げ茶色の樹皮をしたコメツガが根を張った岩石帯を通り抜けると、林床一面、ササにおおわれたカラマツ林に入る。この付近が三合目となっている。

ササの深い山腹を南へ回り込むように下って、尾根筋に戻ると、**賽ノ河原**に下り立つ。赤土の広々とした平坦地で、振り返れば赤岳が高くそびえている。

賽ノ河原からは、大門沢林道へ下る道があるが、林道手前で大門沢を徒渉するので、増水が予想されるときは避けたい。また、5分ほど先にサンメドウズハイランドパークのリフト山頂駅がある。営業中であれば、リフトを利用することもできる。

ここでは、羽衣池《はごろもいけ》を経て、美し森まで下る。カラマツ林の斜面を下って、植林を帯状に伐採した防火帯を通ると、**羽衣池**に出る。周囲30mほどの池で、サワギキョウなどが咲く準高層湿原となっている。

羽衣池から長い木段を下り、林道を渡ると、石畳の遊歩道が美し森山まで続いている。後方にそびえる赤岳の姿を惜しみつつ、南斜面の階段を下れば、**美し森**に着く。

プランニング&アドバイス

峻険な岩場のある県界尾根、真教寺尾根は、八ヶ岳の中級者向け以上のコースをよく経験してから歩いてほしいコースだ。そのうえで経験や体力、天候などによってコースタイムに差が生じやすいことを念頭に、ゆとりのある計画を立てよう。また県界尾根は、大門沢入口までタクシーを利用すれば、コースタイムを50分短縮できる。真教寺尾根は賽ノ河原近くまでサンメドウズハイランドパークのリフトを利用できるが、営業期間と運行時間を事前に確認しよう。

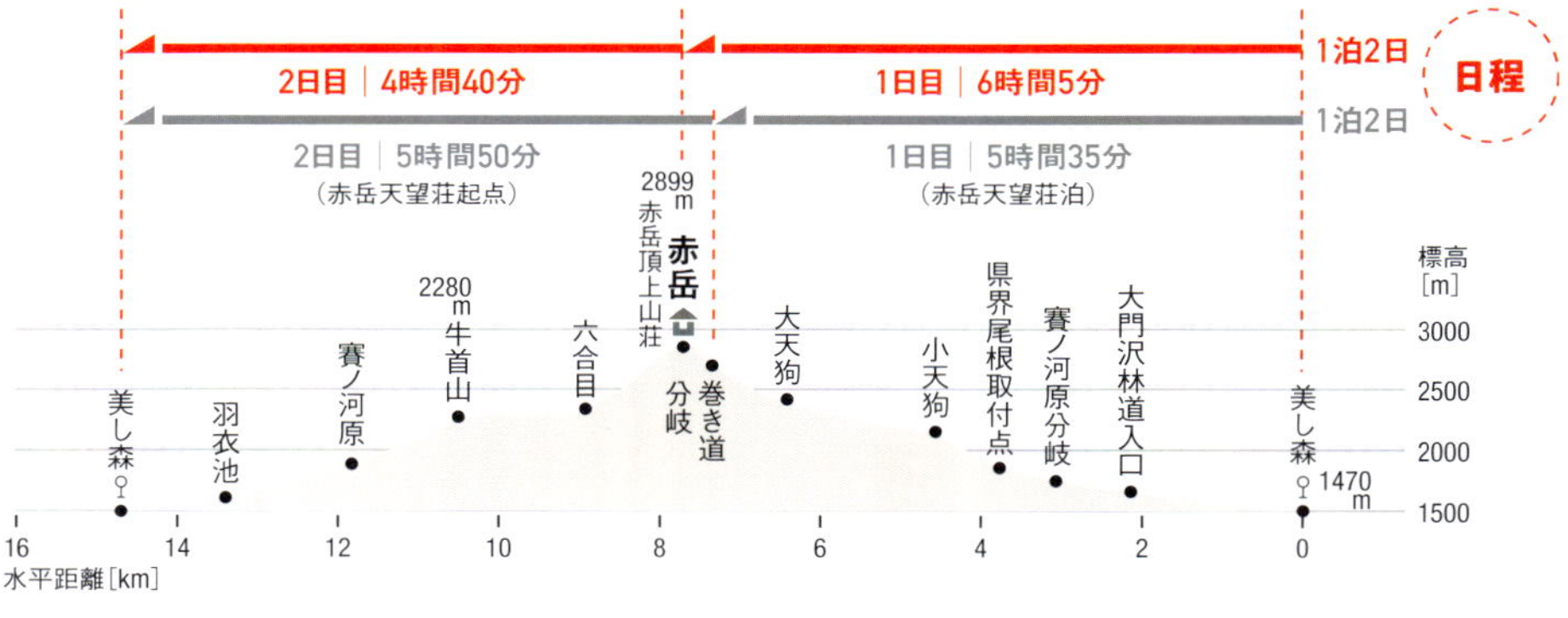

広々とした硫黄岳頂上、前方は左から横岳、赤岳、阿弥陀岳

1日目	桜平→夏沢鉱泉→オーレン小屋　計1時間30分
2日目	オーレン小屋→夏沢峠→硫黄岳→峰ノ松目→オーレン小屋 夏沢鉱泉→桜平　計4時間50分

標高1900mからスタートする
南八ヶ岳入門コース

1泊2日

硫黄岳
峰ノ松目

コースグレード｜初級

技術度｜★★☆☆☆ 2

体力度｜★★☆☆☆ 2

硫《い》黄岳《おうだけ》は南八ヶ岳の峰々のなかで、最も火山らしいピークだ。北面に切り立つ馬蹄形の爆裂火口は、火口底（本沢《ほんざわ》温泉付近）から山頂まで標高差600ｍ以上のスケールがある。対照的に東と西面は、なだらかな山腹が広がり、柔和な表情を併せもつ。また、硫黄岳周辺には八ヶ岳有数の高山植物群落がある。南側の大《おお》ダルミから台座《だいざ》ノ頭《のかしら》にかけては高山植物の女王コマクサが大群落をつくり、稜線の東斜面には天然記念物に指定されたキバナシャクナゲの自生地が広がっている。

峰ノ松目《みねのまつめ》は、硫黄岳から西へ延びる支稜に連なるピーク。あえて南八ヶ岳の8峰を挙げると、そのひとつに数えられることが多い。頂上は針葉樹林に囲まれ、展望には恵まれないが、南八ヶ岳の一峰として頂上を踏んでおきたいピークだ。

硫黄岳とともに峰ノ松目に登るには、夏《なつ》沢峠《ざわとうげ》西麓の桜平《さくらだいら》が絶好の登山口。主稜線の夏沢峠まで、とくに難所や急登がなく、南八ヶ岳の入門コースに向いている。

オーレン小屋の前から峰ノ松目を望む

夏沢に沿って、なだらかで歩きやすい道が続く

1日目

桜平から夏沢鉱泉を経てオーレン小屋へ

夏沢峠西麓の**桜平**は標高約1900m。南八ヶ岳の主要登山口では最も高い位置にある。桜平周辺に3カ所設けられた駐車場のうち最上部の駐車場の約150m手前、夏沢鉱泉方面への林道ゲート前がコースの起点となる。

林道へ進み、南側を流れる鳴岩川《なるいわがわ》に、支流のシラナギ沢と夏沢が注ぐ二俣まで下る。夏沢には落差7~8mの夏沢扇滝がかかり、名のとおり扇状に水を流れ落としている。

林道はこの夏沢沿いに続いている。まず右岸のやや急坂を登っていき、木橋を渡って左岸に移ると、なだらかな道になる。林道沿いには、コケやシダが林床をおおう針葉樹の原生林が広がっている。

上槻木《かみつきのき》からの旧道を合わせた先で、右岸へ渡ると**夏沢鉱泉**に着く。硫黄分を含んだ鉱泉で、八ヶ岳山中の秘湯のひとつ。ゆっくり午後から入山する場合は、夏沢鉱泉が登山基地になる。

夏沢鉱泉をあとに、さらに上流へ向かうと、道幅が狭まり、林道から登山道に変わる。沢沿いの道は、広葉樹がつくる木漏れ日と谷に響くせせらぎが心地よい。

赤土の斜面を10mほど迂回し、左岸へ渡って支流の涸れ沢を2本またぐ。2本目の涸れ沢付近は、夏沢の本流からやや離れて山側を巻く。ここでは道標と目印の赤テープが進路を導いてくれる。その先、右岸へ渡り返す木橋のたもとは、休憩によいポイントだ。この付近で、夏沢の流れはだいぶ細くなってきている。

右岸へ渡ると道は沢床を離れ、山腹をつづら折りに登るようになる。やや急坂に感じるが、道は大きくジグザグを刻むので負担は少ない。

傾斜がゆるみ、深い樹林のなかで支沢を渡ると、ほぼ平坦な道となる。前方の視界が開けてきて、硫黄岳を見上げると、**オー**

夏沢峠から硫黄岳へ、岩礫の稜線を登る

硫黄岳北面に切り立つ荒々しい爆裂火口

レン小屋に到着する。付近では、小屋の名の由来となったキンポウゲ科のミツバオウレンが、初夏の早い時期に花径1cmほどの小さな白い花を咲かせる。

2日目

夏沢峠を経て硫黄岳、峰ノ松目に登り桜平へ下山

オーレン小屋から夏沢峠経由で硫黄岳をめざす。箕冠山《みかぶりやま》への道を分けて、針葉樹林帯に入ると、ほどなく夏沢源流の涸れ沢を渡る。夏沢峠への道は、古くから佐《さ》久《く》と諏《す》訪《わ》を結んだ交易路としてよく踏まれてきたが、荒天後などは、この涸れ沢を登山道を見誤ることもありそうだ。念のため目印の赤テープや進路を誘導するグリーンのロープを確認しながら進もう。

ほぼ一定の傾斜で登り、南へゆるくカーブすると、主稜線の**夏沢峠**に登り着く。その成因から南北八ヶ岳の境としている峠で、北側は針葉樹林におおわれた箕冠山のなだ

硫黄岳から北側を展望、根石岳や天狗岳が稜線に連なる

らかな斜面、南側は硫黄岳の荒々しい爆裂火口と、まさに景観も対照的だ。

間近に見上げる硫黄岳へは、ヒュッテ夏沢と山びこ荘の間を通り、主稜線を南へ登っていく。赤土の崩壊地に出て、西側から迂回すると、傾斜がぐっと増してくる。

針葉樹の樹高が低まり、ダケカンバ林を抜けると、森林限界に達する。ハイマツ帯となった斜面は、登るほどに展望が広がってくる。後方を振り返れば、箕冠山に隠れていた天狗岳《てんぐだけ》が双耳峰《そうじほう》の山容を現わす。

東縁の断崖を避けて、稜線のやや西側へ回り、岩礫の広い斜面を登るようになると、石を塔のように積み上げたケルンが進路を導いてくれる。このケルンを7つ数えると、**硫黄岳**の頂上に出る。

北面には凄まじい爆裂火口が切れ落ちているが、おおよそ東西に長い頂上は広々として、思いのほかおだやかだ。展望は全方位、南は赤岳《あかだけ》、横岳《よこだけ》、阿弥陀岳《あみだだけ》がそびえ立ち、中岳《なかだけ》越しに権現岳《ごんげんだけ》、編笠山《あみがさやま》も姿を見せる。その背景に南アルプス、視線を西へ移していくと中央アルプス、御嶽山《おんたけさん》、北アルプスを望める。北には北八ヶ岳の山々と浅《あさ》間山《まやま》、東は奥秩父《おくちちぶ》の山並みが広がる。

コマクサの開花時期なら、硫黄岳山荘の立つ大《おお》ダルミへ下り、群落地の広がる台座《だいざ》ノ頭《のかしら》付近まで足を延ばすのもよいだろう。

展望を満喫したら、道標と方向をよく確認して、赤岩ノ頭《あかいわのかしら》へ向かう。頂上の南西端から、段差の大きい岩石帯を下り、ロウソク岩と呼ばれる岩塔の基部を通って、ハイマツと岩礫の支稜を下降する。

オーレン小屋への分岐と、20mほど離れて赤岳鉱泉への分岐がある砂礫地が**赤岩ノ頭**だ。文字どおり赤い地面が目立つが、一角に、まぶしいほど白い火山礫が見られる。

赤岩ノ頭からは、硫黄岳から延びている支稜をそのまま西方向へたどる。前方、山麓の諏訪湖《すわこ》を背景に、三角錐の山容を見せているピークが峰ノ松目だ。

小さな起伏を越え、ハイマツとシャクナ

赤岩ノ頭から前方に突出した峰ノ松目を望む

まぶしい砂礫地が広がる赤岩ノ頭付近

針葉樹とシャクナゲに囲まれた峰ノ松目頂上

ゲが密生した支稜を下り、針葉樹林帯に入ると、鞍部に出る。ここに「峰の松目コル」と表示された分岐の道標がある。

鞍部のすぐ先に、南側がガレ場になった地点がある。手前の樹林がやや視界をさえぎるが、硫黄岳から横岳、赤岳、阿弥陀岳にかけて南八ヶ岳の中心部を望める。峰ノ松目の頂上付近では、ここが唯一のビューポイントである。

ガレ場からは、岩角や木の根をつかみながらの急登だ。つらい急登も10分ほど、東西に細長い山頂部に登り着き、樹間の平坦な道を少し進み、北側へわずかに回り込むと、**峰ノ松目**の頂上に出る。シャクナゲの茂みに囲まれ、数人が休憩できる程度のこぢんまりとした頂上だ。

峰ノ松目からは、先ほど通過した鞍部へ戻り、道標を確認して針葉樹林の山腹を北東へ下る。赤岩ノ頭から下ってくる道に合流して浅い谷を渡ると、キャンプ指定地に出て、**オーレン小屋**に着く。

オーレン小屋からは1日目の往路を戻り、**夏沢鉱泉**を経て、**桜平**へと下山する。

プランニング&アドバイス

1日目に夏沢峠まで登れば、ヒュッテ夏沢、山びこ荘も宿泊地となる。桜平を早い時間に出発すれば、硫黄岳を越え、硫黄岳山荘まで入る行程も可能だ。また桜平からスタートするコースとしては、オーレン小屋から北上して箕冠岳、根石岳、天狗岳の3峰をめざすコースを1泊2日で計画できる。その場合、根石小屋も宿泊地となる。桜平は高い位置からスタートできるだけでなく、多様なコースを計画できるメリットもある登山口といえる。

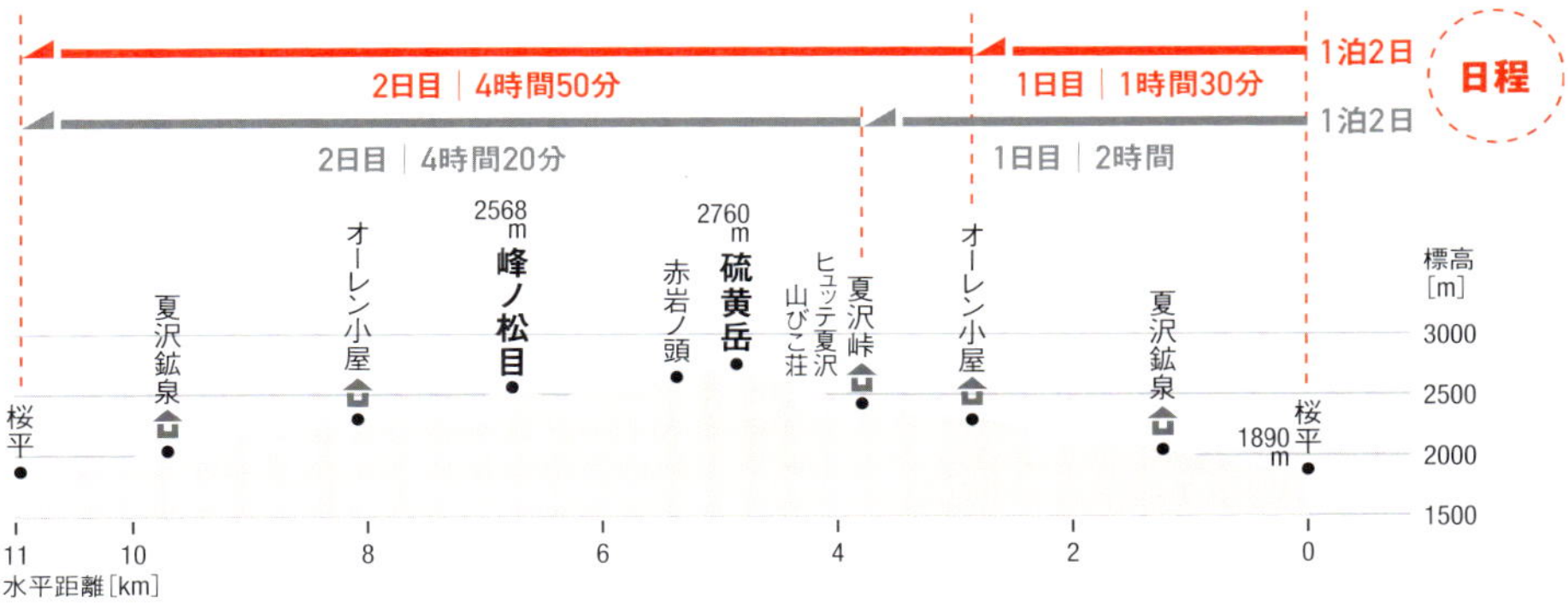

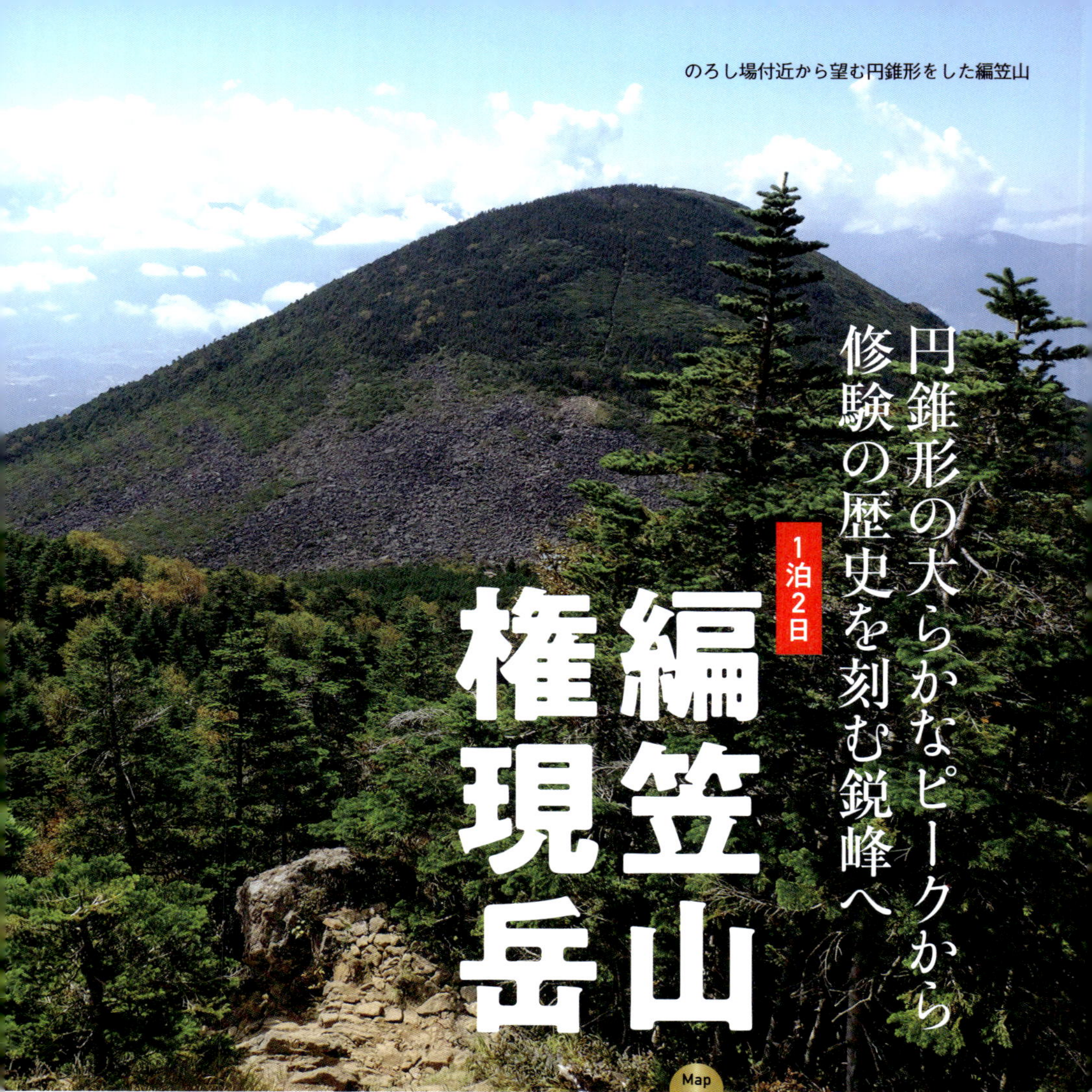

のろし場付近から望む円錐形をした編笠山

円錐形の大らかなピークから
修験の歴史を刻む鋭峰へ

1泊2日

編笠山 権現岳

1日目

観音平→ 雲海→ 押手川→
編笠山→ 青年小屋　計3時間45分

2日目

青年小屋→ 権現岳→ 三ツ頭→
木戸口→ 観音平　計5時間15分

コースグレード | **中級**

技術度 ★★★ 3

体力度 ★★★ 3

八ヶ岳の南端に位置する編笠山《あみがさやま》は、名のとおり編笠に似た山容を見せて、どっしりと横たわる。等高線がきれいな同心円を描く山頂部は、まさに円錐形で美しい。頂上付近には、火山活動で噴出した安山岩による荒涼とした岩石帯が見られるものの、山腹のほとんどは緑濃い針葉樹の原生林に包まれている。

対照的に権現岳《ごんげんだけ》は、鋭い岩峰を突きだした峻険な山容をもち、深く切れ込んだ主稜線のキレットをへだてて主峰・赤岳《あかだけ》と相対してそびえる。頂上岩峰の基部には、八雷神（やついかつちのかみ）をまつる檜峰《ひみね》神社の小祠が置かれ、中世から八ヶ岳における修験の中心とされた。八ヶ岳の名は八雷神に由来し、本来、権現岳を八ヶ岳と呼んだとも言い伝えられている。

この2座に登る絶好の起点となるのが編笠山南中腹の観音平《かんのんだいら》。編笠山と権現岳、さらに三ツ頭《みつがしら》を結んで周回するコースを計画できる。宿泊地となる山小屋も好立地で、スケジュールを組みやすい。

南アルプスを背にした急登が続く編笠山直下

降水量の多い時期には林床から水が湧く押手川

1日目

観音平から編笠山に登り青年小屋へ

　観音平は八ヶ岳の主要登山口では最も南に位置し、主稜線が南北に走る八ヶ岳全山縦走の起・着点ともなっている。北に見上げる編笠山へは、観音平の駐車場の北縁から登山道に入り、ミズナラやシラカバ林のなかをゆるやかに登っていく。やや傾斜が増し、ダケカンバが根を張った石門状の露岩の間を通り抜けると**雲海**《うんかい》と呼ばれる地点に出る。南側の樹間をのぞくと、夏の午前中には文字どおりよく雲海が見られ、その雲上に富士山が浮かぶ。

　雲海からもう少し登ると、亜高山帯の植生となり、コメツガやトウヒなどの針葉樹林が山腹を包む。しばらく視界のさえぎられる樹林帯を登って、傾斜が落ち着くと**押**《おし》**手川**《てがわ》に着く。その昔、登山者が水を求めて地面を押し探したところ、こんこんと冷水が湧きだしたとの言い伝えから、この地名

編笠山から、赤岳を中心に南八ヶ岳の峰々を展望

がある。実際、降水量の多い時期は、苔むした林床から水が染みだし、小さな流れをつくっている。

押手川で北北東へ分かれる道は、編笠山の東斜面を巻いて青年小屋へと続いている。編笠山頂上は北北西へ進む、方向と道標をよく確認して登っていこう。傾斜が強まり、ところどころ木の根や露岩によって大きな段差が生じている。急登がつらいところだが、これまでより着々と標高が上がっていく。露岩にかかった長さ4～5mのハシゴを上り、低木のシャクナゲが現われると森林限界に達する。視界が開けた岩礫の急斜面を登りきれば、**編笠山頂上**に立つ。

編笠山からの眺望はダイナミックだ。北側は主峰・赤岳を中心に、阿弥陀岳《あみだだけ》、横岳《よこだけ》、ギボシ、権現岳、三ツ頭など南八ヶ岳の峰々が一群となってそびえる。東から南にかけては奥秩父《おくちちぶ》、富士山、南アルプス北部のピーク。西は中央アルプス、御嶽山《おんたけさん》、そして北アルプスの山並みが視野に収まる。

大展望を満喫したら編笠山頂上の北側へ下る。登り着いた地点の道標を確認し、ハイマツとシャクナゲが密生した北東斜面をまっすぐ下っていく。ハイマツ帯を抜けると、眼下の青年小屋まで樹木が生育していない岩石帯が広がっている。荒涼とした地形だが、岩陰では初夏にコイワカガミが可憐なピンク色の花を咲かせる。

ペンキ印を追って岩石帯を下ると、**青年小屋**に着く。小屋から往復10分ほどの場所に乙女《おとめ》ノ水と名づけられた水場がある。原生林から湧く清水でのどを潤そう。

編笠山から青年小屋へ、前方に権現岳とギボシ

2日目

権現岳へ登り
三ツ頭から小泉口を下山

　権現岳をめざして、まばらな針葉樹林の斜面を北東へ登っていく。樹林がダケカンバに変わり、さらにハイマツ帯になるとのろし場の名がある小ピークに出る。ここで前方に立ちはだかる岩峰がギボシだ。擬宝珠（きぼし・ぎぼうし）とは、橋の欄干の柱頭などにつける伝統的な装飾。ネギの花に似た形で天頂が尖っている。

　目前のギボシは、東西2峰からなり、のろし場からは、傾斜の強いガレ場を登ってまず手前の西ギボシに立つ。ただ西ギボシは気づかず通り過ぎてしまうこともある小ピークである。次に頭上にそびえ立つ鋭角な岩峰が東ギボシだ。コースはいったん岩壁を直上してから、中段のバンド（岩棚）を東へトラバースする。補助用のクサリが設置され、足場もしっかりしているが、高度感があって緊張するところだ。バランスを保って慎重に通過しよう。

　岩場を抜けると、両側が切り立った狭い稜線に出る。この地点で逆方向に30mほど登ると東ギボシの頂上に立てる。古い石像3体が置かれた頂上からは、立場川《たつばがわ》源流の深い谷をへだててそびえ立つ赤岳、阿弥陀岳の眺めがすばらしい。

　権現岳へは稜線上を東へ進む。正面に見えていた権現小屋の横を通り、ひと登りすると**権現岳**の頂稜に出る。キレット経由で赤岳へ向かう縦走路を左に分け、南東へ数十歩も進むと、鉄製の鉾を立てた鋭い岩峰の基部に出る。ここに頂上標柱があり、岩峰の南側に檜峰神社の祠がある。

　権現岳からは、南東へ下る。クサリのかかった岩盤を下って低木帯に入り、岩礫の道を鞍部へ急下降する。次の小ピークは西側直下を巻き、ハイマツ帯の稜線をゆるやかに登

ギボシの岩壁が立ちはだかるのろし場

岩峰が天空を突く権現岳の頂上、背景に富士山

り返していくと**三ツ頭**の頂上に出る。振り返れば、権現岳、赤岳、阿弥陀岳が勇ましく天を突いてそびえ立ち、迫力ある景観を描いている。

三ツ頭からの展望を楽しんだら下山を始めよう。南東へ進むとすぐに前《まえ》三ツ頭分岐があり、ここから南南西に派生する尾根を長々と下っていく。この尾根道は、小海線の甲斐《かい》小泉《こいずみ》駅を起点にひらかれ、小泉口と呼ばれてきた登山道である。

最上部は尾根の東側面を下り、尾根上に出て下降を続けると、中間部でいったん傾斜がゆるむ。**木戸口**《きどぐち》と書かれた標識があり、コイワカガミが咲く草地のおだやかな地形となっている。さらに下降を続け、富士山をよく望めるヘリポート、尾根東面のササの斜面を急下降する笹すべり、延命水（飲用不適）入口を経て、**八ヶ岳横断歩道**（甲斐小泉駅方面分岐）に下り立つ。観音平から美し《うつくし》森《のもり》まで、八ヶ岳山麓の標高1500m前後を横断するトレッキングコースだ。

八ヶ岳横断歩道を西へたどって、谷間へ下り、通常、水流のほとんどない古杣川《ふるそまがわ》を渡る。対岸へ移ってミズナラ林の山腹をゆるやかに登り返すと**観音平**に戻り着く。

三ツ頭から、下山に利用する尾根を見下ろす

プランニング&アドバイス

観音平へはタクシーかマイカー利用に限られるが、タクシーでは小淵沢駅から約20分、マイカーでは小淵沢ICから約8kmとアクセスはスムーズだ。コース中、山小屋は青年小屋と権現小屋の2軒あるが、観音平を午前10時頃に出発するスケジュールでは、1日目を青年小屋泊まりとするのが標準的。翌早朝、青年小屋から西岳を往復し、権現岳に向かうプランも計画できる。2日目の行動時間が長くなり、体力的なグレードも上がるが、主要3座を踏む充実度の高いコースとなる。

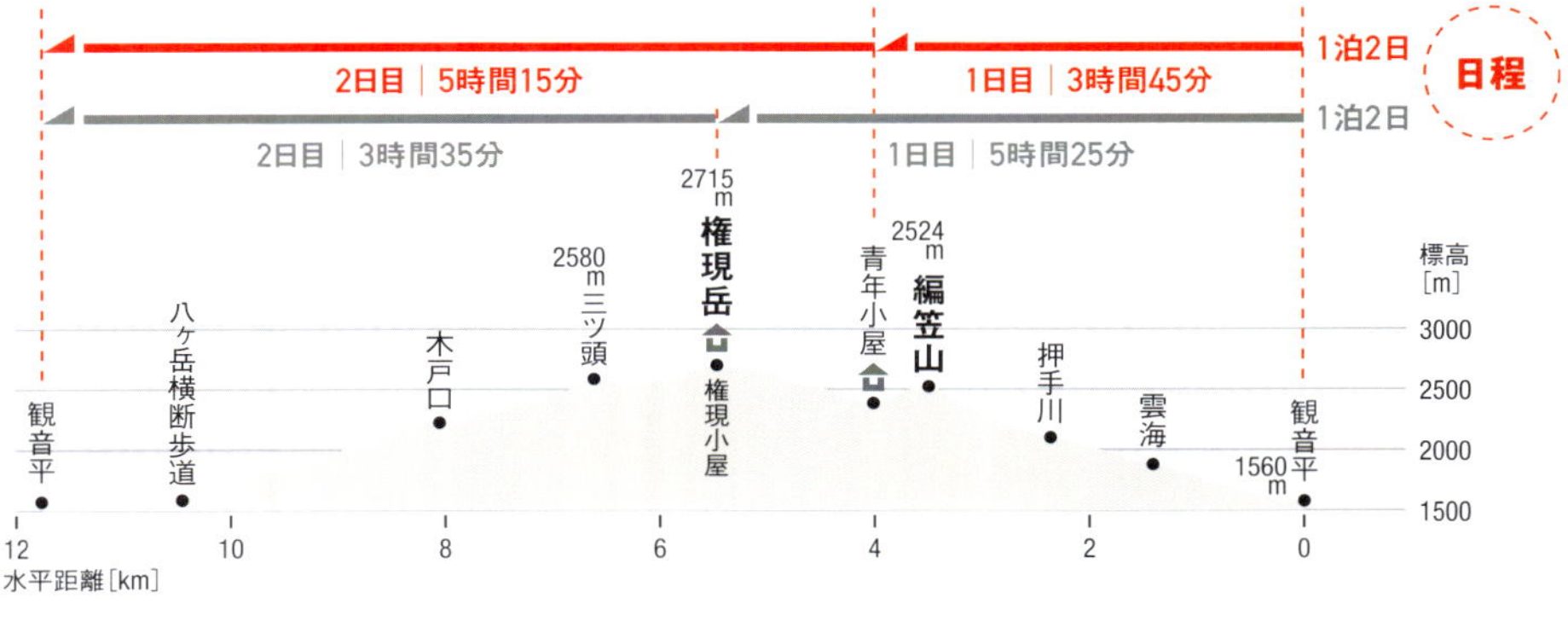

西岳頂上から南アルプス北部の峰々を展望

八ヶ岳南西端の展望ピークへ、史跡の点在する道をたどる

1泊2日

西岳 編笠山

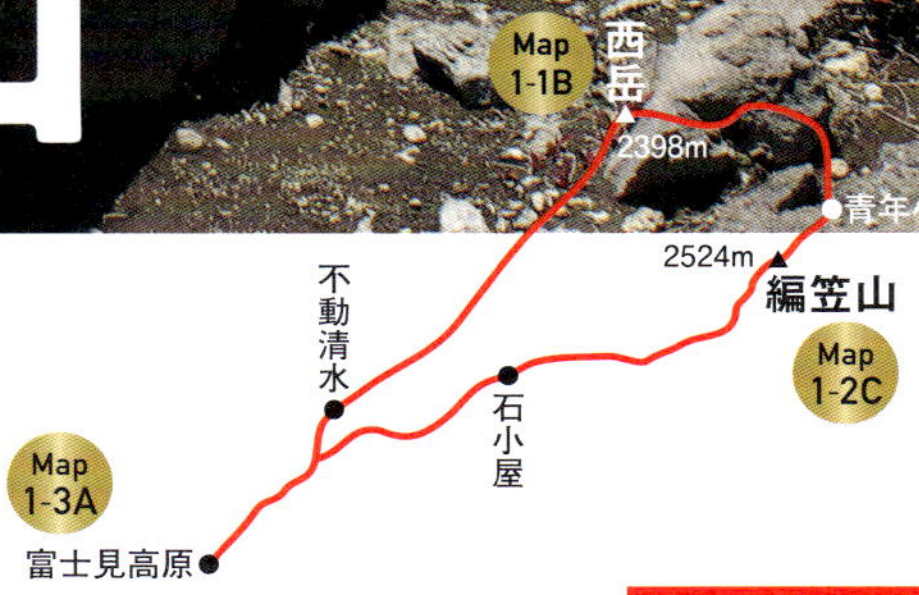

1日目

富士見高原→不動清水→西岳→青年小屋　計4時間10分

2日目

青年小屋→編笠山→石小屋→盃流し→富士見高原　計3時間35分

コースグレード	初級
技術度	★★ 2
体力度	★★★ 3

西《にし》岳《だけ》は八ヶ岳の南西端に位置し、権現《ごんげん》岳《だけ》の一角をなすギボシ付近から西へ延びる支稜に連なる。編笠山《あみがさやま》から望むと整った三角形の山容を見せるピークだ。山腹は緑濃い針葉樹の原生林に包まれ、南西中腹には八ヶ岳の名を冠した希少なヤツガタケトウヒの自生地がある。山麓にはシラカバやカラマツの林が広がる。

西岳の標高は２３９８ｍ、南八ヶ岳の主要な峰々のなかで標高ではひけをとるが、頂上からの展望は雄大だ。南・中央アルプスの眺めがすばらしく、富士山も視野に入る。とりわけ西岳から望む南八ヶ岳中心部の景観は迫力がある。主峰・赤岳《あかだけ》をはじめ、阿弥陀岳《あみだだけ》、ギボシ、権現岳が立場川《たつばがわ》源流の深い谷を隔てて鋭角にそびえ立ち、その南端を編笠山が悠々と締めくくる。

山麓から直接、西岳をめざすには富士見高原からのコースが代表的で、編笠山と結んで周回することができる。コース中には不動清水、盃流《さかずきなが》し、石小屋など山岳信仰の往時を伝える史跡が点在している。

史跡のひとつ、湧水を得られる不動清水

ほぼ一定の傾斜が続く西岳中腹の登り

1日目

富士見高原から西岳に登り青年小屋へ

富士見高原からスタートする。富士見高原ゴルフコースのクラブハウス手前が登山口で、登山道は中央本線の信濃境《しなのさかい》駅を起点に開かれたことから信濃境口と呼ばれる。

クラブハウスを西側に見て、北東へ延びている林道へ進む。ほどなくゲートを過ぎると、林道をショートカットする登山道の入口がある。ここに登山届ポストが設置されている。登山道に入って、林道を横切り、小さな谷を渡ると、もう一度、林道に出る。ここは林道と登山道が交わり五差路になっている。進路は「不動清水・西岳」への道標にしたがって、林道を北へ向かう。

じきに東へカーブする地点で、林道から分かれて登山道へ直進すると、すぐに**不動清水**に出る。周辺は園地として整備され、明るい草地にベンチやテーブルが設けられている。水場の近くには、「水天明王」と刻まれた古い石碑が見つかる。コースはここで編笠山（盃流し・石小屋経由）方面と、めざす西岳方面とに分岐する。

不動清水から西岳へは標高差約890mの登り。ほとんど樹林帯でランドマークは少ないが、途中3回、林道を渡るので、これによって現在地を知ることができる。

地面にシダが群生するカラマツ林の山腹をゆるやかに登って、最初に砂利の林道を渡る。次に林道を渡ると広葉樹のミズナラやダケカンバが増え、植生が変化してくる。

やがて3回目に渡る林道が、北西から延伸してきている**林道編笠線**である。標高は約1920m。標高差では不動清水から西岳までの中間点の少し手前あたりだ。

この先、カラマツに変わってミズナラ主体の自然林となり、さらにコメツガやシラビソなど針葉樹の原生林に包まれると標高2000mに達する。林床が

西岳から青年小屋へ、前方にギボシがそびえ立つ

西岳から間近に編笠山と、その奥に富士山を望む

苔むした原生林の山腹を着々と登り、傾斜がいっそう強まると、岩礫地に出て視界が一気に開ける。頂上はもう間近だ。岩礫地の斜面をジグザグに登り、シャクナゲの低木帯を抜けると**西岳**の頂上に立つ。

まず視界に飛び込んでくるのは、すぐ東隣の編笠山。大きくも優美な山容だ。編笠山の奥には富士山を望める。南側は北岳《きただけ》、甲斐駒ヶ岳《かいこまがたけ》、仙丈ヶ岳《せんじょうがたけ》など南アルプス北部の峰々がそびえる。視線を南西へ移していくと、木曽駒ヶ岳《きそこまがたけ》を主峰とする中央アルプス、さらに西側は北アルプスの方向だが、残念ながら樹林にさえぎられてしまう。北東側では立場川の深い谷越しに阿弥陀岳、赤岳、ギボシ、権現岳が峻険な山容を見せ、迫力ある景観を描いている。

西岳からは東へ、起伏のおだやかな支稜をたどる。ゆるやかに下って、道が平坦になると、正面に東西2峰からなるギボシがせまる。槍を彷彿させる鋭角な岩峰だ。

やや急な下りとなり、シラビソ林のなかで「絵図小屋跡」と書かれたプレートを見ると小さな沢に出る。乙女《おとめ》ノ水と呼ばれる水場で、シラビソの原生林から湧く水は、ほのかに森に香りがする。水場からほぼ水平に進むと。ほどなくキャンプ指定地に出て、**青年小屋**に着く。

2日目 編笠山に登り、盃流しを経て富士見高原へ下山

目前にそびえる編笠山へは、まずゴロゴロとした岩石帯を登り、次いでハイマツとシャクナゲが密生した斜面を急登する。傾斜がゆるむと**編笠山**頂上に立つ。南八ヶ岳の峰々をはじめ、富士山、日本アルプスの大パノラマを満喫しよう。

岩礫の頂上はおよそ東西に長く、登り着いた地点はその東端、頂上標柱と三角点はわずかに西へ進んだ地点にある。富士見高原への下山は、頂上標識の立つ地点から南西へ下る。樹林帯に入るまで岩石帯の急斜

ランドマークとなってる史跡の石小屋

編笠山から望む三角形の西岳、右奥は蓼科山

面だ。安定した足場を選び、白と黄色のペンキ印を追って慎重に下ろう。標高差で100mほど下ると、「信ノ境口」（信濃境口）とペイントされた大きな岩があり、ここから樹林帯に入る。樹林帯に入ってからも傾斜は強いが、いったんなだらかな斜面となって、平坦に近い地形を5分ほど歩くところがある。**シャクナゲ公園**と呼ばれ、庭園の趣がある。

その先、再び傾斜が強まり、ダケカンバが目立つ斜面をジグザグに下降していく。標高2000mと表示された道標を過ぎ、ミズナラなどの広葉樹が多くなると、傾斜がゆるみ、じきにランドマークとなる**石小屋**がある。高さ7～8m、幅5mくらいの露岩で、かつて修験者たちがこの岩陰で風雨をしのぎ、野宿をしたのだろう。

石小屋からは林相の美しいミズナラ林のなかをゆるやかに下っていく。2回林道を渡り、谷へ下ると**盃流し**に出る。谷を渡る地点の下流側、長さ50mほどの一枚岩が滑り台のような滝をつくっている。

盃流しとは、平安時代の貴族が盃を水に浮かべ、盃が流れるうちに歌を詠んだという優雅な遊び。一枚岩の滝をゆっくり水が流れ落ちる様子をその遊びに見立てた地名で、曲水《まがりみず》の別名もある。

谷の対岸へ渡ると、すぐに不動清水へ行く道が分岐する。ここでは不動清水へは寄らず、南西へ進んでカラマツ林のなかをゆるやかに下っていく。林道を1回渡り、次に林道に出合う地点が、登りで通過した五差路である。五差路から往路と同じ道を下れば、**富士見高原**に到着する。

プランニング&アドバイス

青年小屋に泊まる1泊2日の行程では初級者向きとなるコース。編笠山からの下りはじめ、岩石帯の急斜面で注意が必要だが、そのほかとくに難所はなく、南八ヶ岳入門にも向くコースだ。編笠山からは観音平へ下山するコースを計画してもよいだろう。富士見高原に下るよりも標高差が小さく、コースタイムも40分ほど短くなる。また中級者向きとしては、2日目、編笠山に登る前に青年小屋から権現岳を往復、あるいは編笠山を往復してから権現岳、三ツ頭経由で観音平、または天女山へ下山といった応用コースを組める。

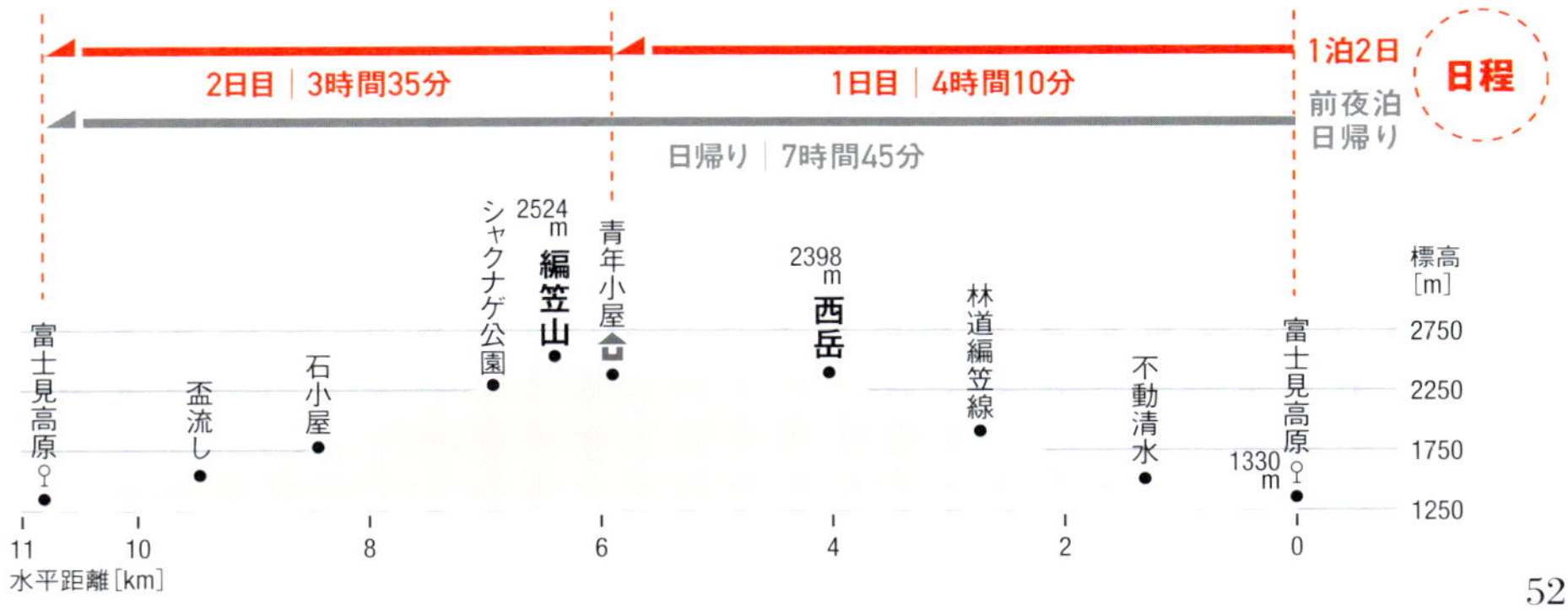

コラム2

八ヶ岳の山名・地名考察
［権現岳周辺］

中世から八ヶ岳における修験の中心であり、本来、このピークを八ヶ岳と呼んだという説がある権現岳《ごんげんだけ》。それだけに権現岳周辺には興味を引く地名が多い。そのうち3つの地名を考察してみよう。

■三ツ頭

三ツ頭《みつがしら》は、権現岳から南東に延びる尾根に位置するピーク。この尾根には、さらに前《まえ》三ツ頭が連なり、権現岳を再奥として3つの頭（ピーク）が並ぶ。ゆえに中間の三ツ頭は、権現岳を奥ノ三ツ頭として、中ノ三ツ頭とも呼ばれていたようだ。

ところが権現岳と三ツ頭の間には、もうひとつ無名のピークがある。登山道はその頂上を巻くので存在に気づきにくいが、赤《あか》岳《だけ》や編笠山《あみがさやま》から望むと、はっきりとわかるピークだ。よって権現岳ではなく、これが奥ノ三ツ頭だという資料もある。この無名ピークには、小さな鳥居と祠が安置され、頂上に立つこともできる。

■のろし場

編笠山《あみがさやま》とギボシとの鞍部、青年小屋から権現岳をめざして稜線を登っていくと、「のろし場」と書かれた道標が立つ場所に出る。岩礫地が開けた小さなピークで、周囲をよく見晴らせる。

烽火《のろし》とは、煙火を用いて敵軍の急襲などを知らせる通信手段。その情報を次々にリレーしていく中継点となるのが烽火場《のろしば》（烽火台）である。

八ヶ岳周辺に残る烽火場は戦国時代、情報戦略を重んじた武田信玄《たけだしんげん》が甲府《こうふ》の居城を中心に構築したもの。現在の山梨県、長野県をはじめ、埼玉県や静岡県まではりめぐらされていた。また、白い煙がよく見えるように、大きな山や森が背景になる場所を烽火場として選んだという。

ギボシ直下の「のろし場」は、甲府と諏訪《すわ》方面を見通せる位置でありながら、編笠山、ギボシ、権現岳と三方を囲まれている。烽火場には絶好のロケーションだ。

権現岳付近から望む三ツ頭と無名ピーク（手前）

■ツルネ

権現岳と赤岳《あかだけ》を結ぶ主稜線にツルネと呼称されているピークがある。ツルネとは連《れん》嶺《れい》のこと。「連なる嶺《みね》」が転訛したものだろう。権現岳と赤岳間のツルネは、実際、南北2峰からなり、連嶺をつくっている。

一方、長野県南部の遠山郷《とおやまごう》に伝わる民話に「グインさまは山のツルネを通る」という一節がある。グインさまとは天狗のこと。八ヶ岳には天狗岳をはじめ、天狗のつく地名が少なくない。主稜線のツルネの近くにも天狗尾根とその上部に連なる岩峰に大天狗、小天狗の名がある。ツルネとは天狗伝説とも関わりがありそうだ。

1日目	天女山→ 前三ツ頭→ 三ツ頭→ 権現岳 計5時間10分
2日目	権現岳→ キレット小屋→ 赤岳→ 大天狗→ 大門沢林道入口→ 美し森 計8時間25分

1泊2日

権現岳 赤岳

南八ヶ岳 縦走路の核心、キレット越えの険路を踏破

コースグレード 上級

技術度 ★★★★★ 5

体力度 ★★★★☆ 4

権現岳からキレットをへだてて赤岳を望む

権《ごん》現岳《げんだけ》と赤岳《あかだけ》は、主稜線で結び合いながらも、両座の間にはキレットが深く落ち込み、同じ南八ヶ岳でも互いの領域を分かつかのように相対してそびえる。

キレットとは、V字形に鋭く切れ込んだ稜線の鞍部をさし、漢字では「切戸」と書く。権現岳と赤岳の間のキレットは、標高約2440m。南北八ヶ岳の境となる夏沢《なつざわ》峠《とうげ》とほぼ同じ高さだ。

権現岳から赤岳へ、キレットを越えてこの標高差の大きい稜線を縦走する。権現岳からキレットへは標高差275mの下降、キレットから赤岳への登り返しは459mにおよぶ。稜線の西側は立場川《たつばがわ》、東側は川《かわ》俣川《またがわ》上流の地獄谷、それぞれの本谷と支沢群の源頭が懸崖をつくり、大きな標高差に加え、地形も険しい。

権現岳へは、天女山《てんにょさん》から前衛峰の前三ツ頭《まえみつがしら》へ続く尾根に開かれた天女山（大泉口《おおいずみぐち》）コースをたどる。背景にそびえる富士山をはじめ、展望がすばらしい登山道だ。

1日目 天女山から大泉口を登り前三ツ頭を経て権現岳へ

天女山には、昔、諸国の神々が集い、そこで舞をささげた天女が住んだという伝説がある。頂上まで車道が通じ、頭上にそびえる権現岳、赤岳をはじめ、富士山、南アルプスの展望台としてにぎわう観光スポットでもある。

頂上の北西側に設けられた駐車場から登山道へ入り、カラマツの林の尾根をゆるやかに登っていく。じきに砂礫の斜面が開け**天ノ河原《あまのかわら》**に出る。伝説によると天女が舞をささげるとき、身を浄めたという場所である。ここで観音平《かんのんだいら》まで続く八ヶ岳横断歩道を見送り、カラマツ林と砂礫地を交互に通りながら傾斜のゆるい尾根を登っていく。

ミズナラやダケカンバ、ヤマハンノキなどの自然林が増えてくると登山道沿いに**海抜1800mの石碑**がある。実際の標高と誤差はあるが、ランドマークの少ないこの

三ツ頭・権現岳への登山口となる天女山

前三ツ頭から甲府盆地と富士山を展望

尾根では現在地を知るのに役立つ。石碑は1940年、各地で行なわれた皇紀2600年記念事業のひとつとして有志らによって建立されたもの。山梨県南部町万沢から甲府、甲斐大泉を通って権現岳まで、沿道の随所に設置されている。

この先、トウヒが主体の針葉樹林に包まれ、亜高山帯の植生に変わると傾斜が増してくる。山腹にジグザグを切り、海抜2000mの石碑を過ぎると、いっそう急坂となる。連続するロープにすがって急登し、ササの斜面が開けると、いったん傾斜がゆるむ。この地点から南東にもうひとつ尾根が延びている。古い登山記録から推測すると、前三ツ頭から南に延びている尾根とともに小海《こうみ》線開通以前は権現岳への登山道として利用され、前者は材木尾根、後者は笹嵒《ささぐら》尾根の名で呼ばれていたようだ。

傾斜の落ち着いた尾根を進むと、南側の視界が開ける。日当たりのよい草地では、夏にシナノオトギリやタカネナデシコ、マツムシソウが咲く。石碑が標高2200mを知らせると、再び傾斜が強まってくる。幹の太いダケカンバ林を抜け、針葉樹林に入ってひと登りすると、岩礫地の広がる**前三ツ頭**の頂上に出る。

前三ツ頭からは、すぐ北東にせり上がる三ツ頭へ向かう。尾根上を約200m進んでからガレ場を避けて尾根線の北東側の樹林帯を登る。樹林帯に入る地点の岩に白いペンキ印がある。視界不良時は見落とさないよう注意しよう。

樹林帯の尾根を登り、両側をシャクナゲがおおう廊下のような道になると傾斜がゆるむ。天女山分岐で小泉口《こいずみぐち》コースを合わせ、さらに灌木帯を100mほどゆるやかに登れば、石碑が並ぶ**三ツ頭**の頂上に出る。前方に岩峰を鋭く突き出した権現岳がせまり、その背後に赤岳、阿弥陀岳《あみだだけ》がそびえ立つ。西には、古杣川《ふるそまがわ》上流の谷を隔てて編笠山《あみがさやま》がゆったりと横たわっている。

間近となった権現岳へは、コース5編笠

権現岳頂上に鎮座する檜峰神社の小祠

鋭く天空を突く権現岳を目前にする三ツ頭

山・権現岳（P42）の権現岳〜三ツ頭間の逆順をたどる。ハイマツ帯の稜線を下って小ピークの西側を巻き、低木帯に入って急登していく。最後にクサリのかかった岩盤を越えると、**権現岳**の頂上の一角に立つ。頂上にそびえ立つ岩峰の基部には、檜峰《ひみね》神社の祠が置かれ、風雨に耐えている。

頂稜の北端まで進み、赤岳へ向かう縦走路との分岐から西へわずかに下ると権現小屋に着く。夕暮れの光景と明朝のご来光を望むには、すぐ上の分岐付近か、東ギボシ頂上がビューポイントだ。

2日目 主稜線を赤岳へ縦走し美濃戸口へ下山

いよいよキレットを越えて赤岳をめざす。まずは天候と体調をよく判断してから出発しよう。権現岳の頂稜北端の分岐から狭い稜線を北東へ進むと、すぐに稜線西側面の岩壁に長いハシゴが下っている。権現岳名物、61段の源治ハシゴである。ハシゴの横棒に足をかけるときに緊張するが、さほど傾斜は強くなく、見かけよりもたんたんと下れる。

ハシゴから降り立ち、クサリをつたって岩壁下をトラバースすると、両側が切り立った稜線が続く。小さな鞍部まで下ったら、クサリの設置された岩稜を登り返し、目前の旭岳《あさひだけ》を西側から巻く。踏み跡をたどり、旭岳の頂上にも立てる。

旭岳をあとにすると、しばらく急下降となる。ハイマツとシャクナゲにおおわれた稜線には高さ3〜4mの岩塊が2つ、行く手をはばんでいる。進路の目印となる赤テープを追い、最初の岩塊は稜線東側、次は西側を巻いて下ると、ダケカンバとミヤマハンノキの低木帯に入る。

ほどなく低木帯を抜けると、ひと息つける小さな平坦地がある。進路はこの平坦地でいったん西へ直角に折れ、岩場を巻いたあとカーブして、再び北を向く。稜線とい

秋の朝、冷え込みで霧氷のついた源治ハシゴ

比較的おだやかな地形をしたツルネ付近

っても地形は複雑だ。

　もう一度、低木帯を抜け、わずかに登り返した岩礫地には、銀色に塗られたレリーフが立ち、道標を兼ねている。その先、小さく下ってから丘のようなピークへ登り返していく。ツルネと呼称されているピークだ。ツルネとは連嶺《れんれい》のことで、北にもうひとつピークを連ねている。

　南北2峰からなるツルネのうち、南峰付近の砂礫地ではコマクサが群落をつくっている。北峰へは、平坦にも近いならだかな稜線をたどり、2峰間の鞍部からゆるやかに登り返す。北峰一帯は広々とした岩礫地で、一角にケルンが積まれている。ここから、稜線西側の岩礫地と東側のハイマツ帯との際を下っていく。視界不良時は稜線からそれないよう進行方向に注意しよう。

　森林限界を割り込み、ダケカンバの混じる針葉樹林に入ると、稜線の東側一段下に位置するキレット小屋への標識がある。稜線の東側へ進み、クサリのかかった砂礫の斜面をトラバースすると、**キレット小屋**に着く。小屋の北側斜面はコマクサ群落地、東側は林間のキャンプ指定地で、険しい稜線のなかのオアシスのような場所である。

　キレット小屋からは、草地の斜面をゆるやかに登って稜線上に戻り、岩礫を積み上げたような小ピークに登る。前方頭上には、赤岳が赤褐色の岩肌を見せてそびえ、天狗尾根に連なる大天狗、小天狗の岩峰が勇ましさを引き立てている。

　小ピークの先で再び森林限界に達すると、傾斜が一気に強まる。ハイマツと岩礫の斜面に小さくジグザグを刻んで登り、短いクサリ場を通過すると、縦走路の難関となる急峻なルンゼ（岩溝）に入っていく。稜線の背に浅く谷を刻んだような地形だ。ルンゼ内では落石に注意し、進路を示すペンキ印を見落とさないよう登っていこう。

　ザクザクとした岩礫が多いルンゼの中央を少し登り、いったんルンゼからそれて西側の稜線へトラバースする。草付きの岩場

縦走路の難関となる急峻なルンゼ

キレットから、赤岳と天狗尾根の岩峰を見上げる

に出たら、東にトラバースしてルンゼ中央に戻り、急登していく。

　左右の岩壁がせまるルンゼ中間部は、固い岩盤を登る。岩は階段状で足場は豊富だ。さらにルンゼの幅が狭まり、落差の小さな涸れ滝状の岩場を攀じ登ると、ルンゼ上部に達し、視界が開けてくる。西側には、立場川の深い谷越しに阿弥陀岳《あみだだけ》とその頂上から延びる阿弥陀岳南稜をよく望める。

　ルンゼ上部は、ガレ場の急斜面を登る。ここは落石を起こさないよう気を配ろう。じきに明瞭な岩稜を登るようになり、頭上に見えていた2つの岩塔の間に登り詰めると、難関のルンゼを抜ける。

　2つの岩塔の間に立ったら、7～8mのハシゴを使って西側の岩塔上に登り、長いクサリがかかった岩棚をトラバースする。ここは花が豊富だ。夏はタカネナデシコやイワオウギ、キンロバイが咲き競う。

　岩棚のトラバースを終えた地点は、天狗尾根ノ頭と呼ばれ、ここに天狗尾根が突き

赤岳からキレットと権現岳を望む

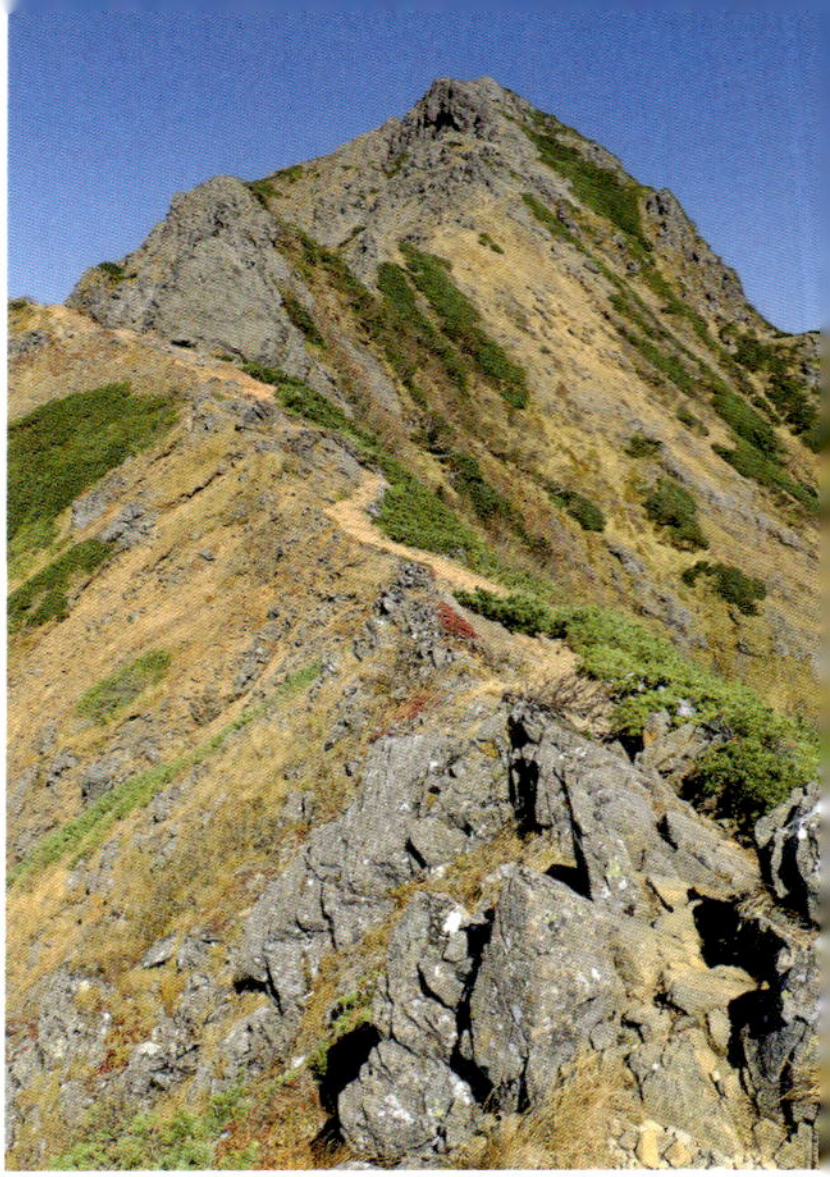

ルンゼを抜けると赤岳頂上が間近にせまる

上げてくる。その上部に連なる大天狗と小天狗の岩峰がすぐ眼下にそそり立つ。

天狗尾根ノ頭からは、ハシゴやクサリが連続する岩稜を急登していく。文三郎《ぶんさぶろう》尾根方面へ水平に横切っていく巻き道を見送り、ハイマツと岩礫の稜線をひと登りすると、真教寺《しんきょうじ》尾根分岐に出る。

さらに短いハシゴとクサリ場を通過し、竜頭峰《りゅうとうほう》を巻いて、延べ数十mのクサリがかかる岩壁をトラバースすると阿弥陀岳と結ぶ支稜の道と合わさる。最後に2カ所ハシゴが設けられた岩場を攀じ登れば、**赤岳**の南峰頂上に立つ。富士山、日本アルプスを見晴らすパノラマを満喫しよう。

赤岳から今日中に下山する場合、コースはいくつか計画できるが、ここでは岩稜に慣れた経験者向けに県界《けんかい》尾根を選んだ。県界尾根の上部はきわめて急峻だが、そのぶん早く下降できるコースだ。要所となるのは、七合目の標識がある前後の岩場で、落石と滑落にはくれぐれも注意しよう。**小天狗**から県界尾根を離れて大門沢林道へ下ったら、**美し森**へ向かう。

プランニング&アドバイス

権現岳から赤岳への縦走は、経験や体力、および天候によってコースタイムに差が生じやすい。天候の判断はもちろん、時間にゆとりをもって行動しよう。権現岳へは観音平から編笠山経由、富士見高原から西岳経由などコースを選べる。観音平、または富士見高原を起点にして1日目に権現岳（権現小屋）まで入るには、前夜泊で早い時間に出発したい。1日目を青年小屋泊まりとした場合、2日目に赤岳へと縦走し、その日のうちに下山するにはコースタイムが長くなる。赤岳頂上山荘や赤岳天望荘でもう1泊する2泊3日の行程を組むとよいだろう。

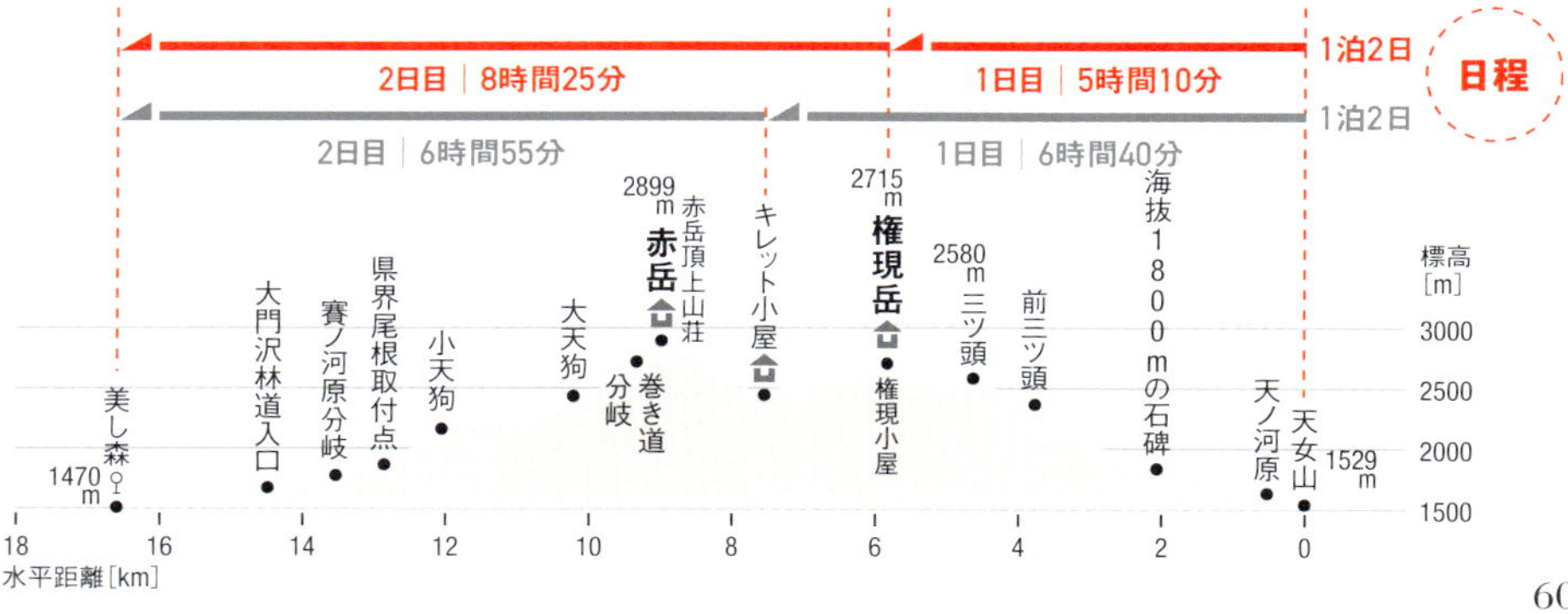

コラム3

八ヶ岳の山名・地名考察［稲子岳・蓼科山周辺］

山岳信仰の色彩が濃い八ヶ岳の峰々なかでも、夏沢峠《なつざわとうげ》以北の北八ヶ岳では、山麓から望んだ山容や自然、また山麓の人々の暮らしと関わりのある山名・地名が多いようだ。考察の最後として、北八ヶ岳の稲子岳《いなごだけ》、蓼科山《たてしなやま》、天祥寺原《てんしょうじはら》を取り上げてみよう。

■稲子岳

八ヶ岳では珍しく、にゅうとともに二重山稜を形成している段丘状のピークが稲子岳である。山名に稲の字があることから、にゅうの由来である稲藁《いなわら》（刈り取り後の稲を円錐や円筒状に積み上げたもの）をまず連想する。だが、その山容からすれば段丘などの地形をさす「うな」（うね）が転訛した「いな」に稲の字を当てたと考えるのが自然だろう。長野県南部の地名、伊那《いな》の語源と同じだ。稲子岳の子は、岩場やガレ場をさす「ゴ」（ゴー）であろう。上越国境の谷川《たにがわ》連峰にある中《なか》ゴー尾根などに見られる地名だ。稲子岳の南面はまさに切り立った岩壁である。

■蓼科山

八ヶ岳火山群の北端をなす蓼科山には、女ノ神山《めのかみやま》や諏訪《すわ》富士などの別称がある。頂上に鎮座する蓼科神社は、もとは高井《たかい》神社と呼ばれ、ゆえに蓼科山には高井山の異名もある。高井とは、高い場所にある井戸（水源）。蓼科山は山麓を潤す水をもたらしてくれる山として崇められていたのがその由来だ。また豊かな自然の象徴である鷹の棲む「鷹居」からきているとする説もある。

ほかに神の座る山を意味する位山《くらいやま》（位は座《くら》が語源）、山容が飯を丸く盛ったように見えるから飯盛山《めしもりやま》、飯盛はお供えでもあることからお供え山と、蓼科山は実に多様な名で呼ばれてきた。それだけ人々の暮らしと関わりが深い山といえる。

将軍平から間近に望む蓼科山の山頂部

■天祥寺原

蓼科山へのコースのひとつ、竜源橋《りゅうげんばし》からの道をたどっていくと、滝ノ湯川《たきのゆがわ》上流の小さな峡谷を抜けた先で、大らかな笹原が広がる。この一帯がもとは大河原《おおかわら》と呼ばれた天祥寺原である。

台湾の太魯閣《たいろこ》峡谷には、南宋末期の忠臣、文天祥《ぶんてんしょう》に名をちなむ景勝地・天祥がある。川の流れによる長年の堆積や地殻上昇によってできた河岸段丘で、天祥から下流は両岸が切り立った峡谷となっている。推測だが、天祥寺原はこの太魯閣峡谷に見立てた地名ではないだろうか。

また、地名につく寺は、「たいら」を「でえら」と訛ったことによる当て字の場合がある。したがって本来は天祥平（原）かもしれない。滝ノ湯川上流に開けた天祥寺原は、どこか秘境のムードを漂わせながらも、明るく心地よい場所である。

コラム4

八ヶ岳に咲く花

八ヶ岳は、日本アルプスと並ぶ高山植物の宝庫。群落地の規模こそ大きくはないが、横岳の峻険な岩稜を中心に、多くの種類が驚くほど密集して咲く。その光景はまさに百花繚乱、可憐な花々との出会いは、八ヶ岳に登る大きな魅力のひとつである。

オヤマノエンドウ

マメ科　岩礫地の岩のすき間を埋めるようにカーペット状に広がり、マメ科の特徴である蝶形の花を無数につける。まれに白花も見られる。横岳と権現岳の稜線に多い。花期：6月下旬〜7月中旬。

青・紫色系の花

マツムシソウ

マツムシソウ科　この花が咲くと秋の訪れが近い。花名は、巡礼者の鳴らす松虫鉦（かね）に似ていることから。明るい草原に咲き、麦草峠と双子山で多く見られる。花期：8月中旬〜9月中旬。

ミヤマオダマキ

キンポウゲ科　外側の5枚の花弁のように見える部分は萼片（がくへん）。花弁は内側にあり、細長く上半部が白い。横岳・日ノ岳付近でわずかに見られる。花期：6月下旬〜7月中旬。

ウルップソウ

ウルップソウ科　ウルップとは千島列島にある島の名。北半球の周極地に広く分布し、日本では八ヶ岳、白馬岳などに隔離分布する。横岳の無名峰付近に群落がある。花期：6月下旬〜7月中旬。

横岳の稜線で群落をつくるウルップソウ。白い花はハクサンイチゲ

チシマギキョウ

キキョウ科　砂礫地や岩の割れ目に生える多年草。花の長さは約3cm、縁に長い毛がある。八ヶ岳のものは、花弁の先があまり開かない。南八ヶ岳の稜線でよく見られる。花期：7月下旬〜8月中旬。

黄色系の花

ミヤマキンポウゲ

キンポウゲ科　湿り気のある草地や岩礫地に生える多年草。花は茎の先に数個つき、花は直径1.5〜2㎝、花弁は5個で光沢がある。中岳のコル付近に群落地がある。花期：7月中旬〜8月中旬。

キンロバイ

バラ科　蛇紋岩地や石灰岩地を好む落葉低木。花弁は5枚で明るい黄色。赤岳と権現岳間の主稜線の天狗尾根ノ頭付近で見られる。八ヶ岳では珍しい群落地である。花期：7月中旬〜8月上旬。

キバナシャクナゲ

ツツジ科　ハイマツに混ざって生える。高さ10〜20㎝の常緑小低木で、葉は厚い革質。硫黄岳と横岳の鞍部、大ダルミ周辺の群落が有名。権現岳の稜線でも咲く。花期：6月中旬〜7月中旬。

ミヤママンネングサ

ベンケイソウ科　鮮やかな黄色の花で、星が集まったかのように咲く。花のつく枝は紫色を帯びることが多い。中岳のコルから阿弥陀岳頂上にかけての岩場に多い。花期：7月中旬〜8月中旬。

イワベンケイ

ベンケイソウ科　風当たりの強い風衝地などに生える雌雄異株の多年草。葉は肉質、雄花の花弁は黄緑色、雌花は受精すると子房が赤くなる。横岳・日ノ岳の南斜面に多い。花期：7月下旬〜8月中旬。

ミヤマキンバイ

バラ科　稜線上の砂礫地や草地に生える多年草。花弁は5枚、葉は3枚の小葉をもつ。南八ヶ岳の稜線と、北八ヶ岳では天狗岳の頂上付近でよく見られる。花期：7月上旬〜8月上旬。

ミヤマダイコンソウ

バラ科　高山帯の岩礫地に生え、赤岳から硫黄岳にかけての稜線に多い。八ヶ岳の盛夏を彩る代表な花。葉のつき方が野菜のダイコンの葉に似ているのでこの名がある。花期：8月上旬〜下旬。

ウサギギク

キク科　対になって茎につくヘラ形の葉をウサギの耳に見立てた名。花は明るい黄色でよく目立つ。県界尾根上部の巻き道など、八ヶ岳では比較的、限られた場所で咲く。花期：7月下旬〜8月中旬。

ヤツガタケキスミレ

スミレ科　タカネスミレの仲間で八ヶ岳の特産種。葉にはつやがなく、両面の葉脈に微毛があるのが特徴。横岳の石尊峰や二十三夜峰付近の岩礫地で見られる。花期：6月下旬〜7月上旬。

オオビランジ

ナデシコ科　南アルプス・鳳凰三山に多いタカネビランジよりも全体的に大柄。花は直径3㎝ほどあり紅色が強い。前三ツ頭の頂上と真教寺尾根の天狗岩付近で見られる。花期：7月下旬〜8月上旬。

コイワカガミ

イワウメ科　ハイマツの縁や岩礫地などで初夏に咲く。光沢があり革質の丸い葉から名前に鏡とつく。八ヶ岳全域でよく見られるが、とくに編笠山北面の岩石帯に多い。花期：6月中旬〜7月中旬。

ツガザクラ

ツツジ科　地をはって枝を広げる常緑小低木。ツガに似た葉をもち、長さ5〜7㎜前後の鐘形の小さな花を多数つける。横岳の三叉峰から日ノ岳にかけての岩稜に多い。花期：6月中旬〜7月中旬。

タカネナデシコ

ナデシコ科　花は直径4〜5㎝、筒形で先が5裂して開き、細かく裂ける。南八ヶ岳の稜線で見られ、とくに赤岳と権現岳間の天狗尾根ノ頭付近の群落はみごと。花期：7月下旬〜8月中旬。

台座ノ頭付近に広がるコマクサの大群落。八ヶ岳随一の群落地だ

赤色系の花

イブキジャコウソウ

シソ科　日当たりのよい岩礫地でカーペット状に広がって咲く。ハーブのタイムの仲間で、触れると香りが手につく。阿弥陀岳の頂上付近と横岳・日ノ岳の南斜面に多い。花期：7月下旬〜8月中旬。

コマクサ

ケシ科　高山植物の女王と呼ばれる多年草。花の形が駒（馬）の頭に似る。荒涼とした砂礫地に咲き、横岳北端の台座ノ頭付近、箕冠山と根石岳の鞍部に大群落がある。花期：7月中旬〜8月上旬。

ミヤマシオガマ

ゴマノハグサ科　野菜のニンジンの葉のように細かく切れ込んだ葉が特徴。横岳や権現岳の稜線で、オヤマノエンドウやミヤマキンバイとともに咲き、群落地を彩る。花期：6月下旬〜7月下旬。

白色系の花

イワヒゲ

ツツジ科　岩の割れ目にへばりついて生える常緑小低木。枝葉がヒゲに見える。八ヶ岳には花冠が短く球形のマルバナイワヒゲもある。横岳の三叉峰、石尊峰付近に多い。花期：6月下旬～7月中旬。

オサバグサ

ケシ科　亜高山帯の針葉樹林内で木漏れ日が差す場所などに生え、小さな白い花を無数に咲かせる。八ヶ岳全域で見られるが、原生林に包まれた北八ヶ岳を代表する花。花期：6月下旬～7月中旬。

ハクサンイチゲ

キンポウゲ科　雪解けあとの斜面など、湿性の群落地の代表的な高山植物。比較的、乾燥しがちな場所では大群落をつくって咲く。横岳・日ノ岳の西斜面に群落がある。花期：6月下旬～7月中旬。

イワウメ

イワウメ科　革質で5mmほどの葉をつけた枝が岩肌をおおい、ウメに似た直径約1.5cmの花を多数つける。横岳の三叉峰から日ノ岳にかけての岩稜でよく見られる。花期：6月下旬～7月中旬。

セリバシオガマ

ゴマノハグサ科　亜高山帯の針葉樹林内に生える。高さ約30cm、葉は羽状で細く裂け、セリの葉に似る。赤岳と権現岳間のツルネ付近、真教寺尾根の扇山付近に多い。花期：7月下旬～8月中旬。

チョウノスケソウ

バラ科　日本での発見者、須川長之助にちなんだ名。岩にはりつくように枝を伸ばす落葉小低木。似た花のチングルマは八ヶ岳では見られない。横岳の三叉峰付近に多い。花期：6月下旬～7月中旬。

トウヤクリンドウ

リンドウ科　高山帯の稜線で夏の終わりを告げる花。花はやや黄色を帯びた白で、青緑色の斑点がある。花の先は、5裂して開く。南八ヶ岳の稜線で晩夏によく見られる。花期：8月中旬～9月上旬。

横岳・日ノ岳の西斜面で群落をつくって咲き競うハクサンイチゲ

北八ヶ岳の山上湖のひとつ、みどり池と天狗岳。原生林に囲まれ、まさに濃い緑を水面に映している

悠久の森に包まれた
トレッキングエリア

北八ヶ岳

中山峠付近から望む双耳峰の天狗岳

1泊2日

天狗岳
高見石

西麓の温泉郷から双耳峰の山容が特徴のピークへ

1日目

渋ノ湯→ 賽ノ河原地蔵→ 高見石→ 中山→ 中山峠→ 黒百合平　計3時間30分

2日目

黒百合平→ 天狗岳→ 中山峠→ 黒百合平→ 唐沢鉱泉分岐→ 渋ノ湯　計5時間15分

コースグレード　中級

技術度 ★★★★★ 3

体力度 ★★★★★ 2

天《てん》狗岳《ぐだけ》は、原生林と山上湖の景観に代表される北八ヶ岳にあって、ひときわ勇ましい山容を見せてそびえる。いわば南北八ヶ岳の両方の表情をもつ山である。八ヶ岳はその成因から南北の境を夏沢峠《なつざわとうげ》としているが、主稜線のほぼ中央に位置するのは天狗岳である。実際、天狗岳を境に南北で地形や景観が大きく変わる。山頂部は、主稜線上に鋭角な岩峰を突き出した東天狗、対照的に丸く優しい姿の西天狗からなり、双耳峰《そうじほう》の山容が特徴だ。

天狗岳をめざす主要な登山口のひとつに、西麓の奥蓼科《おくたてしな》温泉郷の渋ノ湯《しぶのゆ》がある。渋ノ湯からのコースは大きく2とおり。賽ノ《さいの》河原《かわら》を通って高見石《たかみいし》へ登り、主稜線を南下するコースと、中山《なかやま》から延びる尾根に上がって黒百合平《くろゆりだいら》へ向かうコースがある。

ここでは前者を登り、後者を下りとして周回するコースを紹介する。天狗岳はもちろん、高見石や中山展望台など、展望を楽しめるポイントが多いコースである。

1日目 渋ノ湯から高見石、中山展望台を経て黒百合平へ

渋御殿湯《しぶごてんゆ》前の**渋ノ湯**バス停から渋川《しぶかわ》沿いの道を上流へわずかに進むと、堰堤前に架かる橋のたもとに登山補導所がある。ここが登山口である。橋を渡ると、すぐに黒百合平への分岐がある。賽ノ河原を経て高見石へは東へ、渋川の左岸（上流を背にして下流を見て左側の岸）を上流側へ進む。

急斜面を横切りながら治山堰堤を巻くと、黒百合平への道がもう一本分かれる。その先、支沢の木橋を渡り、林道のような広い道を歩く。ほどなく渋川本流を左岸から右岸へ渡ると、道は増水時の迂回道と二分する。右岸を直進するのが迂回道だ。通常は、水流のなくなった本流を渡り返して左岸の樹林帯を登っていく。

じきに右岸へ戻り、迂回道を合わせるとやや傾斜が増してくる。それまで視界をさえぎった針葉樹は、しだいに樹高を低め、

賽ノ河原地蔵と扇状に広がる岩石帯

高見石から蓼科山（左奥）や茶臼山、縞枯山を展望

足もとにはゴロゴロとした岩石が目立ってくる。足場をよく選びながら登り進むと、しだいに前方の視界が開け、大小の岩石が斜面を埋めつくす賽ノ河原が広がる。コースは扇状に広がる岩石帯の北縁近く、浅い谷の中央を登っていく。赤と白のペンキ印に導かれ、岩石帯を進むと登山道沿いに**賽ノ河原地蔵**がある。かたわらのプレートに地蔵の来歴が詳しく書かれている。

さらに岩石帯を登って、両側にハイマツやコメツガの緑が増えてくると、登山道は北へほぼ直角に折れる。道標とロープに導かれて北へわずかに急登すれば、傾斜のゆるやかな針葉樹林帯に入る。これまでの景観とは一変して、道は林床が苔むしたシラビソやコメツガの原生林に続く。

やがて丸山《まるやま》からの道に合わさり、東へ折れて平坦に近い道をたどると、高見石小屋の前に出る。**高見石**は小屋のすぐ裏手。折り重なった岩塊の上へ這い上がると、眼下に原生林の樹海が広がり、白駒池《しらこまいけ》が青い水面を輝かせている。北西には茶臼山《ちゃうすやま》と縞枯《しまがれ》山《やま》がゆったりと横たわっている。

次のポイント、中山展望台へは高見石小屋前の広場から西へ進む。はじめ方向にとまどうが、登山道はすぐに南へカーブし、中山を正面にして直線的に登っていく。細い幹が密集したシラビソ林に入り、岩石の目立つ道になると、傾斜が増してくる。急登ではないが、長く感じる坂道だ。

中山の山頂部の北端に登り着き、低木のコメツガやシャクナゲの樹間を抜けると、広々とした岩礫地に出る。ここが中山展望台だ。西側の眺めがよく、中央アルプスや御嶽山《おんたけさん》、北アルプスの山並みを望める。

コースは中山展望台の道標が立つ地点で南東へ曲がる。しっかり道標を確認しよう。樹林帯に入ると、ほどなく**中山**の頂上標識がある。4、5人が休憩できるほどのこぢんまりとした頂上である。

中山からシャクナゲの多い斜面を南東へ下り、平坦な道を進むと、**にゅう分岐**に出

北アルプスの山並みを一望できる中山展望台

明るい草原が開けた黒百合平と黒百合ヒュッテ

る。その先、稜線をゆるやかに南下する。

天狗岳をよく望めるポイントを過ぎると十字路になった**中山峠**に出る。西に折れて木道をたどると心地よい草原が開け、黒百合ヒュッテの立つ**黒百合平**に着く。

東天狗付近から溶岩台地の天狗ノ奥庭を見下ろす

2日目
天狗岳に登り、黒百合平から渋ノ湯へ下山

まずは黒百合ヒュッテ前の斜面に取り付く。わずかに急登すれば、溶岩台地の北縁に出る。目前には、東西2峰からなる天狗岳がそびえる。向かって左、鋭角なピークが東天狗、右の西天狗は丸みを帯びた対照的な山容だ。すぐ眼下の窪地には擂鉢池《すりばちいけ》がある。時期によって水量が減ることもあるが、風景のアクセントとなっている。ここから見渡す溶岩台地が天狗ノ奥庭である。

登山道は、およそ南北に長い天狗ノ奥庭の西縁にひらかれ、岩のペンキ印を追って歩く。ところどころで大岩の間を縫い、小さくアップダウンしながら進んでいく。

王冠のような形をした大きな岩塊の下を通ると、東天狗までの道筋を一望できる。東天狗直下に突起した天狗ノ鼻と呼ばれる岩峰は、このあたりから望むと形がわかりやすい。鼻というより、やや上向き加減の

東天狗から、吊り尾根で結ばれた西天狗を望む

黒百合平から渋ノ湯へ、唐沢鉱泉分岐付近の道

天狗の面を思わせる。

東天狗への斜面に取り付くと、しだいに傾斜が強まってくる。ザラザラとした岩礫とハイマツの斜面を急登し、東へゆるくカーブすると、中山峠から主稜線を登ってくるコースに合流する。

主稜線に出て、クサリがかかった浅い岩溝を登り、天狗ノ鼻の岩峰を巻きながら岩塊の折り重なる斜面を登りきると天狗岳の一峰、**東天狗**の頂上に立つ。さらに吊《つり》尾根をたどり、ザラザラとした砂礫の斜面を登れば、**西天狗**の頂上に出る。平坦な頂上には三角点と古い石碑が置かれている。

雄大な展望を満喫したら、**東天狗**へ引き返し、主稜線を中山峠へと下ろう。天狗ノ奥庭経由の道との分岐を過ぎ、ハイマツ帯の稜線を急下降してダケカンバ林に入ると**中山峠**に下り立つ。西に折れて**黒百合平**に戻ったら渋ノ湯へと下山する。

黒百合平からしばらく唐沢《からさわ》源頭の谷間を下る。黒い岩がゴロゴロとして、足運びに気をつかうが、岩のすき間が大きなところには、歩きやすいよう金網の足場が設けられている。谷が少し開けてくると、**唐沢鉱泉分岐**に出る。樹間の広場で休憩できる。

唐沢鉱泉へ下る道を見送り、分岐からわずかに登り返すと、おだやかな尾根道が続く。しばらく下ると、次に**八方台《はっぽうだい》分岐**に出る。ここで尾根道から分かれ、北側面を下降していく。西へ山腹を横切り、大きくジグザグを切ると、渋川に架かる登山口の橋に下り立ち、**渋ノ湯**に着く。

プランニング&アドバイス

黒百合ヒュッテに泊まる1泊2日の行程は、2日目に必要な装備だけをもって天狗岳を往復できることと、空気の澄む朝のうちに天狗岳に立てるのがメリット。高見石小屋に泊まる日程は、午後からゆっくり入山でき、2日目は比較的、天候の安定する午前中に高見石、中山展望台、そして天狗岳と3つの展望ポイントをめぐれるのが魅力だ。花の時期なら天狗岳から稜線を南下し、根石岳と箕冠山の鞍部に広がるコマクサ群落地へ足を延ばし、夏沢峠から本沢温泉、みどり池経由で稲子湯へ下山するといったコースも組める。

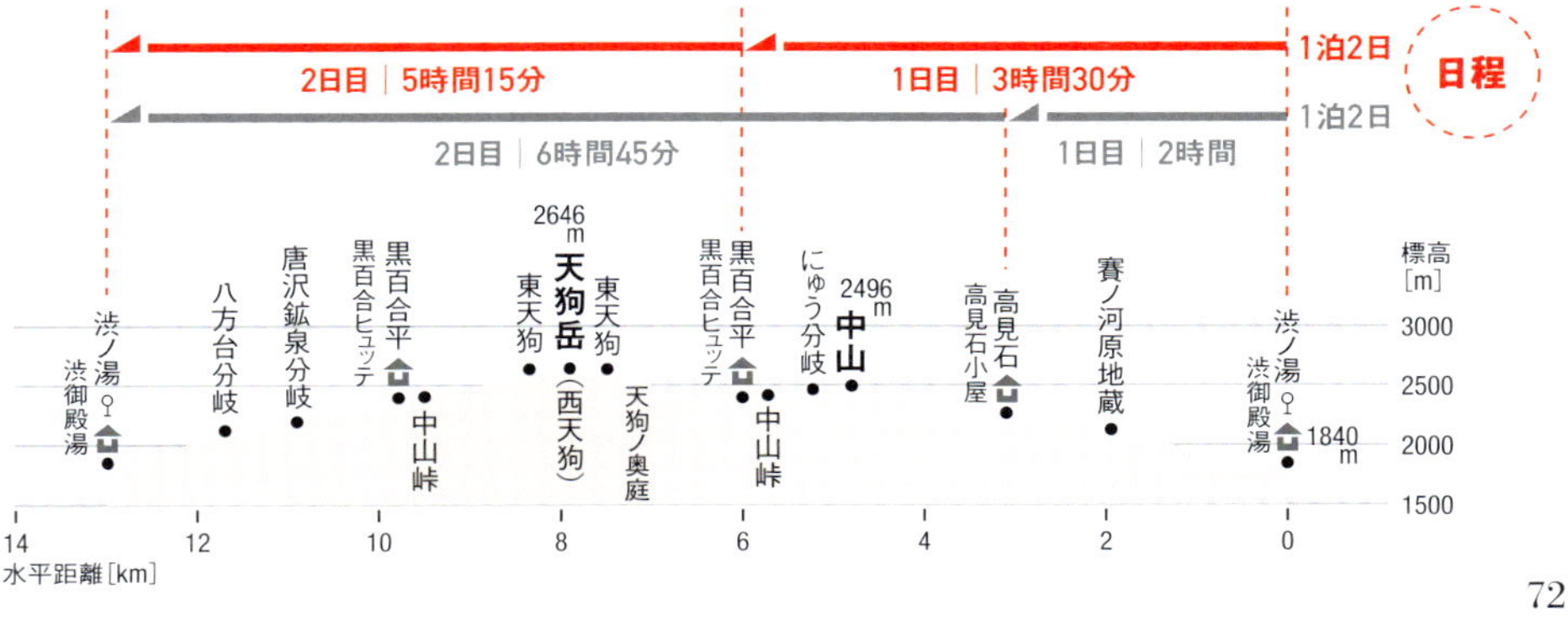

サブコース

西尾根から天狗岳へ

唐沢鉱泉↓第一展望台↓西天狗↓東天狗↓黒百合平↓唐沢鉱泉　計6時間25分

東西2峰からなる天狗岳《てんぐだけ》の一峰、西天狗から西へ延びる尾根が天狗岳西尾根である。登山口の唐沢鉱泉《からさわこうせん》をベースによく歩かれ、渋ノ湯《しぶのゆ》からのコースと並ぶ天狗岳への代表的な登山道のひとつになっている。

渋ノ湯からのコースに比べると、最上部の傾斜が強く、体力的にきつい面もあるが、唐沢鉱泉から短時間で直接、天狗岳に登れる。また、尾根上には2カ所の展望ポイントがあり、西尾根のアクセントになっている。西天狗の直下は岩礫の急斜面で、安定した歩行を考えると、下りより登りに向くコース。下山は、中山峠《なかやまとうげ》、黒百合平《くろゆりだいら》を経由すれば、周回コースとなる。

八ヶ岳山麓のいで湯のひとつ、唐沢鉱泉の宿の玄関前から50mほど上流側、唐沢に架かる小さな橋（しゃくなげ橋）が西尾根登山口だ。橋を渡り、浅い谷地形の山腹を南東へゆるやかに登っていく。ほどなくロープに導かれて西へ切り返し、山腹をトラバースする。以降、シラビソやコメツガなどの針葉樹林に包まれた山腹にジグザグを刻みながら着々と登っていく。

この山腹は西尾根の北斜面で、直射日光の届かない朝のうちは真夏でも涼しい。初夏や秋は、歩きはじめて体が温まってきてから衣類の調節をするとよいだろう。

東向きの長いトラバースを2回繰り返し、北側の樹間から蓼科山《たてしなやま》と北横岳《きたよこだけ》の山頂部を望めるようになると、西尾根上の**枯尾ノ峰《かれおのみね》分岐**に登り着く。

Map 6-2B　唐沢鉱泉

Map 6-3C　天狗岳（西天狗）

コースグレード	中級
技術度	★★★☆☆ 3
体力度	★★★☆☆ 3

第二展望台まで登ると西天狗が目前にせまる

西尾根で最初に視界が開ける第一展望台

分岐からは西尾根上を東へ登っていく。やや傾斜の強い尾根で、しばらくシラビソの灰白色の幹が密に並ぶ林のなかを登り進む。地面に角張った岩が目立ってくると、植生は部分的にコメツガ林に変わる。焦げげ茶色の荒い樹皮が特徴で、土壌の浅い岩石地に根を張っている。

　シャクナゲが現れ、「展望台」の文字がかろうじて読み取れる古い道標を過ぎると、まもなく**第一展望台**に出る。尾根上、約50mに渡って高木が途切れる地点で、その東端の露岩に第一展望台の標識が立っている。前方にそびえる西天狗を中心に南北八ヶ岳のパノラマが展開し、峰ノ松目《みねのまつめ》と硫黄岳《いおうだけ》を結ぶ支稜越しに主峰・赤岳《あかだけ》も姿を見せる。後方の眼下には諏訪《すわ》盆地が広がり、中央アルプス、御嶽山《おんたけさん》、北アルプスが地平に連なる。頂上での楽しみを残しておきたいと思うくらいの雄大な展望だ。付近の植生は風衝のためハイマツや低木のシャクナゲが主体で、夏はコイワカガミが咲く。すでに高山帯に達した景観である。

　第一展望台からは、ハイマツとシャクナゲにおおわれた細い尾根を進み、林床で若木が成長している枯木帯を抜ける。その先、シラビソ林がつくる廊下のような道をゆるやかに登って、尾根の高みを越すと、**第二展望台**に出る。ここは南斜面が崩壊し、荒々しい景観だが、前方、間近にそびえ立つ西天狗が迫力ある姿を見せてくれる。ただ、西天狗への登りは見るからに傾斜が強い。しかも岩石帯で手強そうだ。

　第二展望台からいったん小さな鞍部へ下ってから低木の斜面に取り付く。じきに森林限界に達し、岩礫の急斜面になる。ところどころ腰の高さまで足を上げ、手を使って攀じ登っていく。容易そうに見えるハイマツ帯へそれたくなるが、必ずペンキ印を追って登っていこう。

　ひとしきり急登し、傾斜のゆるんだハイマツ帯をもうひと登りすると、天狗岳の一峰、三角点の置かれた**西天狗**頂上に立つ。

三角点や石像が置かれた
西天狗頂上、展望は雄大

第二展望台から西天狗へ、岩塊の急斜面を登る

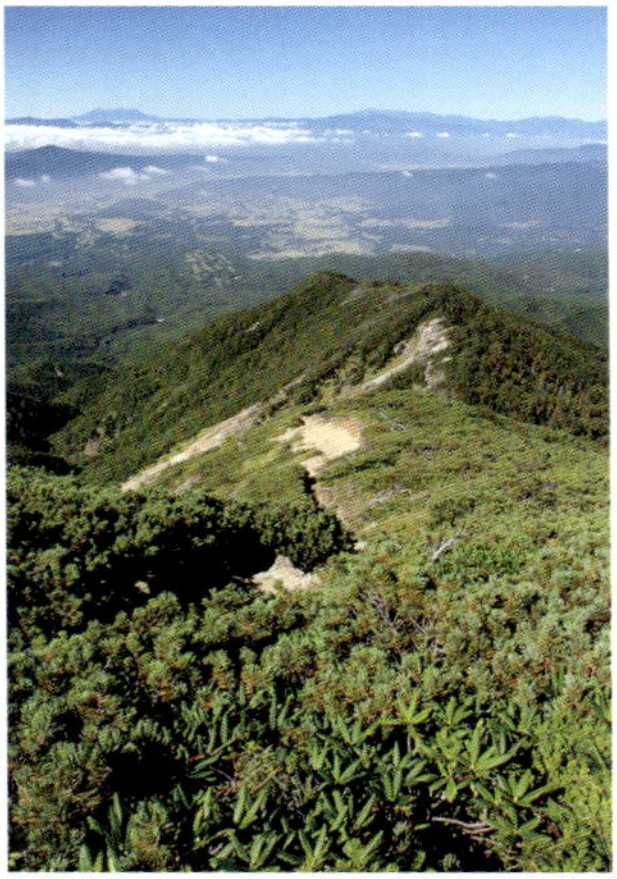
西天狗から、登ってきた西尾根を見下ろす

これまで主稜線に隠れていた東側の視界も開け、全方位のパノラマを満喫できる。

西天狗からの下山は、唐沢鉱泉分岐までコース8天狗岳・高見石（P68）と同じである。吊《つり》尾根をたどって**東天狗**へ進み、主稜線を中山峠へ急下降する。**中山峠**で西へ折れ、**黒百合ヒュッテ**の立つ**黒百合平**を通って渋ノ湯への道を下っていく。

深い原生林に包まれた谷間を下り、樹間の平坦な広場に出たところが**唐沢鉱泉分岐**である。ここで渋ノ湯への道と分かれ、山腹を南西へまっすぐ横切っていく。

シラビソが整然と幹を伸ばす林相の美しい森を抜け、ジグザグを切ってコメツガ林の斜面を下ると、唐沢の支沢に出合う。小さな水流に架かる木橋の手前に平坦地があり、休憩に向く。

木橋を渡った先から山腹に大きくジグザグを切って高度を下げ、若いダケカンバ林を通ると唐沢の本流左岸に下り立つ。

鉄パイプの手すりがある橋を渡って右岸の林道を下流側へたどり、乳白色に青みがかったような源泉の池を見ると、**唐沢鉱泉**に戻ってくる。

プランニング&アドバイス

登山口の唐沢鉱泉をベースとした前夜泊・日帰りが標準的な行程である。山中1泊2日の行程では黒百合平に立つ黒百合ヒュッテが宿泊地となる。黒百合ヒュッテに泊まる場合、2日目は、にゅうを往復してから唐沢鉱泉へ下山するといった応用コースを計画すると、より充実する。唐沢鉱泉に戻る周回コース以外には、天狗岳から主稜線を南下し、夏沢峠、本沢温泉経由で稲子湯へ。あるいは天狗岳から中山峠に下ったら主稜線を高見石まで北上し、賽ノ河原経由で渋ノ湯へ下るといったコースを計画できる。

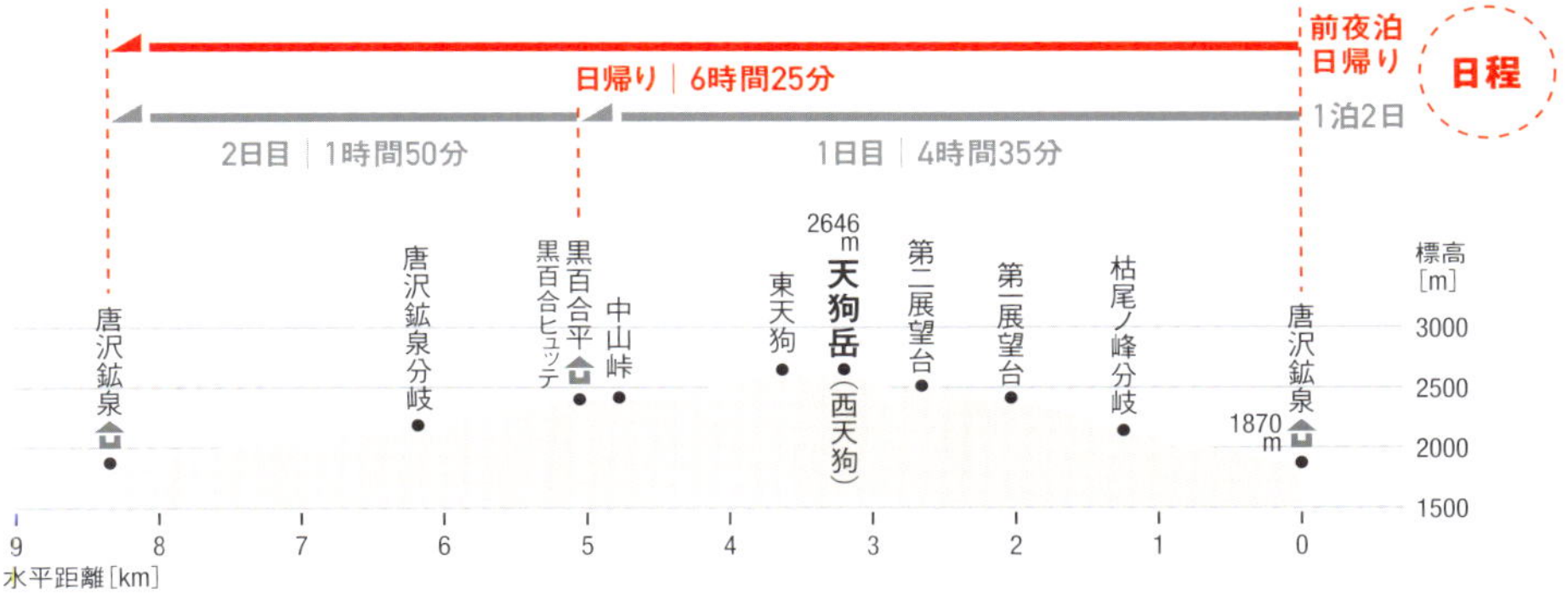

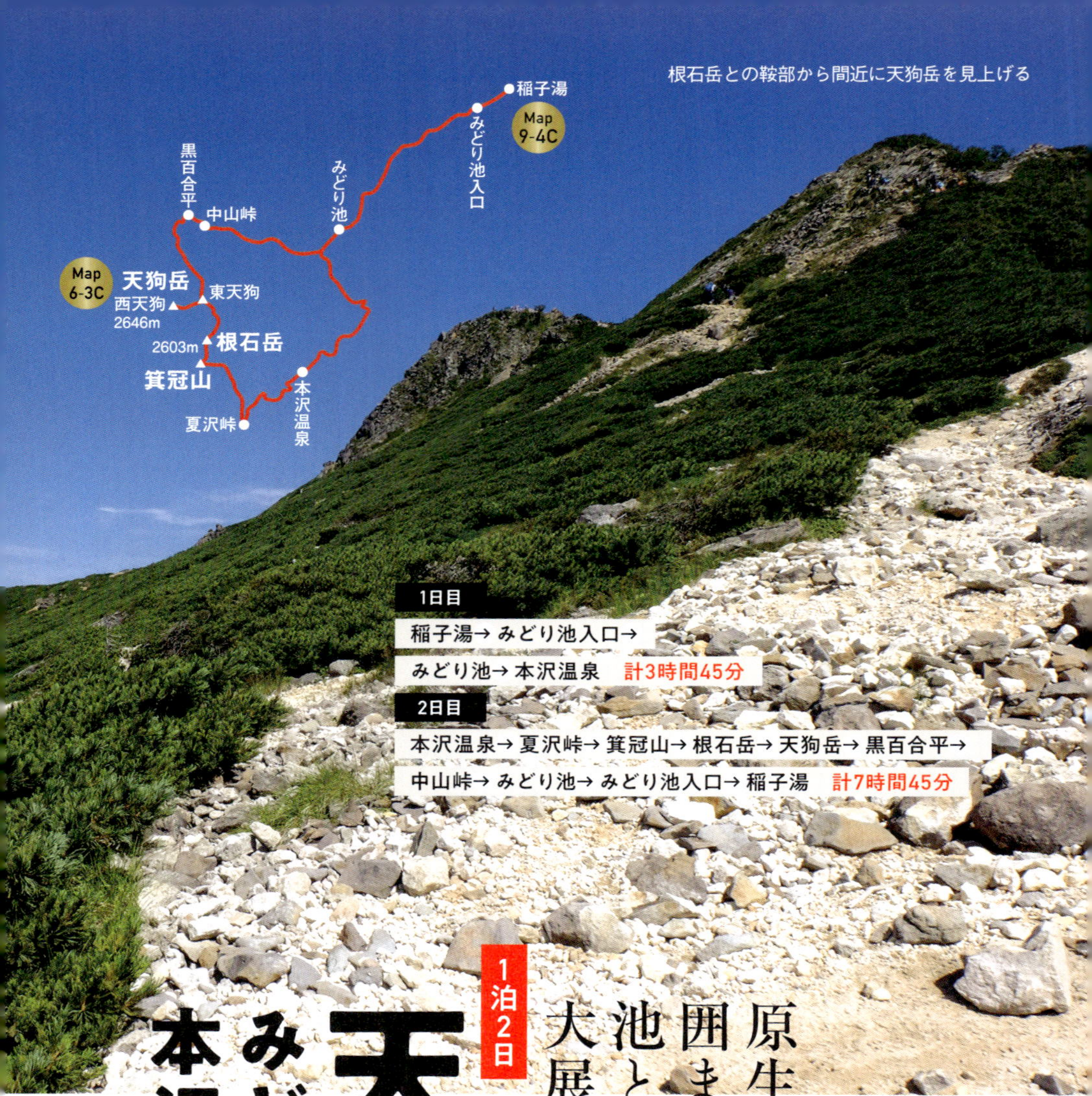

根石岳との鞍部から間近に天狗岳を見上げる

1日目

稲子湯→ みどり池入口→
みどり池→ 本沢温泉　計3時間45分

2日目

本沢温泉→ 夏沢峠→ 箕冠山→ 根石岳→ 天狗岳→ 黒百合平→
中山峠→ みどり池→ みどり池入口→ 稲子湯　計7時間45分

原生林に
囲まれた
池と秘湯をめぐり
大展望の頂へ

1泊2日

天狗岳
みどり池
本沢温泉

コースグレード	中級
技術度	★★★ 3
体力度	★★★ 3

主稜線の南北からの縦走、東西の山麓を結んだ八ヶ岳横断など、天狗岳をめぐるコースは多彩だ。なかでも東麓の稲《いな》子湯《ごゆ》を起点に、みどり池、本沢《ほんざわ》温泉、夏沢《なつざわ》峠《とうげ》を経て、天狗岳をめざすコースは変化に富んでいる。針葉樹の原生林に囲まれ、文字どおり濃い緑を水面に映すみどり池、硫《い》黄岳《おうだけ》の爆裂火口を見上げる野天風呂で知られる八ヶ岳山中の秘湯・本沢温泉、そして稜線のコマクサ群落と、歩き進むごとに移り変わる景観が魅力のコースだ。

1日目　稲子湯からみどり池を経て秘湯・本沢温泉へ

小海《こうみ》駅からのバスの経路によって、登山口は**稲子湯**、または**みどり池入口**となる。稲子湯から歩く場合、稲子湯旅館の玄関前から登山道へ入り、浅い谷沿いをゆるやかに登って、みどり池入口までコースタイム15分ほどである。

みどり池入口からは、まず大月川《おおつきがわ》水系の沢に架かる唐沢橋《からさわばし》を渡り、白駒《しらこま》林道をショ

原生林に囲まれたみどり池と稲子岳南壁

かつての森林軌道のレールが残る登山道

ートカットしながら上流の屏風橋《びょうぶばし》まで進む。屏風橋を渡ったら、西へ分かれる林道に進み、堰堤上の開けた場所を通ると、左手に登山道入口がある。道は支流のこまどり沢に沿い、シダが林床をおおうカラマツ林のなかをゆるやかに登っていく。

　じきに水流を離れ、山腹の高みを進むようになると、トロッコのレールが現われる。かつて材木搬出に使われた森林軌道で、登山道は部分的にこの軌道跡を利用している。ところどころレールと枕木が残る道はノスタルジックだ。

　やがて瀬音が近づき、水流を木橋で渡ると、樹間の広場に出る。この地点を**こまどり沢**と呼んでいる。なお、屏風橋の手前からここまで、こまどり沢対岸の樹林帯を登る迂回道もある。沢の増水時やその後の状況によっては、現地の指示にしたがって、迂回道を利用する場合がある。

　こまどり沢からは、山腹に小さくジグザグを刻みながら登っていく。カラマツに変わって、シラビソやコメツガなどの針葉樹の原生林に包まれると、傾斜がゆるむ。軌道跡の平坦な道をだどると、**みどり池**に出る。ほとりには、しらびそ小屋が立っている。池を眺めると天狗岳が高くそびえる。その山容がまさに天狗である。左右に連なる稜線が肩で、切り立つ山肌は背中の翼。今にも飛び立とうとする天狗の後ろ姿である。

　みどり池からは、起伏の少ない原生林の道を歩く。池を離れ、西へ登っていく中山《なかやま》峠《とうげ》への道を見送ると、進路は南東を向く。初夏にピンク色の花を咲かせるクリンソウ群落地を通り、部分的に木道が敷かれた林床の湿地や、苔むした森の道を進む。

　ときおり樹間から見上げる天狗岳との標高差は約６００ｍ、稜線とはきわめて大きい段差が生じている。盆地とも段丘ともいえるようなこの地形は、西暦８８８年に起きた天狗岳と稲子岳《いなごだけ》の水蒸気爆発によってつくられたと考えられている。八ヶ岳では唯一、古文書に残る火山活動である。水蒸

豪快なロケーションにある本沢温泉の野天風呂

南北八ヶ岳の境となっている夏沢峠

気爆発は大規模な岩なだれを引き起こし、大月川を流れた土砂の堰き止めによって、山麓の松原湖《まつばらこ》が出現した。

やがて大きくジグザグを切って、根石岳《ねいしだけ》と東天狗の間から東へ延びている尾根に上がり、この尾根の南斜面を西へ横切りながら下っていく。傾斜が強まって、ササにおおわれた斜面を下ると、林道沿いの**みどり池分岐**に下り立つ。

みどり池分岐から林道を西へたどると、ほどなく**本沢温泉**に着く。源泉の標高が２１５０ｍの本沢温泉は、立山《たてやま》・室堂平《むろどうだいら》のみくりが池温泉（標高２４１０ｍ）に次いで高所に位置する。野天風呂としては、日本最高所となる温泉だ。

名所の野天風呂は、本沢温泉の宿から10分ほど。夏沢峠方面へ少し登り、野天風呂入口から湯川《ゆがわ》の河床近くまで下る。「雲上の湯」と名付けられた湯船は、硫黄岳北面の荒々しい爆裂火口を見上げる豪快なロケーションにある。

天狗岳の一峰、西天狗頂上から南八ヶ岳方向を展望

2日目

夏沢峠経由で天狗岳に登り
中山峠から稲子湯へ下山

本沢温泉から天狗岳へは、東天狗直下へ急登する白砂《しらすな》新道を見送り、夏沢峠へ向かう。シャクナゲの茂る道を野天風呂入口へ登り、そのまま直進する。砂礫地を通ると、谷側の斜面が開け、野天風呂を眼下する。

道はしだいに湯川から離れ、箕冠山《みかぶりやま》の中腹から東へ延びている支尾根に取り付く。ジグザグを繰り返して山腹を登ると、じきに支尾根上に達し、北側の樹間から天狗岳を望める。その山肌に、白砂新道の由来でもある白い砂礫の斜面が見える。雪と見間違うほどの白さだ。

支尾根上を進んで、クサリのかかった崩壊地上部を横切ると、道は支尾根の南東側面へ移り、山腹を巻きながらゆっくり高度を上げていく。急登はなく、地形をうまく利用した道だ。硫黄岳の爆裂火口をいっそう間近に見上げると、南北八ヶ岳の境となる**夏沢峠**に登り着く。

夏沢峠からは、八ヶ岳の主稜線を北上する。ヒュッテ夏沢と山びこ荘の間を通り抜け、箕冠山南面の針葉樹林帯に入る。しばらくシャクナゲの大きな株が見られる登山道をほぼ一定の傾斜で登っていく。

進路が西を向き、平坦な地形を進んで、小規模な崩壊地を迂回すると、こぢんまりとした**箕冠山**の頂上に出る。

箕冠山頂上で再び北を向き、根石岳山荘の立つ鞍部へ下る。鞍部までの植生は、箕冠山頂上から順に、亜高山樹種のシラビソ主体の針葉樹林帯、シャクナゲが混生するハイマツ帯、そしてコマクサが群生する高山帯の砂礫地と、ここでは垂直分布が逆転している。鞍部が風衝地のため、このような植生となっている。

鞍部からは、岩礫の稜線をすぐ前方の根石岳へと登り返す。**根石岳**に立つと、天狗岳が目前にせまる。向かって右、東側の鋭角なピークが東天狗、左の丸みを帯びたピ

南側直下から東天狗（右）と西天狗を望む

箕冠山と根石岳との鞍部、夏はコマクサが咲く

東天狗付近から稲子岳とみどり池周辺の森を見下ろす

ークが西天狗である。

東へ張りだすように湾曲した稜線をゆるやかに下って、白い砂礫地が広がる鞍部に下り立ったところが**白砂新道入口**だ。その先、傾斜の強まった稜線を小さくジグザグに登ると、板状の岩礫が見られる狭い岩稜となる。クサリに導かれて岩稜を進み、鉄製の桟橋を通ると双耳峰の天狗岳の一峰、**東天狗**の頂上に立つ。東天狗には正確な高さを知る標高点がないが、標高２６４６ｍの西天狗とほぼ同高度である。

ひと息ついたら、三角点が置かれた西天狗へ向かおう。岩礫の斜面を下って、吊《つり》尾根の鞍部からザラザラとした砂礫の斜面を登り返すと、**西天狗**の頂上に立つ。ハイマツの緑に囲まれた平坦な頂上は、岩のゴツゴツとした東天狗とは対照的だ。

東天狗、西天狗頂上ともに展望は抜群。稜線に連なる南北八ヶ岳の峰々をはじめ、日本アルプス、御嶽山《おんたけさん》、浅間山《あさまやま》、奥秩父《おくちちぶ》の山々をぐるりと見晴らせる。

下山は、東天狗へ戻り、天狗ノ奥庭へ回って黒百合平《くろゆりだいら》まで下る。黒百合平から天狗ノ奥庭を経て東天狗までの登山道は、コース8天狗岳・高見石（Ｐ68）を参照のこと。

黒百合ヒュッテの立つ**黒百合平**に下り立

東天狗直下、中山峠と天狗ノ奥庭への分岐

東天狗の岩峰を背に天狗ノ奥庭を下る

ったら、主稜線の**中山峠**に出て、東斜面を急下降する。中山峠付近の主稜線は、東西の地形が非対称で、東面の上部はとくに傾斜が強い。中山峠の直下には、露岩のクサリ場が2カ所ある。クサリ場は、それぞれ3〜4mほどと短いが、段差が大きいので足もとに注意しよう。

クサリ場を下ったあとも、しばらく急下降が続く。林床が苔むした針葉樹の原生林に入ると、いったん傾斜がゆるむ。登山道沿いに休憩に向く平坦地もある。その先、広葉樹のダケカンバ林と針葉樹のシラビソ林を交互に抜けながら下降を続け、小さな谷を横切ると、なだらかな道が続く。

北側の樹間から見上げる岩壁は、稲子岳南壁である。稲子岳は山頂部が台地で、南東面が切り立った段丘状のピークである。

稲子岳の岩壁を見上げながら、林間のゆるやかな道を進むと、本沢温泉へ向かう往路で通過した分岐に出て、**みどり池**に着く。

みどり池からは往路を戻り、**こまどり沢**、屏風橋を経て、バス停のある**みどり池入口**、または**稲子湯**まで下山する。

黒百合平南側の台地から望む擂鉢池と天狗岳

プランニング&アドバイス

1日目に夏沢峠まで登り、ヒュッテ夏沢、山びこ荘、さらに進んで、根石岳山荘に泊まる行程も計画できる。みどり池から本コースの逆順をたどり、中山峠へと登れば黒百合ヒュッテも宿泊地となる。いずれも2日目、空気の澄む朝のうちに天狗岳に立てるのが魅力だ。ただし1日目の行程が長くなるため、登山口の稲子湯で前泊すると無理がない。天狗岳から中山峠に下ったら、黒百合平を経て渋ノ湯、または唐沢鉱泉に下山するコースも人気がある。東西の山麓のいで湯を結ぶ八ヶ岳横断コースである。

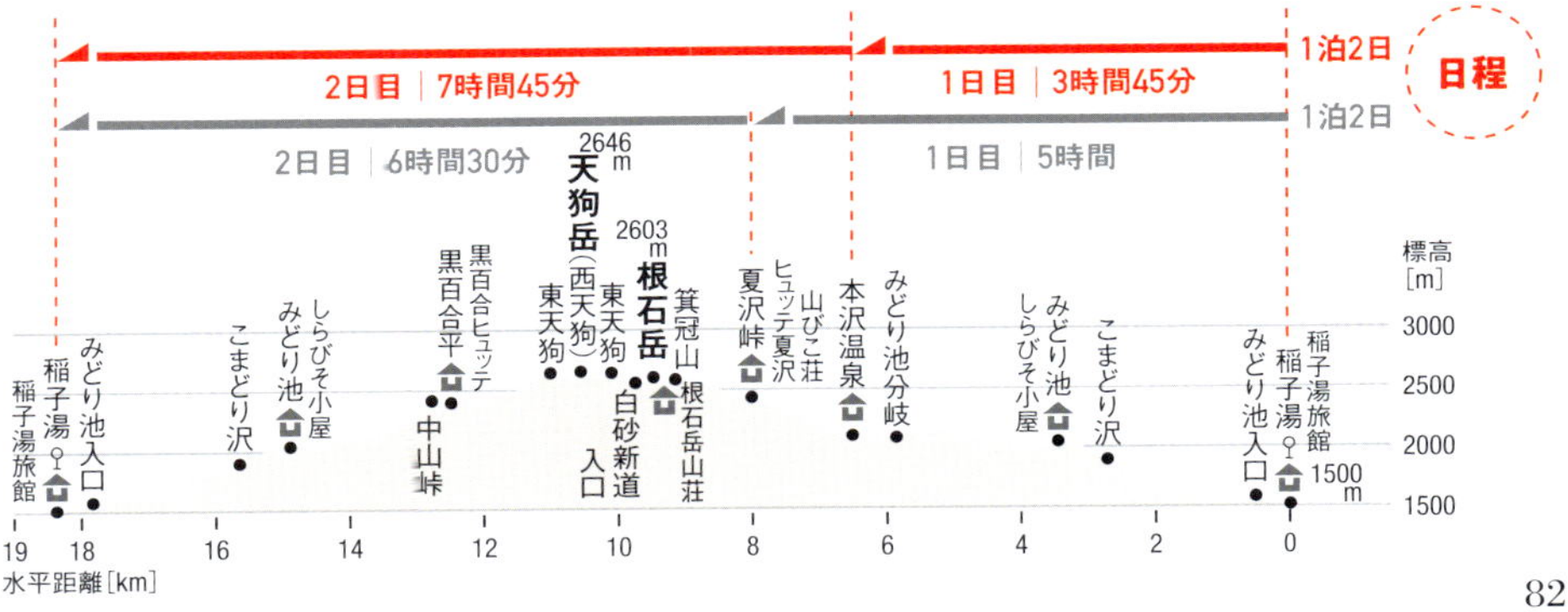

サブコース

白砂新道から天狗岳へ

本沢温泉入口→本沢温泉→天狗岳→黒百合平→中山峠→みどり池→稲子湯　計9時間55分

Map 7-1B 本沢温泉入口

Map 6-3C 天狗岳（西天狗）

コースグレード | 中級

技術度 ★★★☆☆ 3

体力度 ★★★☆☆ 3

白砂《しらすな》新道は本沢《ほんざわ》温泉から天狗岳への最短コースである。本沢温泉北側の山腹に取り付き、やや複雑な地形の谷と尾根にからみながら根石岳《ねいしだけ》と東天狗の鞍部へ登りつめる。夏沢峠《なつざわとうげ》経由に比べて短時間で天狗岳へ登れるが、全般的に傾斜が強く、進路を慎重に確認すべきポイントもある。下りよりは登りに向き、一般登山道としては無雪期に限ったコースと考えるべきだろう。

本沢温泉へは、本沢温泉入口から湯川《ゆがわ》北岸の段丘に続く林道をたどる。この道は松《まつ》原湖《ぱらこ》を起点に歩かれた古くからの登山道である。地図上では距離の長さを感じるものの、ゆっくりと高度を上げていくので負担が少なく、歩きやすい道だ。

稲子湯《いなごゆ》の手前から南へ分岐した舗装道路沿いの**本沢温泉入口**から、西へ延びている未舗装の林道へ入る。カラマツ林の緩斜面に続く林道をゆるやかに登って、天狗展望台と書かれたプレートのある駐車スペースを過ぎると、**林道ゲート**に着く。

林道ゲートからは、原生林の美しい山腹を横切っていく。北側は大月川《おおつきがわ》の支流が深い谷を刻み、谷を隔てて天狗岳や稲子岳《いなごだけ》が樹間に姿をのぞかせている。じきに南へゆるくカーブし、湯川北岸に段丘をつくっている尾根をまたぐと、**富士見平**に出る。今度は南側が開け、硫黄岳《いおうだけ》の裾の奥に富士山を望める。

富士見平の先で、幹を高く伸ばしたカラマツ林に入る。初夏の新緑、秋の黄葉が美

なだらかで歩きやすい本沢温泉への林道

赤褐色の源泉を引いた本沢温泉の内湯

しい。カラマツ林を抜けると沿道に小さな広場がある。ゲートから本沢温泉までのほぼ中間点だ。この広場をあとにすると、段丘の谷側斜面が最も急峻になった峡谷にさしかかる。昔はおそらく難所であったと想像できるが、今は懸崖を水平に横切る林道に、鉄鋼で補強した桟橋が架けらている。

けわしい懸崖が終わり、幹の細いダケカンバ林を通ると、**みどり池分岐**で稲子湯・みどり池方面からの道を合わせる。分岐を過ぎると、ほどなく**本沢温泉**に着く。

白砂新道の入口は、本沢温泉の西側、宿泊棟と倉庫の間を通って樹林帯に入る。この先、明瞭な2本の沢を渡る。まず、ごく小さな流れに架かる木橋を渡り、すぐに北へ折れて小沢を渡る。これが1本目の沢。対岸の樹林を抜けると、並行して流れる2本目の小沢に出る。その沢床を7～8m上流へ進んでから北へ曲がり、低木の間を通って浅い谷地形の山腹に取り付く。

この間、進路を導くロープのほか、手書きの小さな道標があるので、見落とさないよう注意しよう。

倒木や立ち枯れが目立つ山腹を急登すると、支尾根上の小さな広場に出る。登山道はここで西へ直角に折れ、木の根が露出した段差の多い支尾根を部分的に急登していく。これまでより地形のはっきりした尾根になるが、登山道はこの尾根からいったんそれる。ロープにしたがって尾根の西側へ下り、平坦な地形を少し歩いてから、深い樹林の斜面をジグザグに急登していく。

前方の樹間にときどき姿を見せる切り立った山は箕冠山《みかぶりやま》と根石岳である。東面が断崖で険しく、硫黄岳付近から望む山容とは大きく違っている。

傾斜がゆるむと、もう一度、尾根上に出る。ここでまた西へ直角に折れる。ここは尾根を下っていく踏み跡があるため、白砂新道を下りに利用する場合、直進しないよう注意が必要だ。

この先、尾根らしい地形はわずかの間で、

樹林帯の急登が多い白砂新道の中間部

森林限界に達した白砂新道最上部を登る

じきに平坦なシラビソ林に入る。登山道脇に道標もあるが、樹林が深く先を見通しにくいため、登山道を仕切るロープや目印のテープを確認しながら進もう。

再び傾斜が増し、高さ4〜5mの尖った露岩を見ると、ダケカンバやミヤマハンノキの低木帯に入り、次いで草地の急斜面が開ける。北へトラバースしながら斜面を登りきれば、白くまぶしい砂礫地が広がる主稜線の**白砂新道入口**に出る。

主稜線を北上して岩稜をひとがんばり登れば天狗岳の一峰、**東天狗**の頂上に立つ。吊《つり》尾根をたどって**西天狗**へも足を延ばそう。

下山は、多様なコースを考えられるが、ここではコース9天狗岳・みどり池・本沢温泉（P76）と同様、**中山峠**、**みどり池**を経て**稲子湯**に下ってゴールとする。

東天狗直下から白砂新道入口の砂礫地を眼下にする

プランニング&アドバイス

本沢温泉入口から本沢温泉までは初級者向き、傾斜が強く地形のやや複雑な白砂新道は中級者向きのグレードとなる。日程は1泊2日が標準的で、本沢温泉入口を起点とした場合、1日目は本沢温泉が宿泊地となる。また早い時間に出発できれば、1日目に白砂新道を主稜線まで登り、根石岳を越えて根石岳山荘に泊まる行程も計画できる。白砂新道入口から根石岳山荘へは、コースタイム往復40分。2日目は、空気の澄む朝のうちに天狗岳の頂上に立てる。

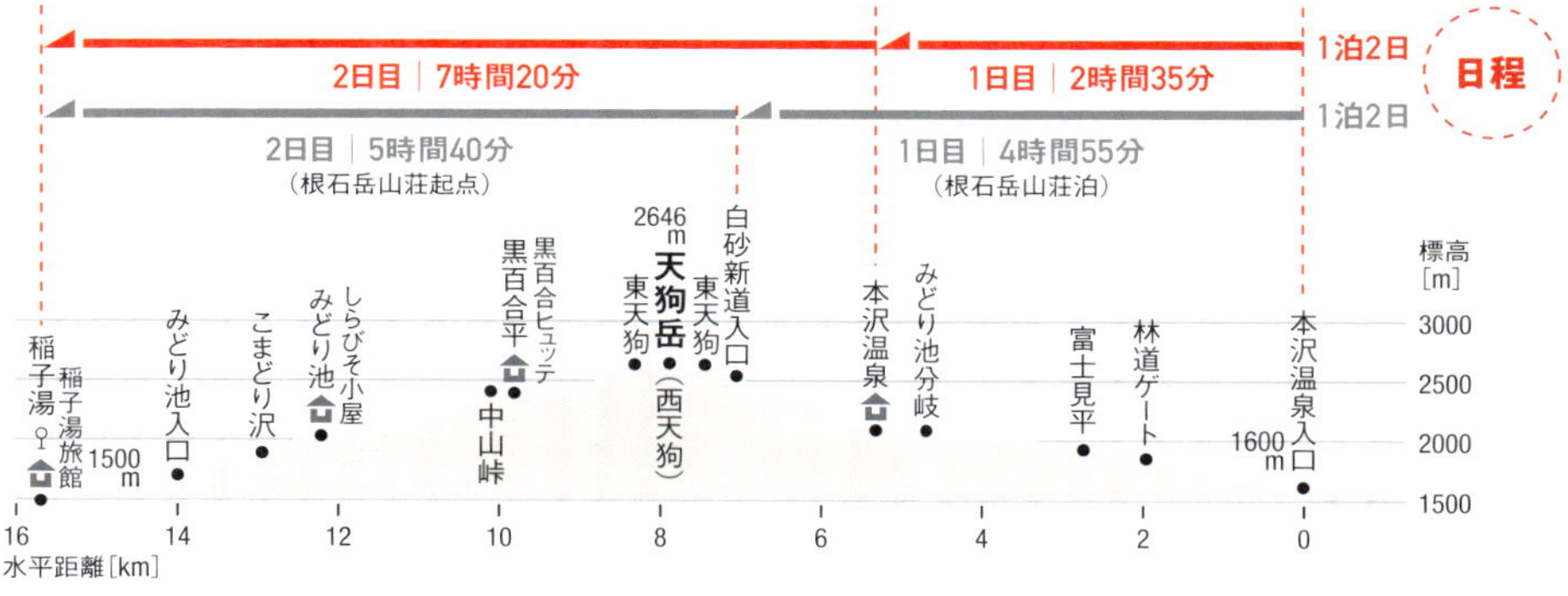

北八ヶ岳の支稜に岩峰を突出させたにゅう

北八ヶ岳の森を見晴らす 小さな岩峰と美しい山上湖へ

前夜泊 日帰り

にゅう 白駒池

コースグレード | 初級

技術度 ★★★★★ 2

体力度 ★★★★★ 2

前夜泊 日帰り

麦草峠→丸山→高見石→中山→にゅう→白駒池→麦草峠 計5時間25分

にゅうとは、希有な山名である。語源は、山の盛り上がりを柔和な胸に見立てて「乳」、あるいは刈り取り後の稲を円筒状や円錐形などに積み上げた稲叢《いなわら》のこと。「にう」「にお」とも発音する。

主稜線の中山峠《なかやまとうげ》付近から北東へ延びる段丘状の支稜に連なり、南側に張りだすように突きだした岩峰がにゅうだ。すぐ南には稲子岳《いなごだけ》が接し、八ヶ岳では珍しい二重山稜を形成している。

白駒池《しらこまいけ》は、北八ヶ岳の湖沼群で最も大きく、池の周囲の長さ約1・4km、水深は最大8・6m。火山活動でできた天然の山上湖で「白駒の池」とも呼ばれる。

池の周辺にはコメツガやトウヒ、オオシラビソなど針葉樹の原生林が広がり、その林床は一面しっとりとしたコケにおおわれている。日当たりのよい水際にはツツジ科のコヨウラクツツジやナナカマドが多い。秋はこれらの木々が葉を真っ赤に染め、紺碧の水面に映える美しい風景を描く。

にゅうと白駒池へは、麦草峠《むぎくさとうげ》を起点に歩く。コースに高見石《たかみいし》と中山展望台を加え、北八ヶ岳の悠久の森を見晴らす展望ポイントと美しい山上湖を結ぶ。

前夜泊 日帰り

麦草峠から高見石を経て にゅう、白駒池へ

コースの起点は、メルヘン街道の愛称をもつ国道299号の**麦草峠**。北側は茶水《ちゃすい》の池とコメツガ林、南側には伸びやかな笹原が広がり、一角に赤い三角屋根の麦草ヒュッテが立っている。かつては地名の由来となるイネ科の植物、麦草（イワノガリヤス）が多く見られたが、現在はササ類が優勢となっている。

麦草ヒュッテ前の広場から登山道へ進み、すぐに狭霧苑地《あさぎりえんち》への道を西へ、次いで白駒池への道を東へ分ける。笹原の南縁から針葉樹林に入ると、丸山《まるやま》への登りがはじまる。さほど傾斜は強くないが、ところどころで

笹原が広がる麦草峠、前方は茶臼山

高見石から白駒池の青い水面を見下ろす

露出した木の根が段差をつくっているので、きつく感じる部分もある。林床をおおっていたササが姿を消し、しっとりとしたコケに変わると、いったん傾斜がゆるむ。平坦な森を抜けて足もとにゴロゴロとした岩石が目立ってくると、再び傾斜が増す。それも長くは続かず、次に傾斜がゆるみ、東へ直角に折れて50ｍほど進むと南側が少し開けた場所に出る。ここが**丸山**の頂上だ。

丸山からわずかに急下降すれば、高見石小屋まで起伏のほとんどない森のプロムナード。途中、白駒池北岸からと渋ノ湯《しぶのゆ》からの道を合わせる。この間、かつては白駒峠の名もあったが、現在の道標ではその名は見当たらない。

じきに高見石小屋が見え、小屋の南側の広場に出る。小屋の裏手、北側の岩塊が北八ヶ岳の展望台、**高見石**だ。

ペンキ印にしたがって岩塊に攀じ登ると、原生林の樹海に青い水面をのぞかせている白駒池を眼下にする。北の正面には茶臼山《ちゃうすやま》と縞枯山《しまがれやま》がゆったりと横たわる。茶臼山の左肩には、蓼科山《たてしなやま》が円錐形の山頂部を見せている。

高見石からは中山展望台へ向かう。その先のにゅう分岐までコース8天狗岳・高見石（P68）と同じ道をたどる。

高見石小屋の前の広場からまず西向きに進み、すぐ南へカーブして中山北面の山腹を直線的に登っていく。しばらく視界のきかない樹林帯の坂道が続く。実際のコースタイムより長く感じる登りだ。

やがて傾斜が落ち着き、低木のコメツガ

にゅうから硫黄岳（中央奥）と天狗岳を展望

とシャクナゲの間の道を進むと、岩礫地の広がる中山展望台に出る。西側大きく開け、北アルプスの山並みをよく望める。

中山展望台では、まず道標を確認しよう。道標の前で南東に折れ、樹林帯に入ると登山道沿いに**中山**の標識がある。こぢんまりとした頂上である。

中山の頂上を過ぎるとシャクナゲがおおう斜面の下りとなる。平坦な道となって、縞枯現象の枯木帯に入ると、**にゅう分岐**に出る。ここで主稜線から分かれ、北東へ弧を描いて延びる支稜へ進む。東側は断崖が切れ落ち、険しい地形をしているが、登山道は崖縁から少し離れた樹林帯に続いている。しばらくはゆるやかな下り坂で、あたりでは針葉樹のシラビソやコメツガが深い森をつくっている。

白駒池側に下っている小さな谷（窪地）に出たら、設置されたロープに沿って谷を渡り、対岸の尾根に移る。この尾根を少し登り返すと、正面に岩峰が見えてくる。こ

にゅうの頂上から白駒池と周辺の森を見晴らす

れがにゅうだ。岩峰へは、道標が立っている断崖近くから取り付く。南側は岩壁が切り立っているが、登山道から見ると岩の積み重なりといった地形である。岩礫の斜面に取り付いて、岩峰の北側（向かって左側）にやや回り込んで樹林との際を登れば、**にゅう**の頂上に立てる。足場は安定しているが、頂上は狭く南側は断崖である。慎重に行動しよう。

頂上からは、爆裂火口をもつ硫黄岳《いおう》の眺めがよく、硫黄岳の尾根越しに富士山も遠望できる。北側は樹海に囲まれた白駒池と茶臼山、縞枯山を望める。茶臼山から東へなだらかに下っている斜面の窪地は雨池《あまいけ》で、その東の小さなピークは八柱山《やばしらやま》である。視線を西へ移すと、たどってきた丸山や高見石が見える。

下山は、にゅうから、おおよそ北へ延びている尾根の西側面を下る。岩峰の基部から北へ、下りはじめは樹林が深く見通しがわるいため、目印となる赤布、赤テープを確認しながら下っていこう。少し急下降すると樹間の平坦地に出て、稲子湯方面へ下るシャクナゲ尾根の道が分かれる。

その先は、焦げ茶色の樹皮をしたコメツガ林の斜面をしばらく下っていく。ロープに誘導され、進路が西を向くと林道に下り立つ。道幅は広いが、石のゴロゴロとした涸れ沢のような道である。この道をゆるやかに下って、こんどは南へカーブすると木道の敷かれた白駒湿原に出る。ひっそりとした雰囲気の高層湿原だ。

白駒湿原を通り、断続的な木道をゆるやかに下ると、**白駒池南岸**に下り立ち、目前に水面が広がる。ここから青苔《せいたい》荘の立つ白駒池北岸へ向かう。池の周囲には散策路が設けられ、どちら回りでも行ける。白駒荘の立つ西回りの道は、水面を広く見渡せるポイントが多い。東回りは苔むした岩に根を張ったコメツガ林が美しい。

白駒池北岸まで進んだら、青苔荘の前から西へ向かい、十字路に出たら北に折れる。

林床のコケが美しい白駒池周辺の原生林

水辺近くを散策路で一周できる白駒池

ナナカマドやツツジ類が色づいた秋の白駒池

この先、国道299号沿いの白駒池入口まで、みごとなコケの森が広がっている。

北八ヶ岳に生息するコケは、485種にものぼるといわれ、場所によって種類や景観に特徴がある。白駒池周辺には「白駒の森」や「黒曜《こくよう》の森」など10カ所、コケの森が選ばれ、その場所で見られる代表的なコケの種類を解説している。コケの森のかわいいキャラクター「コケ丸」も人気だ。

麦草峠へは、**白駒池入口**の直前の分岐を西に折れ、木道をたどる。すぐに樹林が途切れ、白駒ノ奥庭に入る。シャクナゲと岩石がつくる天然の庭園だ。

白駒ノ奥庭に敷かれた木道をたどって樹林帯に入り、ゆるやかに登り返していくと、じきに笹原が開け、**麦草峠**に戻り着く。

プランニング&アドバイス

前夜泊・日帰りで歩けるコース。前夜泊の宿泊地は麦草ヒュッテをはじめ、白駒池の青苔荘、白駒荘もよい拠点となる。白駒池で前夜泊する場合、白駒池から直接、高見石へ登れるコースも2本ある。白駒荘の横から登るコースと青苔荘西側の十字路から登るコースで、どちらも急坂や難所はなく、白駒池周辺のハイキングコースとなっている。1泊2日の日程では、高見石小屋がコース中の宿泊地となる。

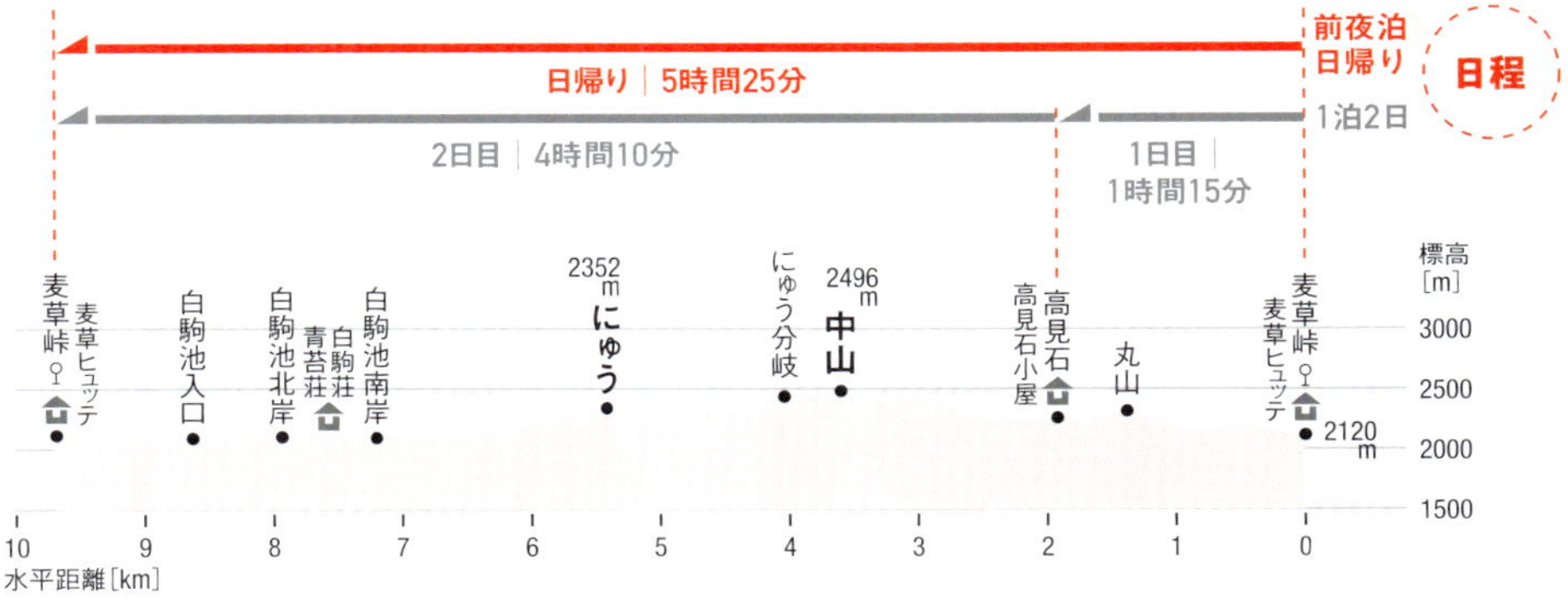

サブコース

八千穂高原から剣ヶ峯・白駒池へ

八千穂高原自然園↓剣ヶ峯↓白駒池北岸↓白駒池入口 計3時間

Map 9-1B 八千穂高原自然園

Map 9-2B 剣ヶ峯

コースグレード | 初級

技術度 ★★ 2

体力度 ★★ 2

八ヶ岳東麓に広がる八千穂《やちほ》高原から白駒《しらこま》池《いけ》にかけて「信濃路《しなのじ》自然歩道」の八千穂高原コースが設けられている。剣ヶ峯《けんがみね》は、そのコース中に位置する標高２０１０ｍのピーク。白駒池に発した大石川《おおいしがわ》の峡谷に沿って、文字どおり剣のような頂稜を突き出している。主稜線から離れているため、訪れる登山者は少ないが、頂上からの展望が特筆できる魅力のあるコースだ。縞枯山《しまがれやま》や茶《ちゃ》臼山《うすやま》、北横岳《きたよこだけ》など、北八ヶ岳の山々が視界いっぱいに広がる光景は、この剣ヶ峯ならではの眺望だ。

八千穂高原自然園バス停からスタートする。国道２９９号を麦草峠《むぎくさとうげ》方面へ約７００ｍ、15分ほど歩き、八千穂高原スキー場のペンション街へ上がっていく舗装道へ折れる。ここが**信濃路自然歩道入口**で、以降、随所に道標が立ち、進路を導いてくれる。

ペンション街の最奥から未舗装の林道へ進むと、ゲレンデの草原に出る。信濃路自然歩道は、スキー場の北縁、この草原と樹林の際に続いている。北側の樹林帯にも踏み跡が見られるが、ササが深く歩きにくい。

見た目よりずっと傾斜が強いゲレンデの際を登っていき、道標にしたがって北側の樹林に入ると登山道となる。ほどなく「白駒の池２・７km・八千穂高原自然園２・３km」の道標を見送ると、傾斜がじわじわと増してくる。途中、ロープのかかった急斜

コースの随所に立つ信濃路自然歩道の道標

ゲレンデの草原と樹林の際を登っていく

面を大きくジグザグに登り、傾斜がゆるむと、地形は明瞭な尾根となる。

樹林がまばらとなって、後方の視界が開けてくると、尾根の両側が切り立ってくる。ところどころロープに誘導されながら細い尾根を進むと、樹間の小さな平坦地に出る。ここで進行方向左へ分岐する道へ入って、わずかに登れば**剣ヶ峰**の頂上に立つ。

剣ヶ峰頂上から北八ヶ岳の山並みを展望

頂上は南北に細長く、樹木に囲まれているが、展望は雄大だ。北から南へ、八柱山《やばしらやま》、三ツ岳《みつだけ》、北横岳、茶臼山、縞枯山、丸山《まるやま》が北八ヶ岳の樹海に大きなうねりをつくるようにして連なる。

剣ヶ峰からは、先の平坦地へ戻り、南へ進んで、白駒支線林道に下り立つ。この林道をたどって国道299号に出る直前に**諏《す》訪門《わもん》**と書かれた道標がある。

白駒池へは、国道へ出て、**白駒池林道入口**まで歩く。時期によっては交通量が多いので、往来する車に注意しよう。

国道から白駒池林道へ入ると、すぐに白駒池へ向かう登山道の入口がある。登山道は、「ヤマネの森」と名づけられた美しい原生林に続き、部分的に滑り止めの施された木道が整備されている。

やがて休憩舎が見えてくると、池を一周する散策路に合わさり、**白駒池北岸**に着く。季節を映す白駒池の景観を堪能したら、バス停のある**白駒池入口**へ向かおう。

プランニング&アドバイス

ここでは八千穂高原自然園を起点としたが、白駒池からの逆コースも計画できる。剣ヶ峰からの下りの急斜面で足もとに注意が必要だが、ほぼ下り基調で、体力的に負担の少ないコースだ。八千穂高原自然園には、1周1～2.5kmの散策路が整備され、シラカバ林とトウゴクミツバツツジ群落をはじめ、初夏にミズバショウやクリンソウなどの山野草を観察できる。

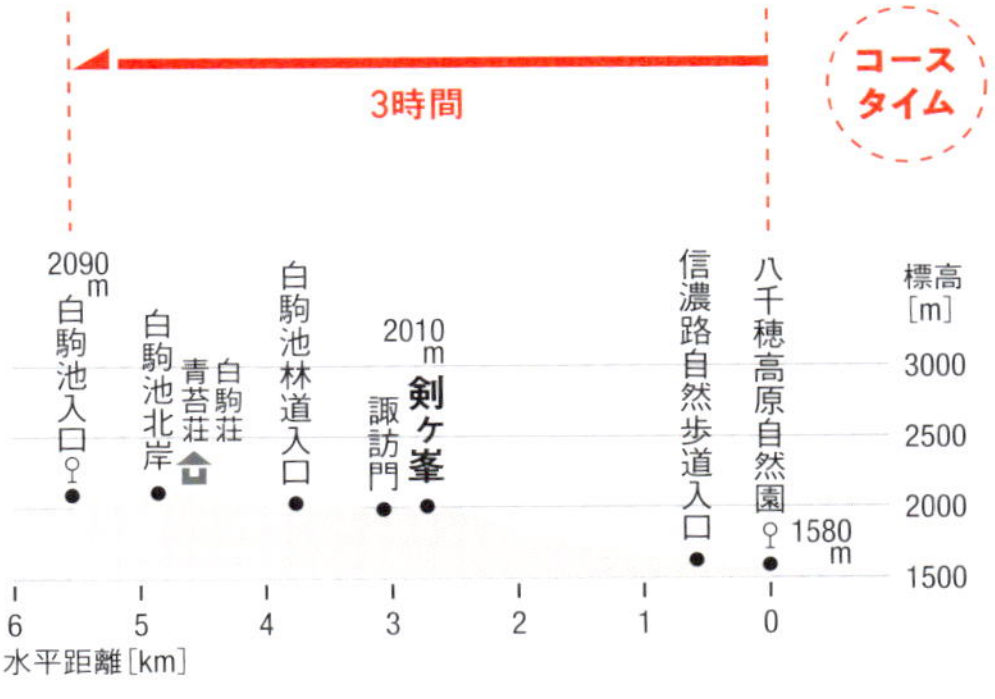

サブコース

麦草峠から雨池・八柱山へ

麦草峠↓雨池東岸↓八柱山↓八千穂高原自然園

計3時間50分

Map 8-3D 麦草峠

Map 9-1D 八柱山

コースグレード 初級

技術度 ★★ 2

体力度 ★★ 2

雨池《あまいけ》は、北八ヶ岳に点在する山上湖のひとつ。縞枯山《しまがれやま》の北東中腹、原生林に囲まれ、ひっそりと水をたたえている。日照りが続き雨が降らないと、水が干上がるので、雨池の名がついたとされる。実際、天候と時期によって水量に差がある。

雨池の東では、頂上に深宇宙探査用アンテナを置く八柱山《やばしらやま》が裾をなだらかに広げている。八ヶ岳の形成期、東西2列をなした火山群の東列に位置するピークで、雨池と八千穂《やちほ》高原から登山道がひらかれている。

麦草峠《むぎくさとうげ》の北側、茶水《ちゃすい》の池から、林床のコケが美しいシラビソ林に続く木道をたどる。じきに笹原がぽっかり開けると、西に踏み跡が分かれている。

この踏み跡を4〜5分進むと、地獄谷の縁に出る。植生保護フェンスをくぐり、谷底まで下ることができる。

地獄谷は、直径約200m、深さ約30mの円筒状の風穴で、冷気がたまる谷底の岩の下には、真夏でも溶けない万年氷があるという。航空写真によって発見され、火山活動による噴気口の跡と考えられているが、森のなかにぽっかりと落ち込んだその景観は、なんとも不思議だ。

先の笹原に戻ったら、針葉樹林帯をほぼ真北へ進む。小さな尾根を越えたら、以降はゆるやかな下りが続く。樹林が深いところでは、赤テープを確認しながら進もう。

林道大河原峠《おおかわらとうげ》線に出たら、そのまま北方向へたどり、道標にしたがって雨池への木

深宇宙探査用アンテナを置く八柱山頂上

広々とした雨池とゆったりとした縞枯山（左）

道へ進む。なお、雨池への道は、林道大河原峠線の通行禁止区間の迂回道でもあるため、分岐には「双子池《ふたごいけ》・大河原峠迂回登山道」の標識も立っている。

木道をゆるやかに下っていくと、雨池の南岸に出て、目前に水面が広がる。北八ヶ岳の湖沼群では、ひときわ開放感のある景観だ。南岸から雨池の水面を見渡すと、その背景に大岳《おおだけ》、三ツ岳《みつだけ》、雨池山、縞枯山《しまがれやま》、茶臼山《ちゃうすやま》がゆったりと横たわっている。

八柱山へは**雨池東岸**で東に折れ、池を背にしてシラビソやコメツガ林の山腹を登っていく。小さくアップダウンして、カラマツ林の斜面をわずかの間、やや急登すると、**八柱山**の頂上に出る。

名のとおりカラマツ林の尾根を下る

頂上はカラマツ林に囲まれているが、樹間から浅間山《あさまやま》をはじめ、佐久《さく》と奥秩父《おくちちぶ》の山々、そして富士山を遠望できる。

八柱山からは、東へ延びるカラマツ尾根を下る。まずザラザラとした細かい砂礫の斜面を急下降し、ササの深い尾根を下っていく。ササが地面をおおい、滑りやすくなっている場所もあるので、気をつけよう。

鞍部の地形に出たら、道なりに南へカーブし、カラマツ尾根の南斜面をジグザグに下降する。この斜面もササが深い。とくに踏みしだかれたササの茎が滑りやすい。

じきに林道大河原峠線に下り立った地点が**八柱山登山口**だ。ここから林道を長々とたどる。水無川の支流と本流を渡ると、沿道にシラカバ林が広がる。初夏は新緑と朱色のレンゲツツジ、秋は黄葉が美しい。

やがて国道299号に出て、**八千穂高原自然園**に着く。

プランニング&アドバイス

雨池と八柱山へは、北八ヶ岳ロープウェイの山頂駅からも行きやすい。山頂駅から雨池峠へ進み、林道大河原峠線の雨池峠下へと下って雨池へ向かう。また帰路の交通によっては、雨池から八柱山を往復し、山頂駅へ戻るか、麦草峠に出るコースを計画するとよい。1泊2日の行程なら白駒池や双子池、縞枯山や北横岳と組み合わせた多様なコースを計画できる。

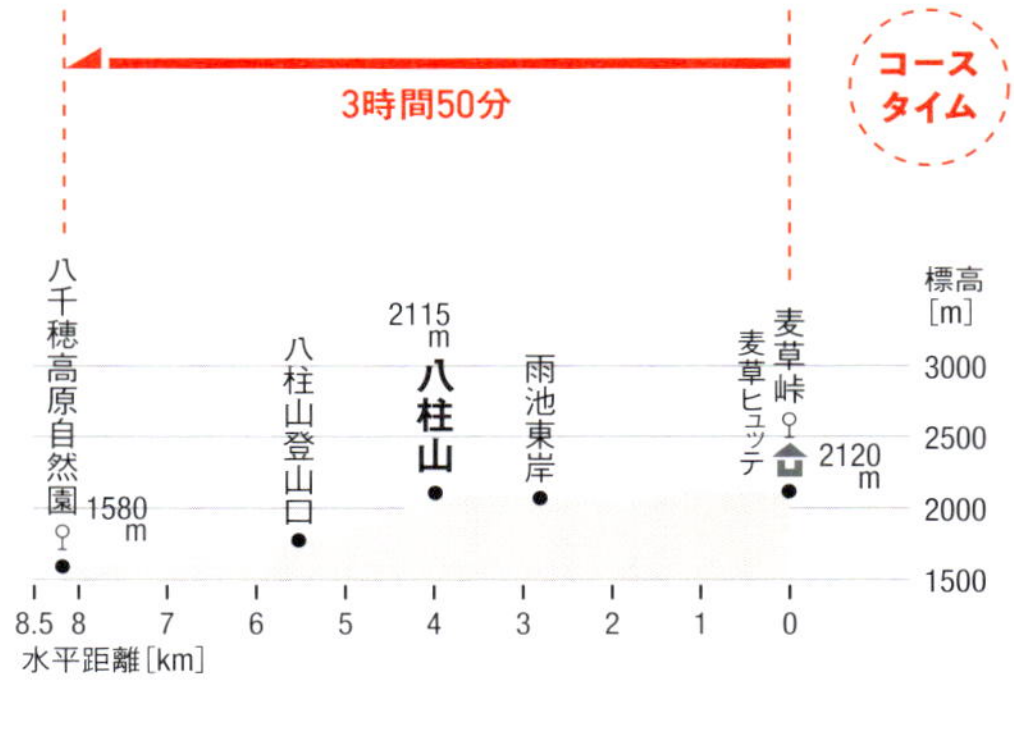

サブコース

麦草峠から狭霧苑地・渋ノ湯へ

麦草峠↓狭霧苑地↓冷山のコル↓渋ノ湯　計2時間25分

Map 8-3D　麦草峠

Map 6-1B　渋ノ湯

コースグレード	初級
技術度	★★ 2
体力度	★★ 2

狭霧苑地《あさぎりえんち》は、麦草峠《むぎくさとうげ》からの「苔の道」と渋ノ湯《しぶのゆ》からの冷山《れいざん》歩道が交わる場所で、西麓で横谷峡《よこやきょう》をつくる渋川《しぶかわ》の支流、サカサ川の水源地となっている。

冷山は、主稜線の丸山《まるやま》から西へ広く張りだした尾根に連なる丘陵状のピーク。地形図には山名が記されているが、頂上へ行く登山道はなく、一帯はコケに厚くおおわれた原生林が広がっている。

狭霧苑地から、冷山のすぐ東側のコル（鞍部）を越えて奥蓼科《おくたてしな》温泉郷の渋ノ湯へと下る道が冷山歩道だ。もとは当時の営林署が森林管理用にひらいた北八ヶ岳諏訪《すわ》側歩道のひとつ。登山者の姿は少なく、それだけに踏み固められていない道が続く。静かで手付かずの自然を堪能できる穴場的なコースだ。

麦草峠の南側、麦草ヒュッテの前から登山道に入り、すぐに丸山と白駒池《しらこまいけ》方面への道と分かれ、西へ折れて、草原の斜面を横切っていく。

草原と樹林の際で植生保護フェンスをくぐり、オオシラビソやトウヒなどの針葉樹の原生林に続く木道をたどる。道は狭霧苑地までゆるやかな下りで、木道や木橋がよく整備されて歩きやすい。「苔の道」の愛称がある散策路だ。

じきに登山道南側に駒鳥《こまどり》の池が現れる。鏡のような水面に周囲の木々を映し、水辺は小さな高層湿原となっている。

草原に木道や木橋が設けられた狭霧苑地

水面に針葉樹の原生林を映す駒鳥の池

駒鳥の池を見て、ほどなく**コケモモの庭分岐**を見送ると、「苔の道」にふさわしく、林床一面しっとりとしたコケにおおわれた原生林に入っていく。あたりは「斧断《おのだ》ちの森」と名づけられた美しく貴重な森で、すぐに通り過ぎるのは惜しい場所だ。

この先、国道299号に接し、幹が整然と並ぶシラビソ林を抜けると、**狭霧苑地**に出る。ここから冷山歩道に入る。道幅は広いが、地面はコケの絨毯のようで、そこに一筋、踏み跡が続いている。

小さくアップダウンしながら、ほぼ真南へ進み、岩石帯に入ると、後方の視界が開け、台形をした茶臼山《ちゃうすやま》を間近に望める。やや急な登りとなって、次に通る岩石帯は、低木のコメツガとシャクナゲが天然の庭園をつくっている。この付近から平坦に近い地形を歩く。丸山と冷山との鞍部になっている地形で、途中、「至渋ノ湯　至狭霧園・麦草峠」の道標がある。現在地の表示はないが、この道標がある地点を本稿では、**冷山のコル**とする。

鞍部からは、下り坂となる。冷山の斜面をトラバース気味に下降し、地面に岩石が目立ってくると、にわかに傾斜が強まる。

急斜面をジグザグに下り、瀬音が大きくなると、渋川沿いの草地に下り立つ。小さなダム湖の水際を通って堰堤脇を下ると、登山補導所の横に出て、**渋ノ湯**に着く。

コケにおおわれた美しい原生林が広がる「斧断ちの森」

プランニング&アドバイス

日帰りトレッキングとして楽しめるコースだが、1泊2日なら高見石や白駒池、縞枯山や茶臼山と組み合せ、より景観の変化に富んだコースを計画できる。1泊2日の行程では、麦草ヒュッテや周辺の高見石小屋、白駒荘、青苔荘などが宿泊地となる。渋ノ湯を起点に、高見石や白駒池をめぐり、苔の道と冷山歩道をたどって渋ノ湯へ戻る周回コースも計画できる。

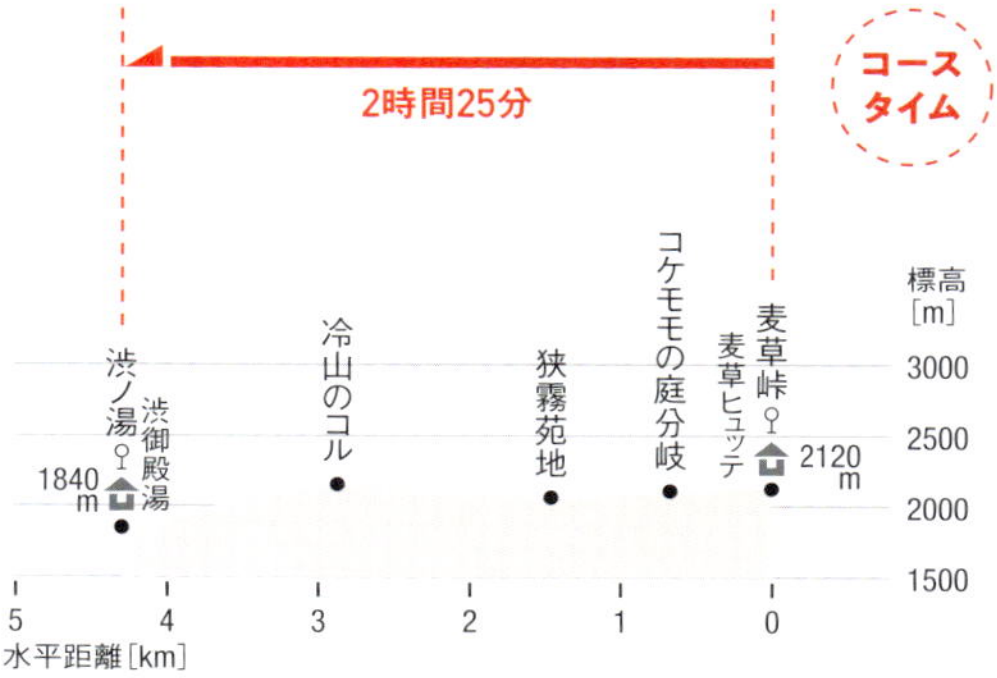

茶臼山から見る縞枯山の南西斜面、典型的な縞枯現象を観察できる

日帰り

縞枯山 茶臼山

縞枯現象のピークへ 山頂駅から雲上のトレッキング

コースグレード　初級

技術度 ★★★★★ 2

体力度 ★★★★★ 2

日帰り　山頂駅→ 縞枯山→ 茶臼山→ 大石峠→ 五辻→ 山頂駅　計4時間45分

針葉樹の原生林に包まれ、ゆったりとした山容を見せて横たわる縞枯山《しまがれやま》は、北八ヶ岳を代表するピークのひとつ。山名の縞枯とは、主に針葉樹のシラビソが山腹に横縞模様を描くように、集団で世代交代をする森林の天然更新の一種。冬の偏西風や台風などの強風に加え、火山岩質で腐葉土の堆積が浅く、成長した高木が根を張りにくいことが原因と考えられている。

縞枯現象は、南西斜面に集中し、形は楕円や斑点状なども見られるが、縞枯山の南西斜面のものは、おおよそ水平な横縞状で数列をなしている。同様の例は中央アルプスや奥秩父《おくちちぶ》でも見られるが、八ヶ岳に多く、また典型的とされている。

縞枯山へは、北八ヶ岳ロープウェイをアプローチに利用できる。山頂駅からは、縞枯山とともに、すぐ南に接する茶臼山《ちゃうすやま》へ登り、伸びやかな笹原が広がるオトギリ平や五辻《ごつじ》をめぐって山頂駅へ戻る周回コースを計画できる。

日帰り

山頂駅から坪庭を経て縞枯山、茶臼山へ

山頂駅からは、溶岩台地の坪庭《つぼにわ》を経由して雨池峠《あまいけとうげ》へ向かう。低木の針葉樹と溶岩が天然の庭園をつくる坪庭の散策路へ進み、台地に上がると、北側に北横岳《きたよこだけ》と三ツ岳《みつだけ》、南側には縞枯山が悠々とそびえる。

坪庭のほぼ中央で北横岳《きたよこだけ》への登山道を見送り、台地から南に下ると、山頂駅から東へ延びている木道に下り立つ。この木道を東へ歩き、青い三角屋根の縞枯山荘の立つ八丁平《はっちょうだいら》の草原を通ると、十字路となっている**雨池峠**に着く。

雨池峠で南に折れ、深い樹林におおわれた縞枯山の北斜面を登っていく。道は直線的で、登るほどに傾斜が強まってくる。

幹の細いシラビソが密集した急斜面を登りきると、**縞枯山**の頂上に出る。縞枯山は、台形をした山容で、ここから南東に延びた頂稜をたどる。

笹原が広がる八丁平、一角に縞枯山荘が立つ

展望デッキや周辺に散策路が整備された山頂駅

登山道の両側はまさに縞枯現象の枯れ木帯で、立ち枯れした木々の林床では、次の世代の幼木が育ちはじめている。

小さな草地で南にカーブし、頂稜の南端まで進むと、東側に縞枯山展望台がある。登山道から距離にして50mほど、大きな岩塊の上に立つと南八ヶ岳と奥秩父の山々を見晴らせる。標高2387・2mの縞枯山三角点は、この岩塊のひとつに埋め込まれているので、ぜひ足もとを探してみよう。

展望台から登山道に戻ったら、**縞枯山・茶臼山の鞍部**まで下り、鞍部から急斜面を登り返して、**茶臼山**の頂上に立つ。頂上は、樹林に囲まれているが、道標にしたがって樹間の道を3〜4分進むと、頂上西縁の茶臼山展望台に出て、大きく視界が開ける。

とくに南から西側にかけての眺めがよく、主峰・赤岳《あかだけ》がそびえる南八ヶ岳をはじめ、南・中央アルプス、御嶽山《おんたけさん》を望める。北の目前には、縞枯山の南東斜面が広がり、数列の帯をなした縞枯現象を観察できる。

茶臼山の頂上からは急下降となる。地面には岩礫が目立つので、スリップしないよう気をつけよう。傾斜がゆるむと、中小場《なかこば》の道標がある小さな台地に出る。

北八ヶ岳周辺の森から材木を伐りだしていた古き時代、貯木場や作業場とされたところで、中木場とも書く。ほかに八ヶ岳には、日向木場《ひなたこば》、角木場《かどこば》といった地名が残っている。

中小場から、南方向へゆるやかに下ると**大石峠**《おおいしとうげ》に着く。さらに南方向へ下れば、10分ほどで麦草峠へ出るが、ここでは西へ折れて、出逢ノ辻《であいのつじ》へ向かう。

カラマツ林に囲まれた笹原を歩き、**オトギリ平**からシラビソ林に入って、樹間の踏み跡を追っていく。登山道は、石のゴロゴロとした涸れ沢を避け、左右に渡りながら樹間を縫うように続いている。赤テープを目印にして進もう。

やがて、北八ヶ岳自然休養林の案内図が立つ三差路に出る。ここが**出逢ノ辻**で、狭《あさ》

小さな台地となった中小場、正面は茶臼山

南八ヶ岳と南アルプスを見晴らす縞枯山展望台

霧苑地《ぎりえんち》から北上してくる道に合わさる。

出逢ノ辻から、苔むした原生林や草地の広い道を北へゆるやかに登って、休憩舎を見送ると、**五辻**に着く。現在は、三差路だが、かつては文字どおり5つの道がここに集まっていた。

五辻とは、ここから渋ノ湯《しぶのゆ》までの茶臼山・冷山《れいざん》歩道、笹平《ささだいら》を通り北横岳山腹を横切って天祥寺原《てんしょうじはら》（当時の地名は大河原《おおかわら》）までの大河原・縞枯歩道、その一段下に並行する中央歩道、さらに山麓の明治湯《めいじゆ》から五辻を通って縞枯山と茶臼山の鞍部に登る縞枯山歩道を合わせた5つ。もとは当時の営林署がひらいた作業道で、総称して北八ヶ岳諏訪《すわ》側歩道と呼ばれていた。この歩道の中心が五辻であった。

五辻から、伸びやかな笹原を北上し、縞枯山から南東へ張りだした尾根を越える地点にウッドデッキが設けられた森林浴展望台がある。南八ヶ岳と南アルプスをよく望めるポイントだ。

ここから縞枯山の山腹に続く木道をたどり、ササの斜面が開けると、北八ヶ岳ロープウェイの**山頂駅**に戻ってくる。

五辻から山頂駅へは山腹に敷かれた木道を歩く

プランニング&アドバイス

北八ヶ岳入門に向くコース。日帰りで歩くときは、できれば始発に近いロープウェイに乗り、早い時間に山頂駅を出発しよう。行程を短縮する場合は、縞枯山と茶臼山の鞍部から五辻に下り、山頂駅へと戻る。縞枯山荘を利用する1泊2日の行程なら、朝夕の光景とともに、ゆっくりと北八ヶ岳の自然を楽しめる。1泊2日の場合、1日目に山頂駅から北横岳の往復、もしくは雨池峠から雨池を往復し、2日目に縞枯山・茶臼山に登るコースも計画できる。

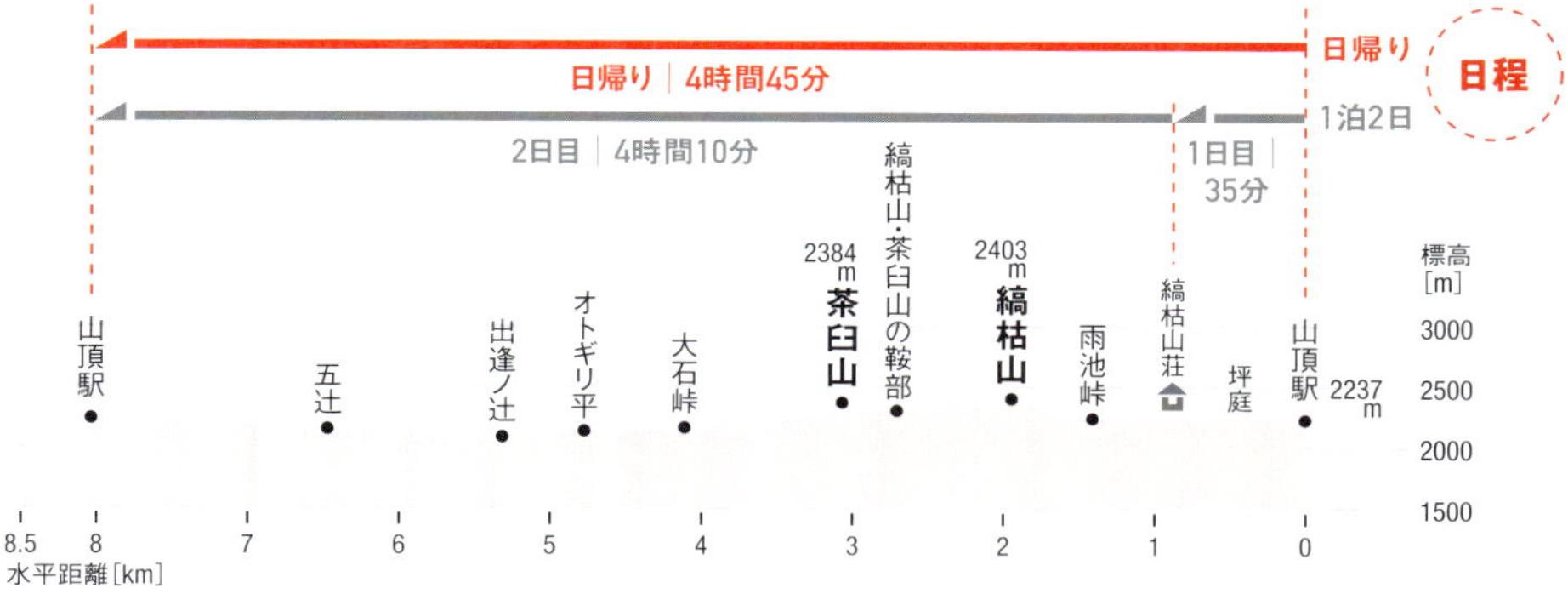

北八ヶ岳
ロープウェイ山頂駅から
大展望の頂と
山上の池をめぐる

1泊2日

北横岳
双子池
雨池

溶岩台地の坪庭から望む北横岳

1日目	山頂駅→ 北横岳ヒュッテ　計1時間10分
2日目	北横岳ヒュッテ→ 北横岳→ 亀甲池→ 双子池→ 雨池→ 雨池峠→ 山頂駅　計5時間35分

コースグレード｜初級

技術度｜★★ 2

体力度｜★★ 2

北八ヶ岳の山々は、浸食の進んだ峻険な南八ヶ岳に比べ、総じて火山活動が新しく、火口や溶岩流など火山地形をよく残している。なかでも北横岳《きたよこだけ》は活動年代が新しい。火山噴火予知連絡会が定めた「概ね過去1万年以内に噴火した火山、及び現在噴気活動が認められる火山」とする活火山の定義で、日本にある111の活火山のうち、八ヶ岳では唯一、北横岳が認定されている。ただし、有史以降、記録に残る火山活動はなく、活動度の低いランクに分類される活火山である。

正式な山名は横岳で、登山では南八ヶ岳の横岳と区別するため北横岳の呼称が定着している。名のとおり横幅の広い大きな山であるが、北八ヶ岳ロープウェイを利用し、山頂駅から1時間台で登れる山として親しまれている。また北横岳周辺には七ツ池《ななついけ》をはじめ、亀甲池《きっこういけ》や双子池《ふたごいけ》、雨池《あまいけ》が点在し、展望抜群の北横岳の頂上とともに、原生林に囲まれた山上の池をめぐるコースが人気を集めている。

標高2237mまで運んでくれる北八ヶ岳ロープウェイ

大小の湖沼からなる北横岳直下の七ツ池

1日目

山頂駅から坪庭を経て 北横岳ヒュッテへ

北八ヶ岳ロープウェイは、山麓駅から7分ほどで北八ヶ岳の稜線に位置する標高2237mの**山頂駅**まで運んでくれる。この山頂駅は、北横岳をはじめ、雨池峠《あまいけとうげ》経由で縞枯山《しまがれやま》、五辻《ごつじ》を経て麦草峠《むぎくさとうげ》、および山麓へ下る道を含めて4つの登山道の起点となっている。また南八ヶ岳や日本アルプスを眺める展望デッキや散策路が設けられ、雲上の観光スポットとしてもにぎわう。

めざす北横岳へは、まず目前の溶岩台地、坪庭《つぼにわ》の散策路へ進む。針葉樹の樹間を通り、石段を登って台地の西縁に上がると、坪庭の景観が広がる。黒い溶岩とハイマツやコメツガなどの低木が天然の庭園をつくっている。夏は岩陰でコイワカガミが小さなピンク色の花を咲かせ、秋には岩肌をおおうコメツツジが葉を赤く染めて季節を彩る。南東にどっしりとした縞枯山、北西には

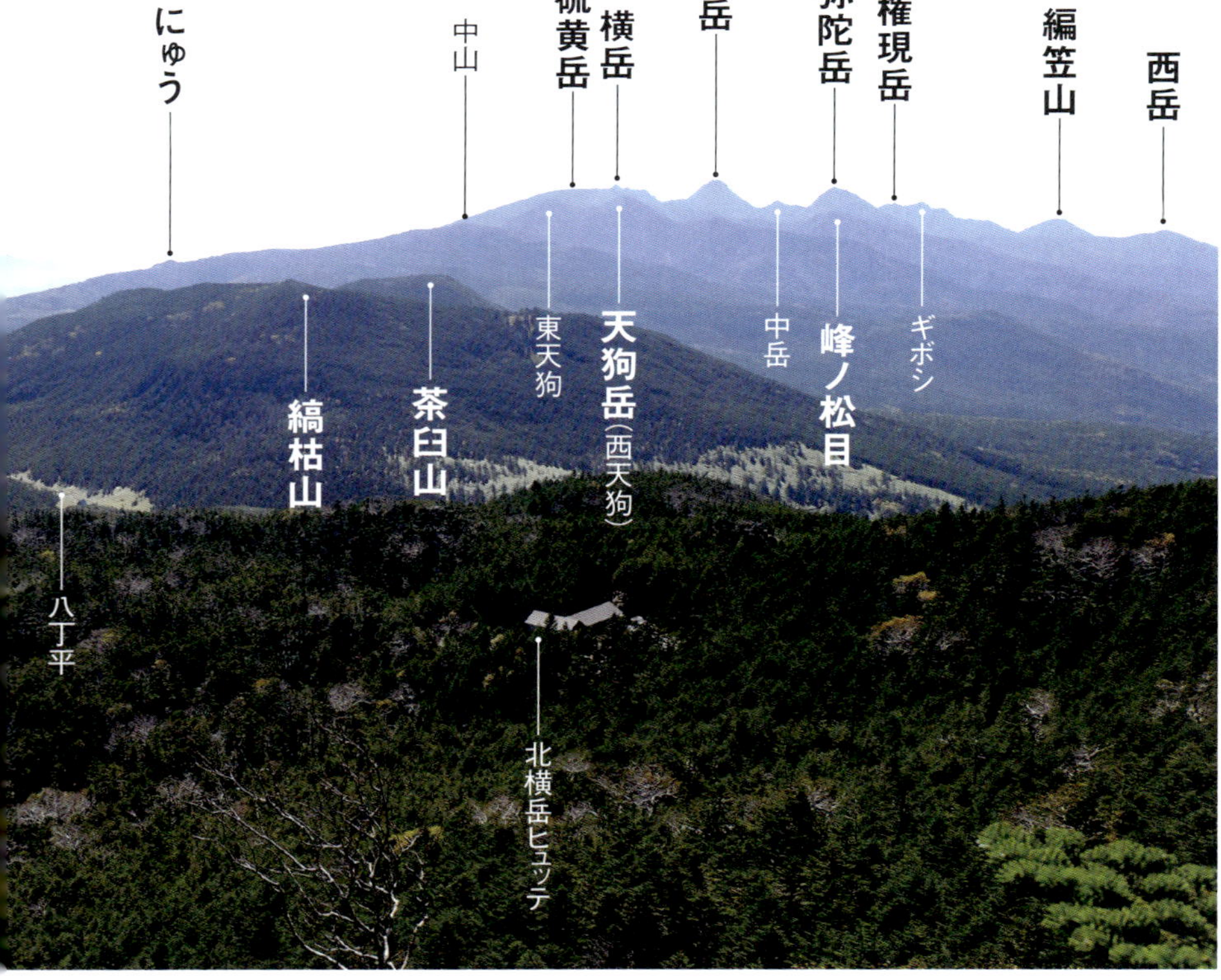

北横岳北峰付近のポイントからの展望

これから向かう北横岳を望みながら、よく整備された散策路を進むと、坪庭のほぼ中央で北横岳への登山道が北へ分岐する。直進する散策路は、この先、南へゆるやかにカーブして台地から下り、雨池峠への登山道に合流する。坪庭の散策路は時計回りの一方通行で、コースタイムは山頂駅を起点に1周約30分である。

　北横岳への登山道に進んだら、坪庭の北縁からいったん小さな沢筋に下り、針葉樹林におおわれた山腹を登る。傾斜の強い部分もあるが、道は大きくジグザグを刻むので、さほど負担を感じない登りだ。

　7、8回カーブしたあと南の眼下に坪庭を広く望むと、山腹のトラバースとなる。傾斜がゆるみ、初夏にシャクナゲの花が見られる道を進むと、北横岳から三ツ岳《みつだけ》に延びている稜線に達する。ここに三ツ岳分岐の道標が立っている。

　地形を大きく見ると、北横岳火山の溶岩流によって生じた広大な溶岩台地の一端で、ここからおおよそ北東に広がる溶岩流の南縁に三ツ岳、北縁に大岳《おおだけ》が突起している。周辺に複数見られる火口跡や新しい溶岩流は、八ヶ岳の火山活動を解明するための貴重な手がかりとして注目されている。

　三ツ岳分岐から西へ、平坦に近い樹間の道を歩くと、ほどなく**北横岳ヒュッテ**に着く。溶岩ドームをなす北横岳山頂部の基部に位置し、北側の森には大小の湖沼からなる七ツ池が水をたたえている。七ツ池へは北横岳ヒュッテの前から散策路をたどり往復7~8分ほど、ぜひ足を運ぼう。

北横岳南峰で迎える荘厳な日の出

2日目
北横岳に登り、亀甲池、双子池をめぐる

北横岳ヒュッテから、やや傾斜の強い山腹を西へ登っていく。視界をさえぎっていた針葉樹の樹高が低まり、傾斜がゆるむと、南北2峰からなる北横岳の南峰に立つ。さらに北へ進んでシラビソやシャクナゲの低木の間を抜けると、標高2480mで最高点の**北横岳**北峰頂上に出る。

南峰・北峰ともに展望は抜群だ。南峰からはとくに南八ヶ岳と南・中央アルプス。北峰からは北の間近に横たわる蓼科山《たてしなやま》をはじめ、御嶽山《おんたけさん》、北アルプス、頸城山塊《くびきさんかい》、浅間山《あさまやま》の眺めがよい。西側は火口が落ち込んでおり、火口底に小さな池が見える。北峰から大岳へ向かう登山道を50mほど入ると、七ツ池を眼下にして、南八ヶ岳と奥秩父《おくちちぶ》の山々をよく望めるポイントもある。

大展望を満喫したら、北横岳北峰から亀甲池へ下る。まず亀甲池方面への道標を確認したら、火口を左前方に見て、岩礫の斜面を北西へ下り、すぐにロープにしたがって北東へ向きを変えて樹林帯に入る。

樹林帯に入ると亀甲池まで北横岳北面の長い下りだ。北横岳と亀甲池との標高差は約440m、全般的に傾斜が強く、樹林帯の山腹に小さくジグザグを刻みながらの急下降が続く。足もとには滑りやすい露岩や木の根があるので、ゆっくり慎重に下っていこう。亀甲池からの逆コースだと、ひとしきり急登となる区間だが、そのぶん北横岳に立ったときの大展望が感動的だ。

しばらく下降を続け、傾斜がしだいに落ち着いてくると、**亀甲池**のほとりに下り立つ。池をおおい隠すかのように山肌がせまり、北八ヶ岳の湖沼群のなかで最も幽玄な雰囲気が漂う。この亀甲池では、湖底の石や砂が名のとおり亀甲状もしくは五角形・六角形に配列した構造土《こうぞうど》を観察できる。構造土とは、長い年月に渡って湖底の土壌が凍結と融解を繰り返すうちにできた自然地

自然現象による構造土を観察できる亀甲池

蓼科山を間近に望む北横岳北峰

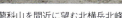

カラマツとナナカマドに彩られた秋の双子池

形のひとつである。

進路は、天祥寺原《てんしょうじはら》への道を西に分けてからササの深い西岸を通り、北岸から池を離れる。深い原生林に包まれた谷間へ入り、道端に苔むした大岩と古い指導標のある鞍部までゆるやかに登る。

鞍部を越えたら、向かい側の谷を下る。岩と木の根が入り組んだ谷間の道を下っていくと、雌池《めいけ》のほとりに出る。キャンプ指定地となっている雌池北岸を進むと、じきに双子池ヒュッテ前の広場に出る。もうひとつの雄池《おいけ》はヒュッテの南側、雌池・雄池のふたつを合わせて**双子池**と呼ぶ。カラマツ林に囲まれ、初夏は新緑、秋には黄葉を水面に映して美しい風景を描く。

双子池からは雨池へ向かう。双子池ヒュッテの横からカラマツ林に続く林道を南東へたどる。林道沿いでは、老齢の天然カラマツが見られ、枝にはサルオガセをまとっている。レース編みのストールのような地衣植物だ。林道大河原峠《おおかわらとうげ》線の双子池入口に出たら、すぐ南側の分岐から、うその口地区方面への林道を下る。途中、林道をショートカットすると、ガードレールの設置された**カラ川橋**に出る。ここから雨池へ続く登山道へ入る。

秋は黄葉が美しい双子池周辺のカラマツ林

空と水面の広がりが印象的な雨池

林道大河原線の双子池入口から雨池峠下の区間は落石の危険があるため、通行禁止が続いている。カラ川橋から雨池へは、その迂回路として整備された道だ。踏み跡はおおむね明瞭だが、目印の赤テープを確認しながら進もう。

雨池への道標を確認して、林床にササが目立つ樹林帯を登っていく。ごくなだらかな斜面となり、地形図に2097mの標高点が記された小ピークをかすめるようにして越えると、**雨池北岸**に下り立つ。さらに**雨池西岸**へ進むと、水面全体を見渡せる場所がある。

雨池西岸から池を離れ、林道大河原峠線に上がって西方向へ歩くと、分岐の道標が立つ**雨池峠下**に出る。

山頂駅へはここで南西へ折れ、雨池峠まで石のゴロゴロとした道を登り返す。距離は短いが、行程終盤だけに、きつく感じることもある登りだ。背後に雨池と八柱山《やばしらやま》を望めると、十字路になった**雨池峠**に登り着く。この先はほとんど起伏のない道だ。西へ木道を直進し、八丁平《はっちょうだいら》の草原が広がると、三角屋根の縞枯山荘が見えてくる。盛夏には周辺で濃いピンク色のヤナギランが咲く。

縞枯山荘を見送ると、坪庭の溶岩台地と縞枯山との間の谷地形に入り、坪庭を半周してきた散策路と合流する。よく整備された幅の広い木道をたどり、南側にササの斜面が開けると、まもなく北八ヶ岳ロープウエイの**山頂駅**に戻ってくる。

プランニング&アドバイス

山頂駅から北横岳の往復なら、日帰りで歩ける初級者向きコース。1時間台で大展望のピークを楽しめる。本コースでの1日目は北横岳ヒュッテまで1時間10分のコースタイム。縞枯山を往復してから北横岳ヒュッテに向かうといった行程も組める。岩場に慣れた中・上級者ならサブコースの三ツ岳を経由することもできる。1日目に双子池ヒュッテに泊まる行程の場合、山頂駅を午前10〜11時までには出発しよう。双子池から双子山、大河原峠を経て蓼科山へ縦走するコースも計画できる。

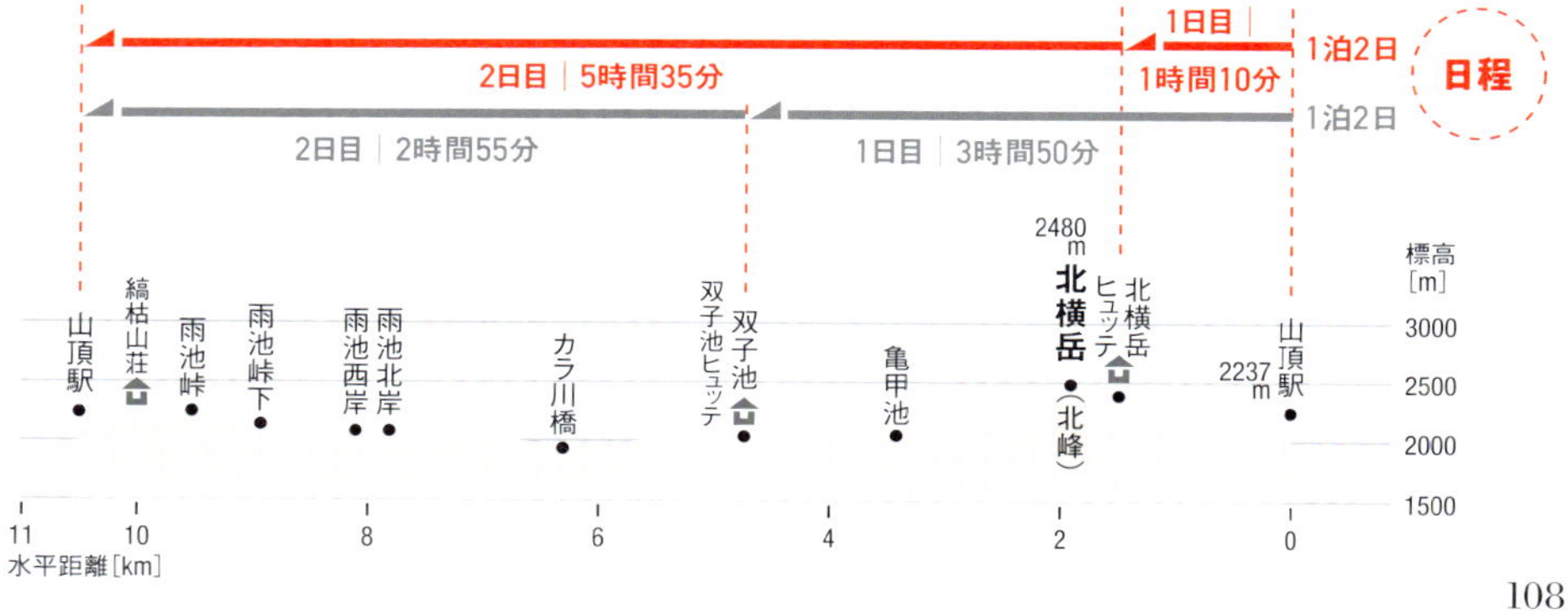

サブコース

山頂駅から三ツ岳・大岳へ

山頂駅↓雨池峠↓三ツ岳↓北横岳↓大岳↓双子池↓雨池峠↓山頂駅 計8時間40分

Map 8-1C 山頂駅
Map 10-4C 三ツ岳

コースグレード | 中級

技術度 ★★★★ 4

体力度 ★★★ 3

三ツ岳《みつだけ》は、北横岳《きたよこだけ》の火山活動で形成された溶岩台地の南縁に位置し、頂稜に3つの岩峰を連ねている。この溶岩台地の北東端近く、丘状に盛り上がった岩塊が大岳《おおだけ》である。三ツ岳の頂稜は、岩の荒海のような地形で、大岳のコースにも大小の岩塊を縫うようにして進む岩石帯がある。森と山上湖に代表される北八ヶ岳のイメージとは対照的に、険しく手強いコースである。

北八ヶ岳ロープウェイ**山頂駅**から木道を東へたどり、**雨池峠**《あまいけとうげ》まで行く。北へ折れて急な山腹を直線的に登ると、眺めのよい露岩に出たところで平坦になる。シラビソの樹間をわずかに進むと登山道脇に**雨池山**の頂上標識がある。

雨池山から下りとなり、ダケカンバ林を抜けてクランク状に屈折すると、雨池山と三ツ岳との間の狭い鞍部に下り立つ。鞍部から急登だ。三ツ岳の山腹というより懸崖に近い地形である。ゴツゴツと角張った岩が積み重なり、腰の高さまである岩の段差をはい上がっていく。岩肌がザラザラとしているので、手袋を使いたい。

背丈を越える高木が見られなくなり、低木のコメツガとシャクナゲに変わると、溶岩台地上に達して視界が開ける。ここが三ツ岳I峰だ。東西に延びる三ツ岳の頂稜東端にあたる。

ここから頂稜を西進していく。岩のペンキ印に導かれて岩石帯を進み、いったん樹林帯を抜けると、頂稜に3カ所あるうちの

岩の荒海のような三ツ岳の頂稜

坪庭の散策路から、間近に望む三ツ岳

最初のクサリ場に出る。高さ5～6mの岩塊だ。クサリが逆L字形に設置され、下部を直上してから中段をトラバースする。クサリ場を越えると三ツ岳Ⅱ峰に立つ。

Ⅱ峰からは、大小の岩塊・岩塔が波頭をつくる岩の荒海を行く。ペンキ印を追い、なるべく岩の平坦な部分を足場にして進む。岩と岩のすき間が深く落ち込んでいるところがあるので、足もとに注意しよう。

岩石帯を小さくアップダウンすると、2番目のクサリ場がある。7～8mの岩盤で傾斜はゆるく、クサリを手すりに使う程度で越えられる。その先の盛り上がった岩塊が**三ツ岳**の頂上となるⅢ峰だ。

Ⅲ峰からの下りはじめに最後のクサリ場がある。高さ約10mの岩場をトラバースしながら下降する。少し高度感があるが、クサリに頼り過ぎず、岩角も手がかりに利用して下降しよう。この先、岩の荒海はおさまるが、こんどは溶岩流が大きくうねり、小さな尾根と谷が入り組んだ地形が広がる。その複雑な地形のなか、シャクナゲとコメツガがちょうど背丈の高さで茂る道を進むと、三ツ岳分岐に出て、ほどなく**北横岳ヒュッテ**に着く。行程によっては1日目の宿泊地となる。

北横岳ヒュッテから樹林の山腹を登ってまず北横岳南峰に上がり、次いで**北横岳**の最高点、北峰頂上に立つ。

大岳へは、北峰から北東へ延びている尾根へ進む。2～3分ごくゆるやかに下ると、南側が開けた場所がある。眼下の七ツ池《ななついけ》と南八ヶ岳の眺めがよいビューポイントだ。

このすぐ先で、クサリの設置された露岩を下り、岩壁の基部を通って樹林に入る。さらにジグザグに下って小さな岩塔の間を抜けると、以降はなだらかな下り坂が続く。

視界をさえぎっていた針葉樹の樹高が低まると、ゴツゴツとした岩石帯に入っていく。前方に広がる溶岩台地は、低木のコメツガとシャクナゲにおおわれ緑が濃い。三ツ岳の岩石帯と比べれば、おだやかな景観

大岳と双子池間は岩石帯の難路が続く

大岳から北横岳（左）と蓼科山を望む

だ。めざす大岳は丘のような山容でゆったりと横たわっている。溶岩が盛り上がり、小高くなったところからは、蓼科山《たてしなやま》と双子《ふたご》山《やま》、眼下には亀甲池《きっこういけ》を望める。

溶岩台地の北東端まで進むと大岳分岐がある。ここから大岳を往復しよう。小さな窪地に下り、岩石帯をゆるやかに登り返せば**大岳**の頂上に出る。かたわらで古い石像が2体、風化に耐えている。

大岳分岐に戻ったら北斜面を下る。部分的に傾斜が強く、苔むした岩が滑りやすい。さらに積み重なった岩が大きな段差をつくっているところがあり、下降に気を使うところだ。シャクナゲが密生した岩石帯を抜け、高さ5mほどの岩塔の下を通ると、中段の溶岩台地が広がる。白のペンキ印がある大岩で、いったん西向きに進路を変え、角ばった岩の間をすり抜ける。ここは2、3歩だが安定した足場を見つけにくい。バランスを保って、慎重に通過しよう。

その先、北西へ進んで小さな窪地からわずかに登り返すと**天狗ノ露地**《てんぐのろじ》に出る。ザックを降ろせる平坦地があり、コース中の貴重な休憩ポイントである。

天狗ノ露地からは、北東へ下る。林床が苔むした原生林を下ったあと、丸太のハシゴが連続する岩塊の急斜面を直線的に下降していく。傾斜がゆるみ、コメツガ林を抜けると双子池ヒュッテの立つ**双子池**の雌《め》池《いけ》と雄池《おいけ》の間に下り立つ。

双子池からは、コース12北横岳・双子池・雨池（P102）と同じ道をたどり、雨池を経て**山頂駅**へ戻る。

プランニング&アドバイス

岩場の続く三ツ岳の頂稜と大岳から双子池間は、経験や体力、また天候によってコースタイムに差が生じやすい。時間にゆとりのある計画を立て、悪天時の無理な行動は避けること。1日目、北横岳ヒュッテに宿泊する行程でも山頂駅の出発はできれば午前中、双子池ヒュッテに泊まる場合は、午前9時頃までには出発したい。グレードは中級者以上となるコースだが、指導者のもと初級者が岩場歩きに慣れるコースとしても計画できる。

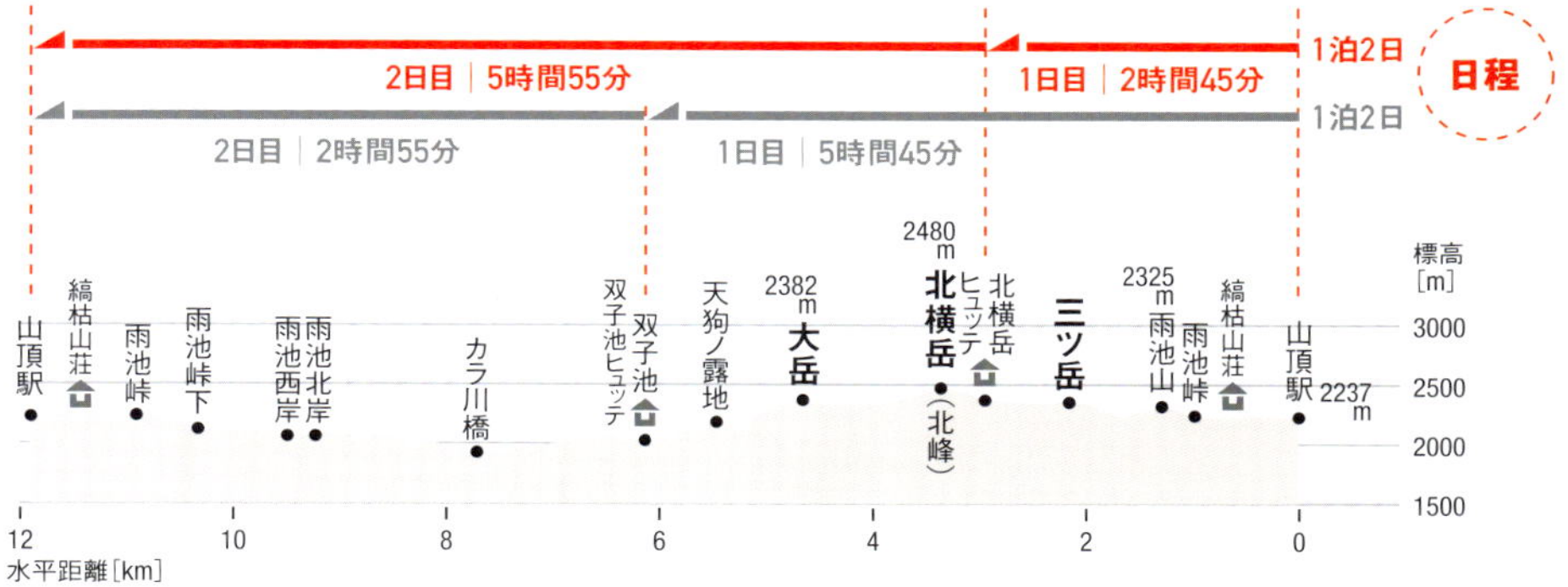

雄大なパノラマが展開する蓼科山頂上

諏訪富士とも呼ばれ 独立峰の風格をもつピーク

1泊2日

蓼科山

1日目 御泉水自然園駅→ 蓼科山七合目→ 将軍平→ 蓼科山 計2時間30分

2日目 蓼科山→ 蓼科山登山口 計2時間

蓼科神社の一ノ鳥居が立つ七合目

コースグレード	初級
技術度 ★★	2
体力度 ★★	2

蓼《たて》科山《しなやま》は、八ヶ岳の北端を締めくくるピーク。別名を女ノ神山《めのかみやま》、また南西の山麓から望むと円錐形の姿が美しく、諏《す》訪《わ》富士とも呼ばれる。厳密には蓼科山よりもわずか北に双子山《ふたごやま》が位置し、蓼科山は大《おお》河原峠《がわらとうげ》を介して双子山から弧を描く山稜に連なる。一方、南東に向き合う北横岳《きたよこだけ》との間は滝ノ湯川《たきのゆがわ》上流の谷で区切られ、独立峰に近い山容でもある。

成因はコニーデ型（成層）火山の上にトロイデ型（鐘状《しょうじょう》）火山が噴出したもの。展望抜群の頂上には、溶岩を敷きつめたような火口跡が広がっている。

蓼科山は、本来、立科山と書き、段丘などの傾斜地をさす「科」の上に円錐形の山頂部が「立つ」と解釈できる。ただし蓼科山は、古来、山麓の人々の暮らしと関わりが深く、山名に関連する伝説や民話が数多い。女ノ神山の別名も、男神の浅間山《あさまやま》に対するもの、髪を結った女性がうつぶせに寝ている姿に見えるなど、いくつもの由来が伝わっている。

将軍平から岩石の積み重なった急斜面を登る

蓼科山荘が立つ将軍平、頂上はもう目前

1日目
御泉水自然園駅から七合目を経て蓼科山頂上へ

起点の**御泉水《ごせんすい》自然園駅**（山頂駅）へは、蓼科牧場のゴンドラリフトを利用する。冬は白樺高原国際スキー場としてにぎわうゲレンデ最上部の山頂駅は、蓼科山中腹に設けられた御泉水自然園の入口でもある。

蓼科山側を向いて自然園受付の右側から登山道へ進み、カラマツ林のなかをゆるやかに登っていく。車道を2回渡って、次に車道に出たところが**蓼科山七合目**。登山口には頂上に奥宮をまつる蓼科神社の一ノ鳥居が立っている。

一ノ鳥居をくぐり、ササが深いカラマツ林に続く登山道をゆるやかに登っていく。ほどなく、馬返《うまがえ》しと書かれた古い道標の立つ地点で西麓からの旧道を合わせる。

馬返しから高木のダケカンバが並木をつくる幅の広い道を進み、山腹に大きくジグザグを刻むと、カラマツに変わってコメツガやシラビソなど針葉樹の原生林に包まれる。林床はコケにおおわれ、しっとりとしている。じきに針葉樹林が開けてくると、浅い谷地形を登るようになる。岩礫がガラガラとして河原のような道である。道はよく踏まれているが、念のため浮き石や落石に注意して登っていこう。

この谷地形をやや急登し、西側（進行方向右側）の針葉樹林へ入ると、じきに天狗《てんぐ》ノ露地《のろじ》の標識が見つかる。

登山道の西側へ、踏み跡を20mほどたどると、溶岩が積み重なった斜面が開ける。眺めがよい場所だが、展望の雄大さは、これから登る

頂上の火口跡の中央に鎮座する蓼科神社

下山は直下の岩石帯を横切り、南面を急下降する

蓼科山頂上のほうがはるかに優る。

天狗ノ露地から、傾斜が強く、岩礫の目立つ道をもうひとがんばり登ると、蓼科山荘の立つ**将軍平**《しょうぐんだいら》に着く。蓼科山の肩、あるいは背ともいえる平坦地となっている。

めざす蓼科山はもう目前だが、ここからが本番の急登だ。丸い山頂を見上げて樹林帯に入ると、すぐにゴロゴロとした岩石を積み上げたような急坂になる。大きな段差が生じているところでは、両手を使って攀じ登っていく。岩石が朝露や雨で濡れていると滑りやすいので気をつけよう。

やがて針葉樹の樹高が低まり、広葉樹のダケカンバが増えてくると、進路は南西から南へゆるやかにカーブしていく。岩のペンキ印に導かれ、視界がぐんぐん広がってくる斜面をトラバースしながら登っていくと、蓼科山頂ヒュッテの前に出て、頂上火口縁の北東端に登り着く。

火口跡は直径約150m、浅いクレータ状で、溶岩が盛り上がった堤のような火口縁に囲まれている。ヒュッテの横を通って、火口縁を南へ進むと**蓼科山**の頂上標識と三角点がある。ここからは南八ヶ岳、南アルプスの展望が抜群だ。

火口縁をさらに南へ進んで、方位盤の置かれた南西端まで行くと、中央アルプスと御嶽山《おんたけさん》、さらに霧ヶ峰《きりがみね》や美ヶ原《うつくしがはら》の高原地帯を前景に北アルプスの稜線を一望できる。

頂上の南西端から蓼科山頂ヒュッテに戻るには、火口跡を横切る踏み跡も利用できる。火口跡の中央には、小さな鳥居と社を構えた蓼科神社が鎮座している。

2日目 蓼科山頂上から南中腹の蓼科山登山口へ下山

下山は、蓼科山頂ヒュッテ南側の分岐から蓼科山登山口への道へ進む。下山地には女《め》乃《の》神《かみ》茶屋があるので、古い道

中腹の休憩適地となる標高約2110m地点

蓼科山登山口から親湯へ下るカラマツ林の道

標や岩のペイントには女乃神茶屋登山口という表記も見られるが、蓼科山登山口と同じ場所をさしている。

下りはじめは山頂東縁直下の岩石帯を南へ、設置されたクサリやロープにしたがってトラバースしていく。山頂の南面まで回り込んだら、南西を向いて岩石の積み重なった急斜面をまっすぐ下る。落石や転倒に注意しよう。

じきに樹林帯に入るが、傾斜は強く、しばらく急下降が続く縞枯現象の枯木帯を通り、幹の細いダケカンバ林を抜けると、いったん傾斜がゆるむ。道標には幸徳平《こうとくだいら》の地名があり、少しの間、起伏のおだやかな地形となる。

再び傾斜が増して、次に平坦地に出たところが**標高約2110m**の道標がある地点だ。登山道の西側、わずかに高い位置に標高2113・7mの三角点がある。

この先は、段々状の斜面で、緩急を繰り返しながら長々と下降を続ける。高さ2mほど、それらしい形をした蛙石《かえるいし》を過ぎ、カラマツ林やミズナラ林の山腹を下って笹原が広がると、傾斜がだいぶ落ち着いてくる。進路がしだいに西を向き、緩斜面を横切りながら下っていくと、ビーナスライン沿いの**蓼科山登山口**に到着する。

時間と体力に余裕があれば、さらに蓼科高原の親湯《しんゆ》方面へ下ることもできる。親湯までのコースの一部は、戦国時代に武田信《たけだしん》玄《げん》が開いた棒道《ぼうみち》と呼ばれる林道で、歩きやすく、カラマツ林の景観が美しい。

プランニング&アドバイス

マイカー、タクシー利用の場合、中腹の蓼科山七合目から歩くことが多い。七合目を起点にすると、蓼科山への最短コースとなる。コース中の宿泊地は蓼科山頂ヒュッテと蓼科山荘。入山スケジュールによって選ぶのがよいだろう。どちらを宿泊地にしても、空気の澄む朝のうちに蓼科山頂上からの大展望を満喫できるのが魅力だ。南麓の蓼科山登山口からの逆コースは、やや距離感のつかみにくい登りが続くが、蓼科山のスケールを実感できるコースである。

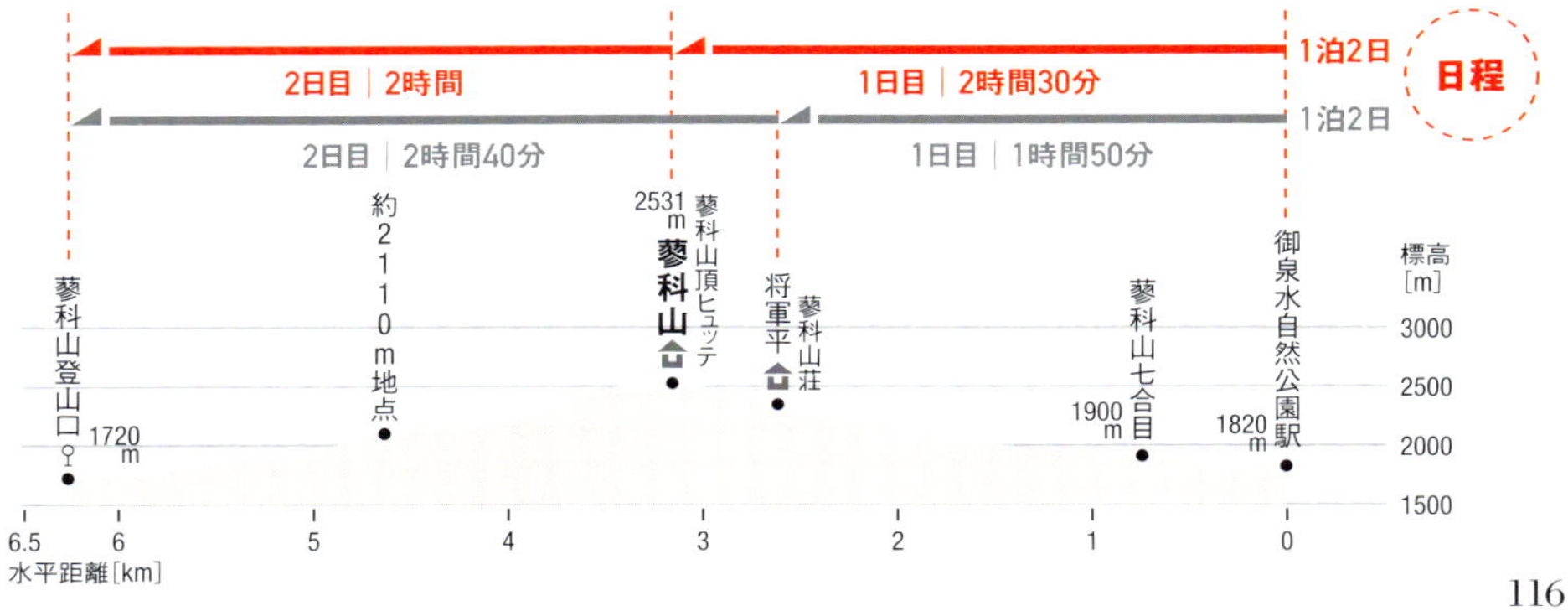

サブコース

竜源橋から蓼科山へ

竜源橋→将軍平→蓼科山→将軍平→大河原峠→双子池→亀甲池→竜源橋 **計8時間15分**

Map 10-4B 竜源橋

Map 10-2B 蓼科山

コースグレード 中級

技術度 ★★☆☆☆ 2

体力度 ★★★☆☆ 3

蓼科山《たてしなやま》をめざす登山口のひとつに竜源橋《りゅうげんばし》がある。蓼科山七合目や蓼科山登山口からのコースと比べると長くなるが、景観では勝るとも劣らない。コースの大きなアクセントとなっているのは天祥寺原《てんしょうじはら》である。竜源橋から滝ノ湯川《たきのゆがわ》上流へ向かい、小さな峡谷を抜けると、思いがけず伸びやかな笹原が広がる。どっしりと横たわる蓼科山と北《きた》横岳《よこだけ》を見上げながら、大らかな風景を歩くのは、実に心地よい。

蓼科山へは、この天祥寺原から将軍平《しょうぐんだいら》に登りつめて、頂上へ向かう。蓼科山からは大河原峠《おおかわらとうげ》へと下り、双子山《ふたごやま》、双子池、亀甲《きっこう》池《いけ》とめぐると、いっそう景観の変化に富むコースとなる。

竜源橋バス停に降り立ったら、ビーナスラインを白樺湖《しらかばこ》側へわずかに歩き、滝ノ湯川を渡った先の駐車スペースから登山道へ入る。樹林帯を登り、冷山《れいざん》国有林の看板を見ると、すぐに林道に出る。この林道を斜めに横断して向かい側の樹林に続く登山道へ進み、滝ノ湯川右岸の尾根に取り付く。道標を見落とさないよう注意しよう。

しばらくジグザグを刻みながら樹林帯を登り、林床が苔むした針葉樹の原生林に入ると、東側を流れていた滝ノ湯川に近づく。この付近では両岸の山腹がせまり、小さな峡谷をつくっている。

峡谷の右岸をゆるやかに登っていくと、しだいに谷が開け、明るいカラマツ林に入っていく。樹間から北横岳と蓼科山を望め

天祥寺原から望む蓼科山

滝ノ湯川上流の小さな渓谷

るようになると、あたり一面、伸びやかな笹原が広がる。笹原は、亀甲池分岐の先でいったん樹林に変わるが、再び大きく広がって滝ノ湯川源頭の大河原峠《おおかわらとうげ》まで続いている。この一帯がもとは大河原と呼ばれた天祥寺原である。

カラマツやオオシラビソの樹木が点在する笹原を歩き、ゴロゴロと岩石を押し出してきたような涸れ沢を渡ると、**将軍平分岐**に出る。ここで大河原峠へ向かう道を見送り、北西へ折れる。笹原の北縁から針葉樹林に入ると、先ほど渡った涸れ沢の左岸に出る。ロープに誘導されて沢床に下り、そ

天祥寺原から将軍平へ、沢筋を急登する

のまま沢筋を50mほど登る。右岸の樹林帯へ入ったあと、また沢床に下り、今度は100m以上登っていく。ここは沢の源流部というより岩礫が散乱したガレ場といった景観だ。じきに二俣に出たら左俣（下流から上流を見て左の沢）へ。ロープに沿って左俣に入り、幅2～3mに狭まった左俣の沢床をまっすぐ登っていく。進行方向左側、右岸の樹林帯にも踏み跡が見られるが、入り込まないよう注意したい。

石を敷き詰めたような沢床の道は傾斜がきついが、秋なら頭上のナナカマドやダケカンバの葉の色づきを楽しみながら登っていける。やがて傾斜がゆるんでくると、蓼科山荘の立つ**将軍平**に着く。

将軍平からは、**蓼科山**の頂上を往復する。雄大な展望を満喫し、頂上から将軍平に戻ったら、大河原峠へと下る。

ぽっかり開けた草原や縞枯《しまがれ》現象の枯木帯を通り、平坦な山稜を北東へ進む。赤谷《あかたに》分岐の道標と佐久《さく》市最高地点の標識を見送っ

草原が広がる双子山の頂上、左奥は蓼科山

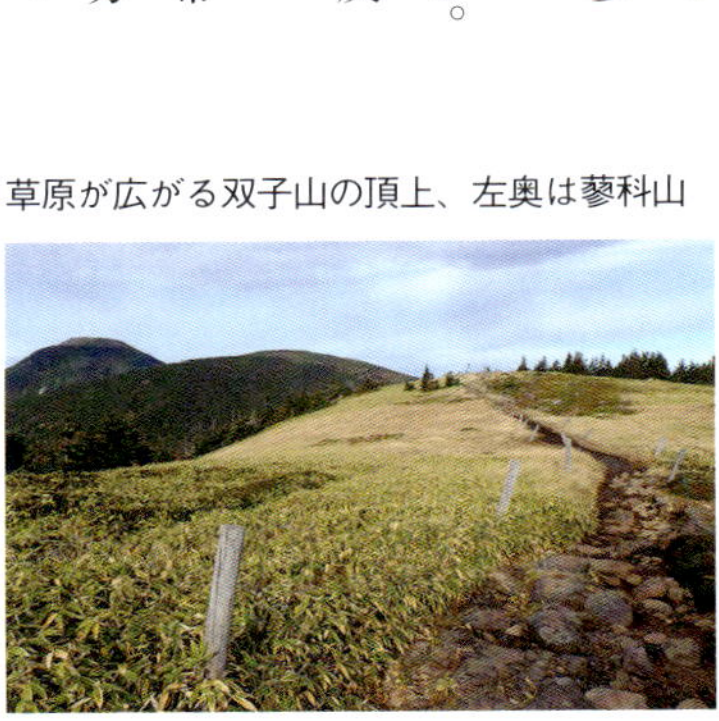

佐久市最高地点付近の枯木帯を通り大河原峠へ

た先で道が大きく蛇行すると、部分的に急下降となる。枯木帯とシラビソ林を交互に抜け、傾斜がゆるむと、**大河原峠**に下り立つ。主要な登山道が通る峠としては、八ヶ岳最北に位置する峠である。

大河原峠からは、双子山へ向かう。天祥寺原へと下っていく道を見送り、なだらかな笹原の山腹を南東へ登る。登山道沿いにはマツムシソウが自生し、盛夏から初秋にかけて淡紫色の花を咲かせる。ゆるやかな登りが続き、まばらな針葉樹林を2、3度抜けると、気持ちのよい草原が広がる**双子山**の頂上に出る。

間近に横たわる蓼科山と北横岳をはじめ、浅間山《あさまやま》や佐久の山々を見晴らしながら草原の続く頂稜をたどり、旧三角点の先から針葉樹林の山稜を南東へ下っていく。南へゆるやかにカーブしてカラマツ林に入ると、雌池《めいけ》・雄《お》池《いけ》からなる**双子池**に着く。

次は亀甲池《きっこういけ》へ向かう。雌池の北岸を回り、キャンプ指定地を通って双子池を離れる。コケの美しい原生林に包まれた谷間を登り、鞍部からゆるやかに下ると、**亀甲池**の北岸に出る。水辺まで足を運ぶと、自然現象の構造土《こうぞうど》を観察できる。

亀甲池の西岸へ進み、道標を確認したら北横岳への道と分かれて、北側の森へ続く道へ進む。北西へカーブして、開けた谷沿いを下ると、**天祥寺原**（亀甲池分岐）に出る。南西に折れると、ほどなく将軍平分岐で往路に出合う。**竜源橋**へは往路を下る。

プランニング&アドバイス

本コースは、蓼科山と周辺の池めぐりを組み合わせたもの。コース中の山小屋を利用した1泊2日の行程が標準的だ。コースを短縮するには、大河原峠から天祥寺原の亀甲池分岐へ下って竜源橋に戻る。天祥寺原の上部、扇状に広がる笹原の斜面をゆるやかに下る心地よい道だ。また、マイカーかタクシー利用となるが、大河原峠を起点に周回するコースを計画することもできる。大河原峠から、最初に双子山、双子池へ向かい、亀甲池を経て将軍平分岐から蓼科山へ登り、大河原峠に戻る。もちろん逆順も計画できる。

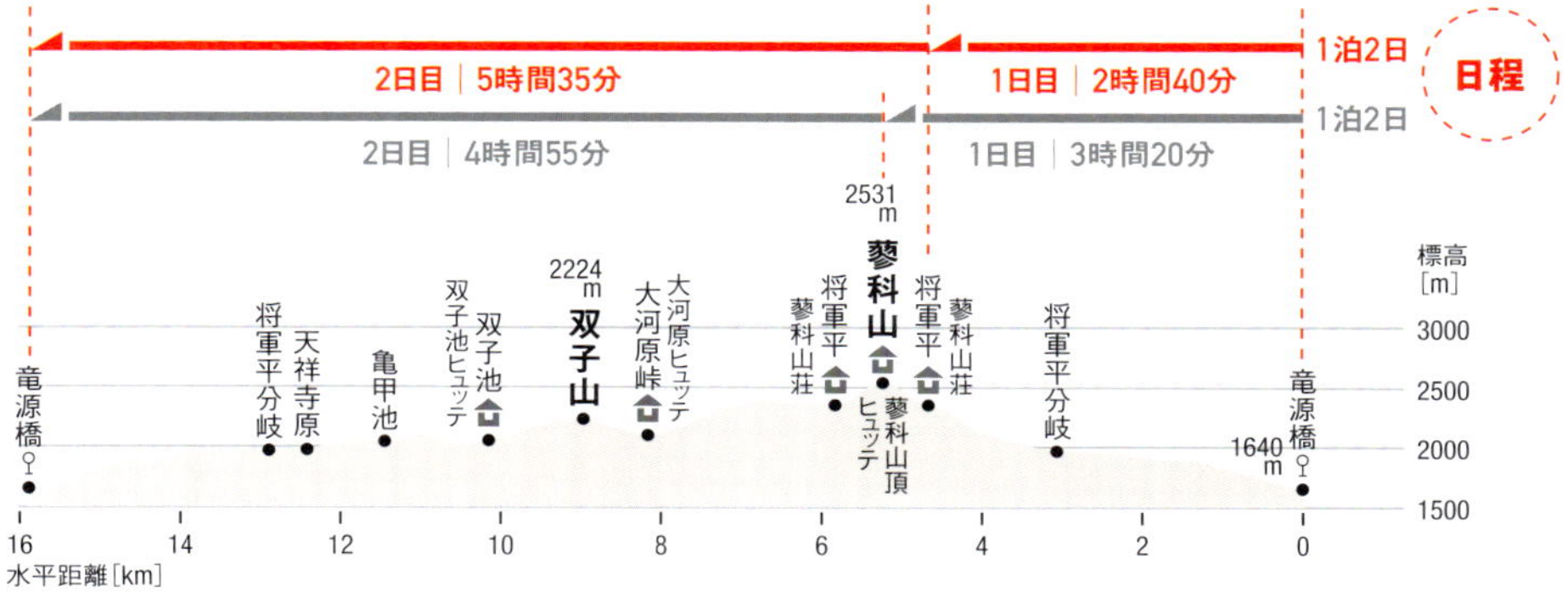

積雪期の八ヶ岳に登る

八ヶ岳は四季を通じて親しまれている山域である。積雪期にも多くの登山者が訪れ、雪山入門から中・上級、さらに冬季登攀やアイスクライミングまで、登山のスタイルも幅広い。おだやかな地形の北八ヶ岳を中心に、クロスカントリースキーやスノーシュートレッキングも盛んだ。

新雪期から厳冬期

年により前後するが、八ヶ岳の初冠雪は、山腹の紅葉が終盤にさしかかる10月中旬〜下旬、稜線がうっすらと雪化粧する。この時期の雪は気温が上がるとすぐにとけ、寒気が襲来しても、雪にはならず雨やみぞれが降ることも多い。カラマツが落葉する11月に入ると、雨よりも降雪の日が多くなり、根雪となってしだいに積もっていく。

積雪期のうち、初冠雪から11月下旬までがおおむね新雪期。標高によっては無雪期と同様に歩けるが、稜線では天候が崩れると真冬並みのきびしい条件になる。

また新雪期以降、登山はトレース（雪面の踏み跡）の有無にも左右される。通年営業、または積雪期も週末中心に営業する山小屋があるコースは、おおむねトレースがつきやすく、入山者数も多い。

積雪期の中心となる12月〜2月は、厳冬期と呼ばれる。八ヶ岳の厳冬期の積雪量は1〜3m。吹き溜まりやすい谷筋や北斜面では、それ以上になることもある。また場所によって、尾根から雪が張り出す雪庇《せっぴ》が発達する。逆に冬の偏西風が吹き抜ける稜線では、雪がつかず岩盤や岩礫が露出したり、雪面が凍結してアイスバーンになる。

気温は最低マイナス20℃前後、最高マイナス5℃前後。日中でも氷点下となり、きびしい寒気が続く。森林限界に達した南八ヶ岳の稜線では、アイゼン、ピッケルに代

中山峠から主稜線を東天狗へと登る

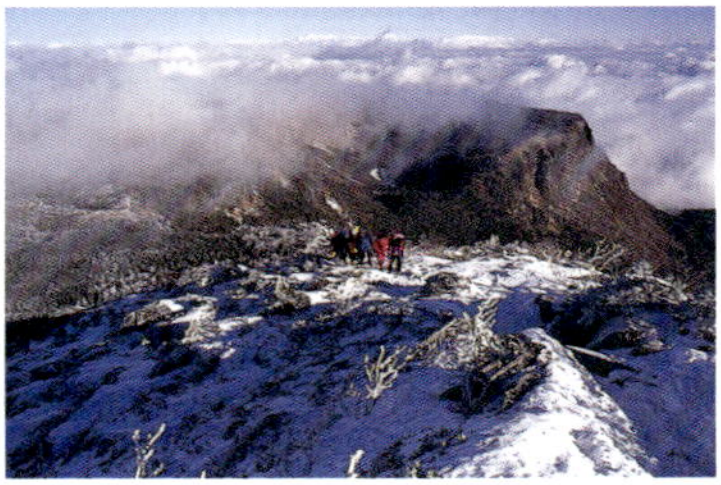

雪におおわれた溶岩台地の坪庭と北横岳

表される雪山装備と技術が求められる。

残雪期

山麓で春の気配が漂う3月に入ると、きびしい寒気のゆるむ日が多くなり、厳冬期から残雪期へと移っていく。ただし本州内陸の中部山岳に位置しながらも太平洋岸の気象の影響を受けやすい八ヶ岳では、春先にかけて積雪量が増す傾向にある。

例年、積雪量がピークに達するのは2月上旬～3月上旬。急斜面や谷筋では、雪崩《なだれ》への警戒をいっそう強めなければならない。とくに気温の上昇と春先に降る雨が雪崩を引き起こす原因になりやすいので、天候判断がきわめて重要だ。

4月～5月は残雪期。山麓から中腹にかけて、登山道の雪はしだいに消えてくるが、稜線付近や北斜面はまだ積雪豊富で、基本的に雪山装備・技術が必要だ。5月中旬以降は、稜線でも雪が消えはじめるが、日差しの届きにくい樹林帯や谷筋では、6月中旬頃まで雪が残ることがある。

山小屋

八ヶ岳が積雪期も多くの登山者を迎えているのは、山小屋の存在が大きい。八ヶ岳では、通年営業、または冬期も年末年始と週末中心に営業する山小屋が多く、積雪期登山の貴重な拠点となっている。

利用にあたっては、営業期間を確認するためにも、必ず事前に予約を入れよう。また、積雪期は凍結により水道や浴室の設備があっても利用できない場合や、暖房費（500円前後）が追加となる場合がある。

アクセス

積雪期はバス路線の冬期運休や路線短縮、道路の冬期通行止めなどにより登山口は限られてくる。美濃戸口、渋ノ湯、北八ヶ岳ロープウェイへは、茅野駅からのバスが週末中心に運行し、積雪期の主要登山口となっている。路線バスの運行する登山口へは、通常、タクシーやマイカーでもアクセスできるが、事前に道路や駐車場の状況などを確認しよう。

通年営業の山小屋（黒百合ヒュッテ）

阿弥陀岳を背に森林限界に達した稜線を赤岳へと登る

積雪期モデルコース

山頂駅から北横岳へ

1日目 山頂駅↓北横岳ヒュッテ 計1時間30分

2日目 北横岳ヒュッテ↓北横岳↓山頂駅 計2時間10分

北横岳《きたよこだけ》は、頂上からの大展望が魅力のピーク。南八ヶ岳の峰々をはじめ、日本アルプス、御嶽山《おんたけさん》、浅間山《あさまやま》など、見渡す山々が白銀に輝く感動的なパノラマを楽しめる。

北横岳へは、無雪期と同様、北八ヶ岳ロープウェイを利用し、標高2000mを超える山頂駅からスタートできる。天候や積雪量など、条件がよければ山頂駅から北横岳頂上まで、積雪期のコースタイムは約2時間。コンパクトなコースながら、雪景色の坪庭《つぼにわ》をはじめ、結氷して雪原となった七《なな》ツ《つ》池《いけ》、その周辺に広がる雪化粧の原生林など、景観の変化に富んでいる。

コースは日帰りでも歩けるが、1泊2日の行程なら時間のゆとりも充分、北横岳直下に立つ北横岳ヒュッテと山頂駅に近い縞《しま》枯《がれ》山荘が宿泊地となる。

行動半径を広げるなら、縞枯山《しまがれやま》、茶臼山《ちゃうすやま》を縦走し、大石峠《おおいしとうげ》から出逢ノ辻《であいのつじ》、五辻《ごつじ》を経て山頂駅に戻る周回コースも計画できる。クロスカントリースキーやスノーシュートレッキングでも人気があるエリアだ。

北八ヶ岳ロープウェイの**山頂駅**は、標高2237m。駅舎を出ると北八ヶ岳の稜線だ。天候に応じて防風・防寒対策を整えて出発しよう。まずは溶岩台地の坪庭へ進む。無雪期は黒い溶岩とハイマツなどの低木が織りなす天然の庭園も、雪におおわれると別世界のようだ。木々は樹氷をまとって輝き、溶岩に降り積もった雪には風紋《ふうもん》が描かれる。美しい雪景色を堪能しよう。

Map 8-1C 山頂駅

Map 10-4C 北横岳

コースグレード	初級
技術度 ★★	2
体力度 ★	1

坪庭から樹林帯の山腹を登る

山頂駅に降り立ち坪庭から北横岳を望む

坪庭のほぼ中央で北へ折れ、いったん小さな沢筋へ下ってから、樹林の山腹に取り付く。北八ヶ岳の代表的な積雪期コースのひとつとしてよく歩かれているだけに、多量の降雪時や直後を除けば、トレースはしっかりついていることが多い。ただ雪面が凍結しているような場合は、アイゼンを使用するか、靴のつま先を雪に蹴りこんで足場を刻むキックステップで対処しよう。

傾斜がゆるみ、山腹のトラバースが続くと、右手の樹間から縞枯山と眼下の坪庭を広く見渡せる。進路が北を向くと三ツ岳《みつだけ》分岐に出る。積雪期は、ここから三ツ岳側へ、はっきりとトレースがつくことは少ない。三ツ岳の頂稜は、荒々しい岩石帯で地形も複雑だ。積雪期は、大岳《おおだけ》周辺を含めて雪山中級以上のコースとなる。

三ツ岳分岐からは西へ、雪をまとった針葉樹の樹間をごくゆるやかに登っていくと、ほどなく**北横岳ヒュッテ**に着く。冬は雪原となる七ツ池へもぜひ足を運ぼう。

2日目、北横岳ヒュッテから頂上へは、坪庭から登ってきた道に比べてやや傾斜が増す。キックステップで登れることもあるが、アイゼンを使用するのが確実だ。また森林限界に達した頂上は風当たりが強く、体感温度が急激に下がる。防風・防寒を万全にしてから出発しよう。

樹林帯を登って、視界が開けてくると、最初に北横岳の南峰頂上に出る。南八ヶ岳の峰々をはじめ、北岳《きただけ》、甲斐駒ヶ岳《かいこまがだけ》、仙丈《せんじょう》ヶ岳《がだけ》がそびえる南アルプス北部、そして中央アルプス、御嶽山にかけての眺めが抜群だ。南峰から樹高の低い針葉樹林を抜けると、**北横岳**の最高点、北峰頂上に立つ。北峰からは目前に横たわる蓼科山《たてしなやま》とその背景に北アルプスの稜線、さらに頸城山塊《くびきさんかい》や浅間山を展望できる。

大展望を満喫したら**北横岳ヒュッテ**に戻り、往路を坪庭へ下山する。坪庭の分岐まで下ったら、坪庭を時計まわりで半周し、**山頂駅**へ向かう。

プランニング&アドバイス

主な雪山装備として、6本爪アイゼンとストックを用いて歩けるコースが、積雪期のコースグレードで初級となる。積雪期のコースタイムは、無雪期の1.2〜1.5倍が目安。ただし天候や積雪量に大きく左右される。また積雪期は山小屋の営業期間をはじめ、路線バスやロープウェイなど交通機関の冬期運行ダイヤを必ず確認しよう。

北横岳の南峰頂上から南八ヶ岳方面を眺望

積雪期モデルコース

渋ノ湯から天狗岳へ

1日目 渋ノ湯↓黒百合平 計3時間

2日目 黒百合平↓天狗岳↓黒百合平↓渋ノ湯 計6時間10分

Map 6-1B 渋ノ湯

Map 6-3C 天狗岳（西天狗）

コースグレード | **中級**

技術度 ★★★ 3

体力度 ★★★ 3

北八ヶ岳でも別格の勇ましさを見せる天《てん》狗岳《ぐだけ》は、雪山初級から中級へのステップアップとなるピーク。森林限界以上の稜線では、アルペン的な雪山の世界を体験できる。好天に恵まれれば、360度の大パノラマも魅力。稜線に連なる八ヶ岳の峰々をはじめ、白銀に輝く日本アルプスや御嶽山《おんたけさん》の眺めを満喫できる。

積雪期の天狗岳へは、茅野《ちの》駅からのバスが週末中心に運行している西麓の渋ノ湯《しぶのゆ》が主要登山口となる。宿泊地は、天狗岳北中腹の黒百合平《くろゆりだいら》に立つ黒百合ヒュッテが絶好の立地。通年営業で、積雪期も頼もしい拠点となってくれる。

黒百合平から天狗岳へのコースは、主稜線と天狗ノ奥庭経由の2とおり。積雪期は、中山峠《なかやまとうげ》に出て、主稜線を往復する場合が多い。主稜線にはトレースもつきやすい。

佐久《さく》側の東麓からは、大雪時を除けば、タクシーでアクセスできる稲子湯《いなごゆ》が主要登山口となる。稲子湯からは、みどり池を経て中山峠に登るコースが積雪期もよく歩かれている。稲子湯と渋ノ湯を結べば、積雪期の北八ヶ岳横断コースとなる。

渋ノ湯に降り立ったら、登山届ポストを備えた登山補導所横の橋を渡って、登山道へ進む。すぐに高見石《たかみいし》への道を見送り、樹林帯の山腹を登っていく。しばらく北斜面のため雪面が凍結していることがある。状況に応じてアイゼンを使用しよう。

中山峠付近から望む双耳峰の天狗岳

雪の原生林に囲まれた黒百合平

山腹の登りが続き、傾斜がゆるむと**八方**《はっぽう》**台**《だい》**分岐**に出て、尾根上に達する。周辺は平坦な雪の広場で休憩に向いている。

八方台分岐でひと息ついたら、よく踏まれたトレースを追って尾根上をゆるやかに登っていく。いったんわずかに下って**唐沢**《からさわ》**鉱泉分岐**を過ぎると、道は唐沢源頭の谷へ入っていく。無雪期は、岩がゴロゴロとして、金網の桟橋が断続的に設置されている道である。岩が露出していると足場選びに気を使うが、岩が完全に埋雪すると歩きやすい雪道となる。

谷沿いの深い針葉樹林を抜け、明るい雪原が広がると**黒百合平**に出て、宿泊地の黒百合ヒュッテに到着する。

時間が許せば、中山峠に出て、主稜線を北へ10分ほど登ったところにある天狗岳のビューポイントへ足を運んでみよう。東天狗、西天狗からなる双耳峰《そうじほう》の山容をよく望める。雪をまとった姿は凛々しく、明日の登頂に期待がふくらむ。

2日目は、黒百合ヒュッテで、まずは天候を判断し、アイゼン、ピッケルなどの雪山装備を整えたら天狗岳をめざそう。積雪期はコースがわかりやすい主稜線を往復する。

中山峠へ進み、主稜線を南へ登っていく。ダケカンバ林を抜けると森林限界に達する。ここから上部は、強い季節風など天候の影響を直接受けるので、慎重に行動しよう。とくに天狗ノ奥庭からの道を合わせた先からは、強風で雪が飛ばされ、岩礫が露出していることが多い。アイゼンの爪を岩角に引っかけないよう注意して登ろう。

天狗岳の一峰、東天狗に登り着くと雄大な展望が広がる。三角点の置かれた西天狗へは吊り尾根をたどって往復する。

東天狗からの下降は、樹林帯に入るまで、露出した岩礫と、体があおられるような強風でバランスを崩さないよう細心の注意が必要だ。慎重に下っていこう。

中山峠に下り立ち、**黒百合平**にもどったら往路を**渋ノ湯**へ下山する。

プランニング&アドバイス

天狗岳に登る2日目は、出発前に天候をよく見きわめ、悪天時の無理な行動は避けよう。また東天狗から西天狗の往復も強風や視界不良時は見合わせたほうが無難だ。森林限界以上の行動を含むため、10〜12本爪アイゼンやピッケルをはじめとした的確な雪山装備と技術が求められる。渋ノ湯を起点にしたコースでは、高見石や白駒池周辺も積雪期によく歩かれている。

天狗岳の一峰、東天狗から南八ヶ岳を展望

積雪期モデルコース

美濃戸口から赤岳へ

1日目 美濃戸口↓美濃戸↓赤岳鉱泉 計3時間40分

2日目 赤岳鉱泉↓赤岳↓行者小屋↓美濃戸口 計8時間50分

Map 3-2A 美濃戸口

Map 3-3D 赤岳

コースグレード	上級
技術度 ★★★★	4
体力度 ★★★★	4

八ヶ岳の主峰にふさわしく、赤岳《あかだけ》は積雪期も多くの登山者を迎えている。赤褐色の山肌が雪におおわれ、白銀の輝きを放ってそびえ立つ姿はいっそうアルペン的だ。赤岳周辺は、凍てつく岩稜や氷瀑を対象とした冬季登攀のメッカでもある。

無雪期と同様、美濃戸口《みのとぐち》が主要登山口となり、美濃戸からは北沢または南沢コース、稜線へは文三郎《ぶんさぶろう》尾根と地蔵尾根がよく利用されている。コース中の山小屋は通年、または積雪期も年末年始と週末中心に営業し、赤岳をめざす宿泊拠点となっている。

1日目は、**美濃戸口**から**美濃戸**へと林道を歩き、南沢コースをたどって通年営業の**赤岳鉱泉**まで行く。

2日目、赤岳鉱泉からは、最初に行者小屋へ向かう。浅い沢沿いを南へゆるやかに登り、いったん西へ直角に折れてジグザグに登ると、中山乗越《なかやまのっこし》に出る。

中山乗越からゆるく下って**行者小屋**に出ると、西壁を立ち上げた赤岳が目前にせまる。アイゼンやピッケルなど雪山装備をいま一度しっかり整えたら、中岳道《なかだけどう》との分岐から文三郎尾根に取り付く。積雪期は文三郎尾根と中岳道以外にも赤岳西壁や阿弥陀《あみだ》岳《だけ》北稜など登攀ルートへのトレースがつくので気をつけよう。とくに中岳北面の沢は雪崩《なだれ》の危険が高く、誤って入り込まないよう充分、注意が必要だ。できれば無雪期にコースを歩き、分岐の位置や周辺地形を把握しておきたい。

赤岳南西直下の岩場を急登する

天候に恵まれれば大展望を満喫できる赤岳頂上

文三郎尾根の中間部は、鉄製の階段が連続する。この階段が埋雪していると、傾斜の強い雪面となる。急な雪面では、アイゼンをしっかりきかせて登っていこう。積雪が少ない場合は、階段の金網や設置されたクサリが露出するので、アイゼンの爪を引っかけないよう気を配ろう。

やがて森林限界に達し、阿弥陀岳に連なる支稜上の**文三郎尾根分岐**に出る。赤岳南西面の岩場までは、比較的おだやかな地形だが、積雪期はほぼ常時、強い偏西風にさらされる。いつでもピッケルを支点にした耐風姿勢をとれるようにしたい。

赤岳南西面の岩場は、雪が浅いことがほとんどだ。アイゼンを置く足場をよく選んで登っていこう。クサリは凍りついていると滑りやすく、不用意につかめない。バランス保持にはピッケルを使いこなし、岩角を手がかりにする。

岩場を慎重に登りきれば、**赤岳**頂上に立つ。できるだけ風の影響を受けにくく、安定した場所を選んで大展望を満喫しよう。登り着いた南峰から赤岳頂上山荘の立つ北峰との間は、細い雪稜になっていることがある。数十歩の距離だが慎重に進もう。

下山は北峰から主稜線を北へ下降する。直下でいったん傾斜がゆるむ地点は、東側がきわめて急斜面となっている。滑落に要注意のポイントだ。この先は、強風で雪がつきにくく、浅い雪に岩礫が混じる急斜面が続く。ピッケルでバランスを保持し、アイゼンを確実にきかせて下っていこう。

赤岳天望荘に下り立ったら、地蔵《じぞう》ノ《の》頭《かしら》から地蔵尾根を下降する。上部は急傾斜の岩稜で、やはりアイゼンとピッケルの使いこなしがポイントになる。

樹林帯に入ると傾斜がゆるみ、**行者小屋**に出る。行者小屋からは南沢コースを下る。中間部で、右岸の斜面を水流近くへ下るあたりと、堰堤を迂回する区間は、雪が凍結していることがある。滑落に注意しよう。**美濃戸**に出たら、**美濃戸口**へと下山する。

プランニング&アドバイス

赤岳をめざす地蔵尾根、文三郎尾根ともに峻険な地形であり、森林限界以上の行動を伴うため、積雪期のグレードは高い。10〜12本アイゼン、ピッケルをはじめ、状況によってロープやハーネスなど登攀具を用いることもある。またヘルメット着用が望ましい。したがって経験豊富な指導者、リーダーのもと雪山装備・技術を確実に身につけて臨みたいコースだ。

地蔵尾根上部から厳冬期の赤岳を見上げる

八ヶ岳へのアクセス

公共交通機関利用

八ヶ岳の各登山口へは、JR中央本線茅野駅、小淵沢駅、およびJR北陸新幹線佐久平駅が主要なターミナルとなる。

東京（新宿駅）方面から茅野駅へは、JR中央本線の特急スーパーあずさ、あずさで約2時間10～20分、小淵沢駅へは約1時間55分～2時間5分。千葉方面からは、千葉駅始発の特急あずさ、横浜方面からは春～秋の休日中心に横浜駅始発の特急はまかいじも運行されている。

名古屋方面から茅野駅へは、JR中央本線特急ワイドビューしなのを利用し、塩尻駅で上りの特急あずさに乗り換え、約2時間20～30分、小淵沢駅へは約2時間35～45分。

佐久平駅へは、東京駅からJR北陸新幹線あさま、はくたかで約1時間20～30分。

八ヶ岳東麓への玄関口となる小海駅、清里駅へは、中央本線からは小淵沢駅で、北陸新幹線からは佐久平駅で、JR小海線（八ヶ岳高原線）に乗り換える。

鉄道の各駅から登山口へは、アルピコ交通、清里ピクニックバス、山交タウンコーチ、千曲バス、小海町営路線バス、たてしなスマイル交通の路線バスのほか、タクシーを利用する。

路線バスは、毎日運行する通年運行、夏期の毎日と春・秋は休日を中心とした特定日の運行、および冬期運休など、多様な運行形態がある。

北八ヶ岳の北横岳、縞枯山方面へは、北八ヶ岳ロープウェイが重要なアクセスとなっている。山麓駅から7分ほどで、北八ヶ岳の稜線に位置する標高2237mの山頂駅まで運んでくれる。

アクセス図 凡例

↑茅野駅と佐久平駅から路線バスが運行する麦草峠　↓重要なアクセスのひとつ北八ヶ岳ロープウェイ

マイカー利用

東京・名古屋方面からは、中央自動車道が八ヶ岳へ向かう幹線道となる。南八ヶ岳の主要登山口へは長坂IC、小淵沢IC、諏訪南IC、北八ヶ岳の主要登山口へは諏訪ICまたは諏訪南ICを利用する。

東京方面からは上信越自動車道・佐久小諸JCT経由で中部横断自動車道が幹線道となる。蓼科山周辺の登山口へは佐久南IC、麦草峠や稲子湯方面へは八千穂高原ICを利用する。

中央自動車道の諏訪ICからは、国道152号、299号（メルヘン街道）、ビーナスラインが主要アクセス道路となる。諏訪南ICからは八ヶ岳ズームライン、八ヶ岳エコーラインが西麓の各登山口へのアクセス道路で、北八ヶ岳へ向かう場合も利用価値が高い。小淵沢IC、長坂ICからは八ヶ岳高原ライン、清里高原道路などがアクセス道路となる。

中部横断自動車道の佐久南ICから蓼科山方面へは国道142号、八千穂高原ICから麦草峠方面へは国道299号（メルヘン街道）、稲子湯へは国道141号でアクセスする。

主要登山口でも、未舗装の林道を走行する区間もある。美濃戸口から美濃戸、唐沢鉱泉入口から桜平および唐沢鉱泉、本沢温泉入口から林道ゲートまで。これらは基本的に未舗装道を走行できる車種向きである。

また冬期は、国道299号の麦草峠前後や蓼科牧場付近から大河原峠など、積雪・凍結のため通行止めとなる区間がある。

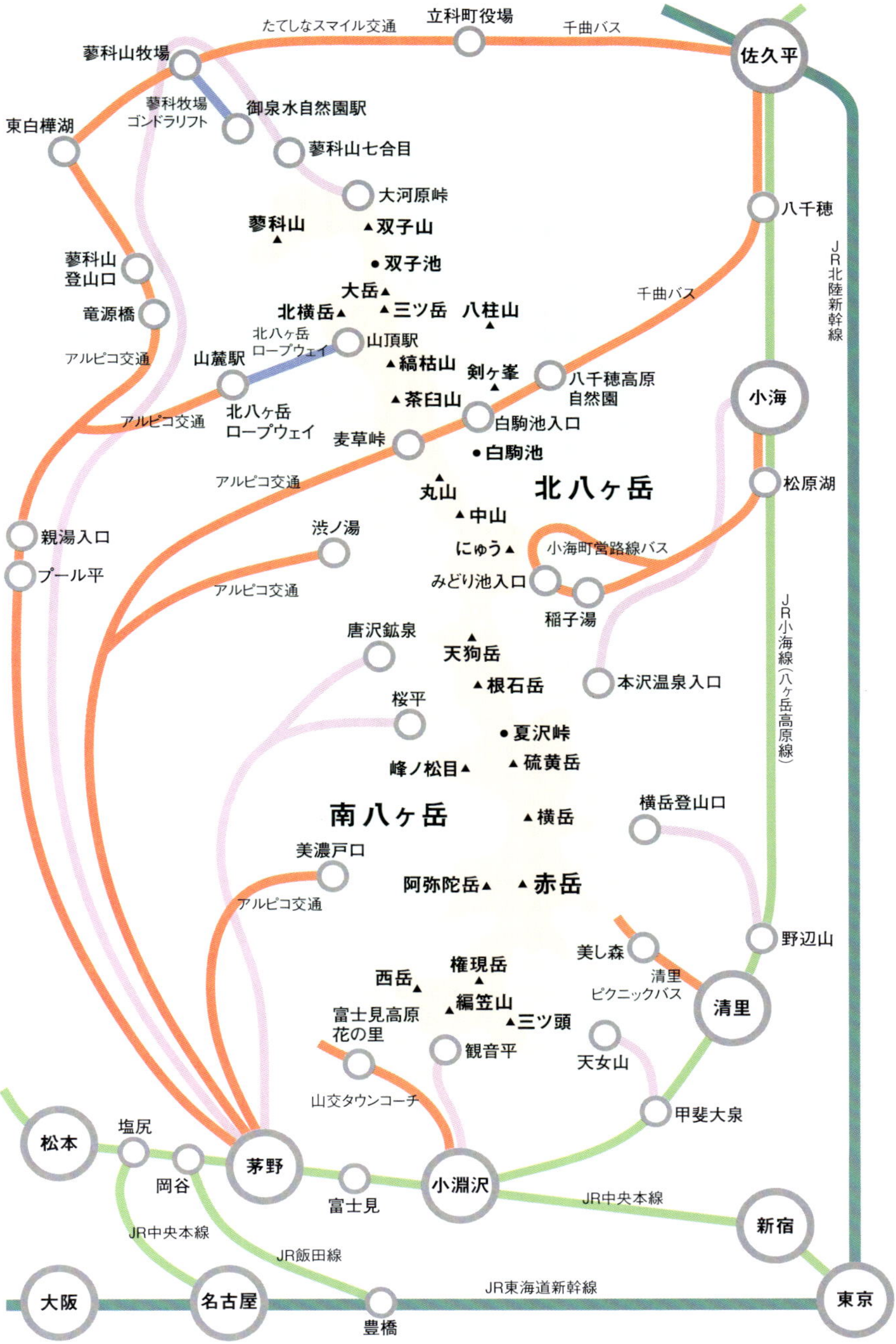
たてしなスマイル交通
立科町役場
千曲バス
佐久平
蓼科山牧場
蓼科牧場
ゴンドラリフト
御泉水自然園駅
東白樺湖
蓼科山七合目
大河原峠
蓼科山
双子山
八千穂
JR北陸新幹線
双子池
蓼科山
登山口
大岳
千曲バス
北横岳
三ツ岳
八柱山
竜源橋
北八ヶ岳
ロープウェイ
山頂駅
アルピコ交通
山麓駅
縞枯山
剣ヶ峯
八千穂高原
自然園
小海
茶臼山
アルピコ交通
北八ヶ岳
ロープウェイ
白駒池入口
麦草峠
白駒池
アルピコ交通
丸山
北八ヶ岳
松原湖
中山
親湯入口
渋ノ湯
にゅう
小海町営路線バス
プール平
みどり池入口
アルピコ交通
稲子湯
JR小海線（八ヶ岳高原線）
唐沢鉱泉
天狗岳
根石岳
本沢温泉入口
桜平
夏沢峠
峰ノ松目
硫黄岳
南八ヶ岳
横岳
横岳登山口
美濃戸口
阿弥陀岳
赤岳
アルピコ交通
野辺山
美し森
権現岳
清里
ピクニックバス
西岳
編笠山
清里
富士見高原
花の里
三ツ頭
天女山
観音平
山交タウンコーチ
甲斐大泉
松本
塩尻
茅野
岡谷
富士見
小淵沢
JR中央本線
新宿
JR中央本線
JR飯田線
大阪
名古屋
JR東海道新幹線
豊橋
東京

八ヶ岳周辺図

上田市
長和町
佐久市
立科町
佐久穂町
小海町
下諏訪町
諏訪市
長門温泉
やすらぎの湯
道の駅
マルメロの駅ながと
長和町役場
上田へ
道の駅
女神の里たてしな
立科町役場
長野・金沢方面
佐久小諸JCTへ
佐久IC
中佐都駅
JR北陸新幹線
上信越自動車道
碓氷軽井沢ICへ
佐久平駅
岩村田駅
あさしな温泉
穂の香乃湯
道の駅
ほっとぱ～く浅科
佐久中佐都IC
北中込駅
佐久市役所
佐久南IC
道の駅
ヘルシーテラス佐久南
滑津駅
中込駅
太田部駅
下仁田へ
龍岡城駅
臼田駅
佐久臼田IC
青沼駅
中部横断自動車道
佐久穂町役場
羽黒下駅
佐久穂IC
海瀬駅
上野・神流へ
八千穂駅
八千穂高原IC
高岩駅
馬流駅
小海町役場
小海駅
千代里牧場
八千穂高原自然園
松原湖温泉
笠取峠
芦田坂山
美ヶ原
物見石山
茶臼山
扉峠
三峰山
和田宿温泉
ふれあいの湯
大出山
中山道
依田川
芦田川
八丁地川
鹿曲川
千曲川
石堂川
長門牧場
望月高原牧場
鍋鞍山
蓼科山七合目
大河原峠
蓼科仙境都市
女神湖
蓼科牧場
蓼科牧場ゴンドラリフト
白樺高原
白樺湖
大門峠
すずらんの湯
ビーナスライン
蓼科山
双子山
双子池
和田峠
新和田トンネル
下諏訪へ
鷲ヶ峰
八島ヶ原湿原
霧ヶ峰
車山
八子ヶ峰
蓼科山登山口
竜源橋
北横岳
大岳
三ツ岳
八柱山
雨池
山頂駅
北八ヶ岳ロープウェイ
縞枯山
茶臼山
カシガリ山
大門街道
蓼ノ海
大見山
名古屋・松本方面
武石川

上諏訪駅
諏訪市役所
諏訪IC
アクアランド
茅野
茅野駅
茅野市役所
岡谷JCTへ
杖突峠
高遠へ
金沢峠
青柳駅
すずらんの里駅
入笠山
釜無山
富士見駅
富士見町役場
諏訪南IC
信濃境駅
道の駅信州蔦木宿
つたの湯
小淵沢駅
小淵沢IC
韮崎へ
甲府・新宿方面
長坂IC
須玉ICへ
須玉へ
河童の湯
石遊の湯
小斉の湯
蓼科湖
横谷温泉
明治湯
尖石温泉
縄文の湯
尖石石器時代遺跡
八ヶ岳エコーライン
河原の湯
原村役場
原村
茅野市
八ヶ岳農業実践大学校
原村八ヶ岳温泉
もみの湯
八ヶ岳ズームライン
八ヶ岳鉢巻道路
長野県
富士見町
中央自動車道
JR中央本線
三里ヶ原
富士見高原
八峯苑
鹿の湯
観音平
八ヶ岳高原ライン
道の駅こぶちさわ
延命の湯
甲斐小泉駅
JR小海線
(八ヶ岳高原線)
甲斐大泉駅
甲斐大泉温泉
パノラマの湯
山梨県
北杜市
旭山
大門ダム
道の駅南きよさと
塩川ダム
清里高原道路
清里駅
清里温泉 天女の湯
飯盛山
美し森
天女山
清里
サンメドウズ
野辺山駅
小海・佐久平方面
八ヶ岳牧場
県界尾根登山口
野辺山原
佐久往還
長野県
南牧村
海ノ口牧場
海ノ口自然郷
横岳登山口
八ヶ岳
赤岳
阿弥陀岳
横岳
硫黄岳
峰ノ松目
赤岳鉱泉
夏沢峠
箕冠山
根石岳
天狗岳
中山
丸山
麦草峠
冷山
渋ノ湯
唐沢鉱泉
桜平
美濃戸
美濃戸口
本沢温泉
林道ゲート
本沢温泉入口
みどり池入口
稲子岳
稲子湯
にゅう
白駒池
立場岳
キレット
牛首山
西岳
権現岳
三ツ頭
編笠山
海尻駅
佐久海ノ口駅
鹿の湯
南牧村役場
城山
清里・小淵沢方面
JR小海線
松原湖
メルヘ
立場川
柳川
鳴岩川
宮川
渋川
湯川
柚添川
大門川
須玉川
塩川
釜無川
山室川
唐沢
1:175,000
0
1
5km
N

美濃戸口《みのとぐち》　標高約1490m　赤岳・横岳・硫黄岳・阿弥陀岳方面

Map 3-2A

茅野駅から路線バスが運行している美濃戸口は、八ヶ岳全域で最も利用されている登山口。2カ所、計160台収容の駐車場があり、マイカー利用にも向いている。

●茅野駅からの路線バスは、夏期の毎日と時期により土日祝を中心とした特定日の運行。茅野駅からタクシーを利用する場合、約30分、約5300円

美濃戸口バス停前に近年オープンしたレストラン yatsugatake J&N。オーナーはパティシエ。シンプルな宿泊施設を備え、浴室は外来入浴もできる

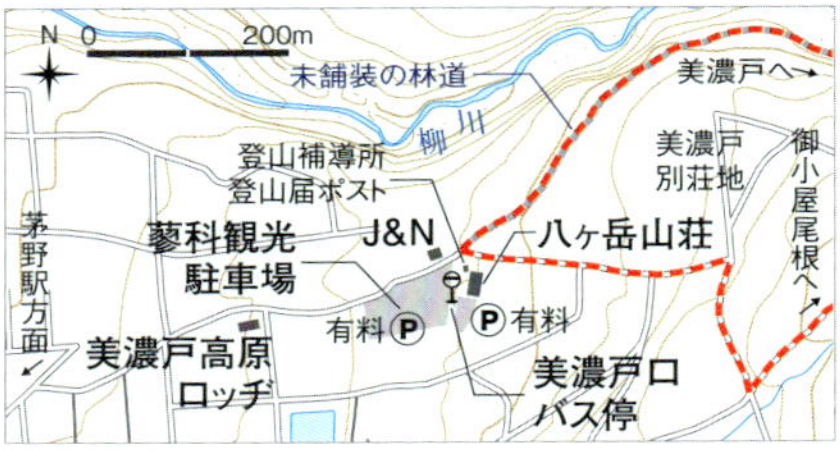

40台収容の八ヶ岳山荘駐車場、1日500円。受付は山荘のフロントで。深夜到着時などには、山荘の仮眠室（利用料2000円）を利用できる

八ヶ岳山荘の浴室は、外来入浴ができる。入浴料：500円、営業時間：7時～17時（主に土日祝営業。時期により変動、冬期は休止日あり）

八ヶ岳山荘の手前、一段下の蓼科観光駐車場120台収容、1日500円。駐車場入口の事務所で受付する

美濃戸《みのと》　標高約1720m　赤岳・横岳・硫黄岳・阿弥陀岳方面

Map 3-2B

美濃戸口から林道を約3km、3軒の山小屋があり、赤岳方面への登山基地となっている。マイカーでも入れるが、林道は未舗装で路面が荒い部分もあるためＲＶ車向き。また林道を歩行している登山者に注意して走行しよう。

美濃戸の中央に立つ赤岳山荘の駐車場。60台収容、1日1000円。やまのこ村にも駐車場がある。70台収容、1日1000円

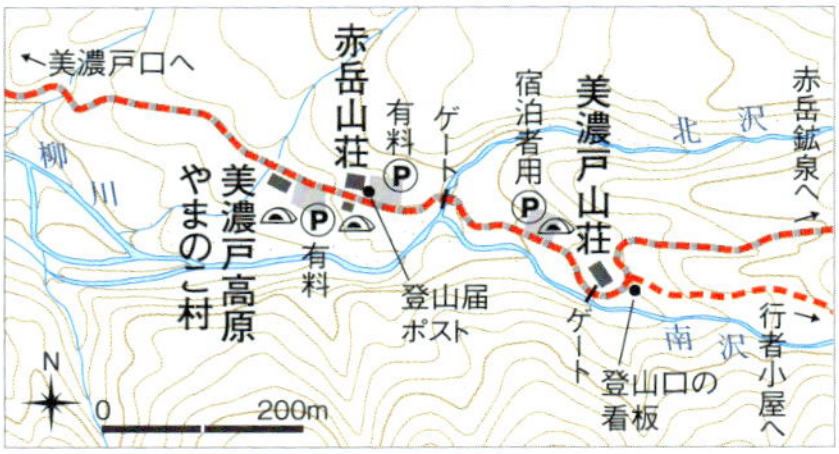

桜平《さくらだいら》 標高約1890m 硫黄岳・峰ノ松目・天狗岳方面

Map 6-3B

夏沢鉱泉、オーレン小屋を経て夏沢峠までコースタイム2時間、南八ヶ岳の稜線へ最短で登れる登山口。アクセスはマイカーかタクシー利用となるが、桜平を起点に多彩なコースを計画できる。また近年、新たに駐車場やトイレが整備された。

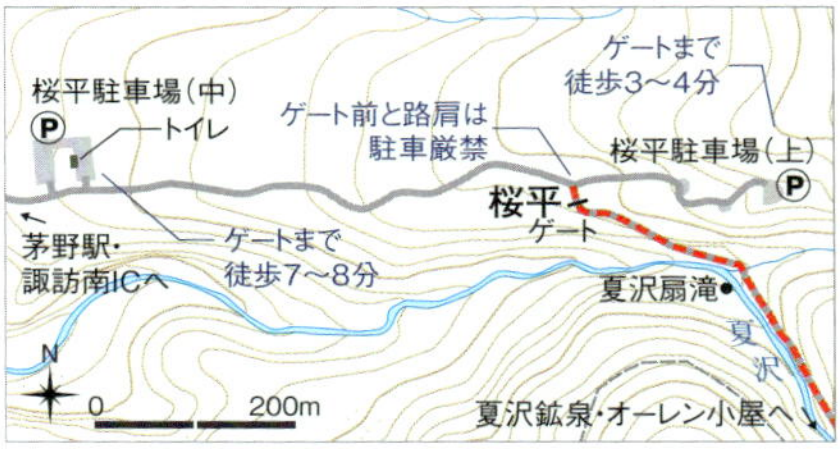

公共交通：JR中央本線 **茅野駅** → TAXI 約1時間 約7600円 → **桜台**

マイカー：中央道 **諏訪南IC** → 八ヶ岳ズームライン エコーラインほか 約21km → **桜台** Ⓟ

●桜平へは唐沢鉱泉入口から林道を約4km。林道は未舗装だが、路面は比較的、安定している

約60台収容（無料）の桜平駐車場（中）、場内にトイレがある。3.5km手前には約70台収容の桜平駐車場（下）もある

八ヶ岳山中の秘湯のひとつ夏沢鉱泉。桜平からコースタイム35分。入浴料：650円、営業時間：10時〜16時頃

最奥の桜平駐車場（上）は、約20台収容（無料）。登山口のゲートに近いため、先に満車になることが多い

渋《しぶ》ノ《の》湯《ゆ》 標高約1840m 天狗岳・高見石方面

Map 6-1B

武田信玄の隠し湯として知られる奥蓼科の渋ノ湯は、八ヶ岳山麓を代表する温泉のひとつ。茅野から路線バスが運行し、四季を通じて利用されている登山口である。

公共交通：JR中央本線 **茅野駅** → アルピコ交通 約55分 1150円 → **渋ノ湯**

マイカー：中央道 **諏訪IC** → 152 191 約23km → **渋ノ湯** Ⓟ

●茅野駅から渋ノ湯への路線バスは土日祝を中心とした特定日の運行。茅野駅からタクシーを利用する場合、約40分、約7300円

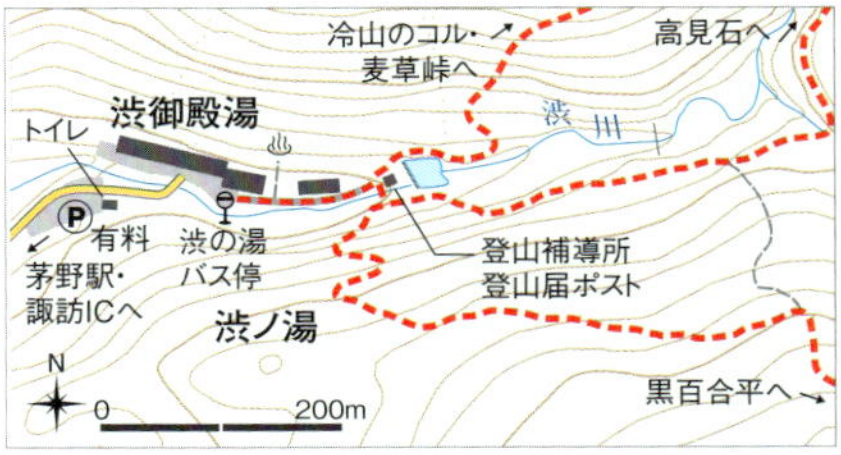

古くから天下の霊湯と伝わる渋御殿湯の浴場は、外来入浴（西の湯のみ）もできる。入浴料：1000円、営業時間：10時〜15時

登山で利用できる駐車場はバス停の約100m手前。約30台収容、1日1000円。渋御殿湯のフロントに申し込む

※交通機関や道路、駐車場、宿泊施設などの情報は、本書の発行日時点のものです。発行後に改定・変更になることが

唐沢鉱泉《からさわこうせん》 標高約1870m　天狗岳方面

Map 6-2B

天狗岳西麓の一軒宿の鉱泉。天狗岳へ直接登れる西尾根を歩く登山者が増え、渋ノ湯と並ぶ天狗岳への代表的な登山口となっている。

公共交通
JR中央本線 **茅野駅**
TAXI 約55分 約7300円

マイカー
中央道 **諏訪南IC**
約21km 八ヶ岳ズームライン エコーライン ほか

唐沢鉱泉 Ⓟ

●マイカーで向かう場合、唐沢鉱泉の手前約3kmほどが未舗装道となるが、路面はよく整備されている

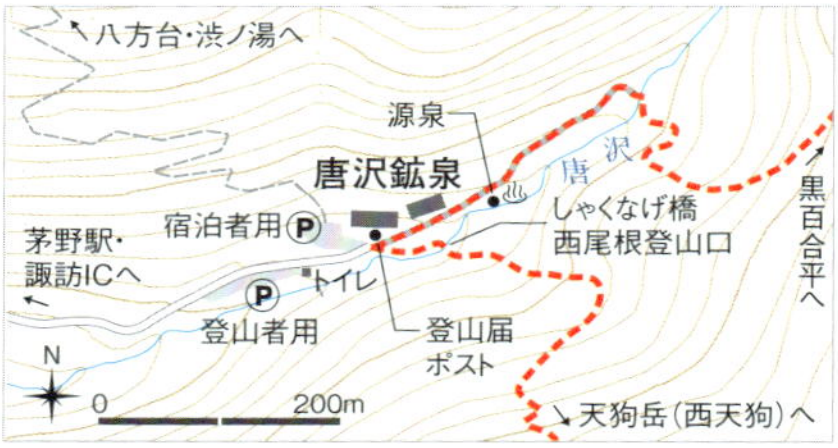

登山者用駐車場は、唐沢鉱泉の宿の約50m手前、路肩のスペースを利用。約40台収容（無料）

自然石づくりの広々とした唐沢鉱泉の浴場。外来入浴もできる。入浴料：700円、営業時間：10時～16時

稲子湯《いなごゆ》 標高約1500m　みどり池・天狗岳・にゅう方面

Map 9-4C

北八ヶ岳東麓の主要登山口。湯治宿として親しまれている稲子湯旅館が立ち、宿の玄関前が登山道入口。小海駅からのバスの経路によっては、みどり池入口バス停からスタートすることもできる。

公共交通
JR小海線 **小海駅**
小海町営路線バス 約45分 800円

マイカー
中部横断道 **八千穂高原IC**
約21km 141 480 ほか

稲子湯 Ⓟ

●小海駅から稲子湯までのバスは例年4月～11月の運行（冬期は路線短縮）。松原湖駅入口バス停（松原湖駅より徒歩5～6分）からも乗降できる

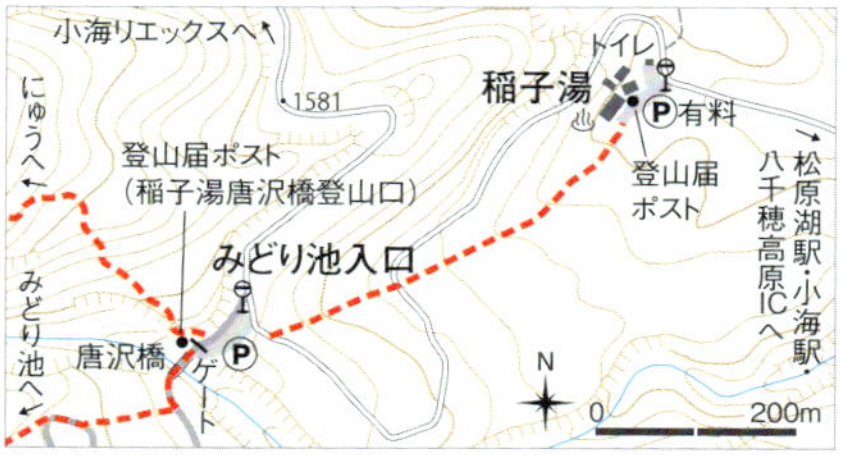

稲子湯旅館の入口にバス停と有料駐車場（宿泊・入浴以外の利用時1日300円）、玄関手前の売店棟に登山届ポストがある

稲子湯は、筋肉痛などに効能がある炭酸泉。外来入浴もできる。入浴料：650円、営業時間：9時～16時30分頃

みどり池入口は、稲子湯の約500m先。とくに駐車場として整備されていないが、10台前後駐車可能なスペースがある

本沢温泉入口《ほんざわおんせんいりぐち》　標高約1600m　硫黄岳・天狗岳方面　Map 7-1B

稲子湯の手前から分岐する林道沿いの登山口。古くは松原湖駅から歩かれていたが、林道が舗装されて以降、タクシー、マイカーでのアクセスが便利になり、本沢温泉への代表的な登山口となっている。

公共交通
JR小海線 **小海駅**
TAXI　約40分　約7400円

マイカー
中部横断道 **八千穂高原IC**
約26km　141　480　ほか

本沢温泉入口 Ⓟ

●タクシーは本沢温泉入口まで。以降は部分的に勾配の強い未舗装道となるが、ＲＶ車なら林道ゲートまで入れる

→路肩に２カ所、計20台前後駐車可能なスペースがある。松原湖駅方面からはここまで舗装道

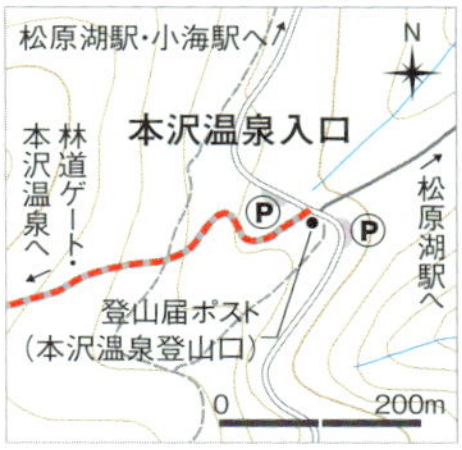

横岳《よこだけ》登《と》山口《ざんぐち》　標高約1750m　横岳方面　Map 4-1B

閑静な別荘地が広がる海ノ口自然郷の西部、八ヶ岳東麓から横岳へ直接登れる杣添尾根の登山口。マイカー向きだが、駐車場は小規模で混雑しやすい。マイカー利用の場合、できれば時期や曜日を選びたい。

公共交通
JR小海線 **野辺山駅**
TAXI　約20分　約4000円

マイカー
中央道 **長坂IC**
約20km　28　141　ほか

横岳登山口 Ⓟ

●マイカー利用の場合、中部横断道・八千穂高原ICからは国道141号経由で約33km

→登山者用駐車場は12台前後収容、台数がごく限られる。付近の路肩への駐車は慎みたい

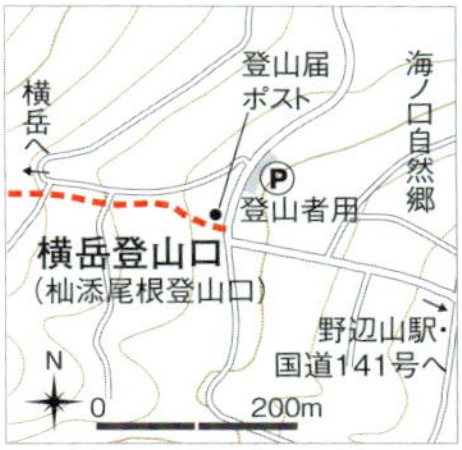

美し森《うつくしのもり》　標高約1470m　赤岳（県界尾根・真教寺尾根）方面　Map 2-2C

八ヶ岳東麓から赤岳をめざす県界尾根と真教寺尾根の登山口。観音平まで続く八ヶ岳横断歩道の起点でもある。

公共交通
JR小海線 **清里駅**
清里ピクニックバス　約10分　500円

マイカー
中央道 **長坂IC**
約14km　28　清里高原道路　615

美し森 Ⓟ

●清里ピクニックバスは、例年４月下旬～11月下旬の運行。複数の運行経路がある。清里駅からタクシー利用の場合、約5分、約800円

→約50台収容（無料）の北杜市営美し森駐車場。場内に観光案内所、売店、公衆トイレがある

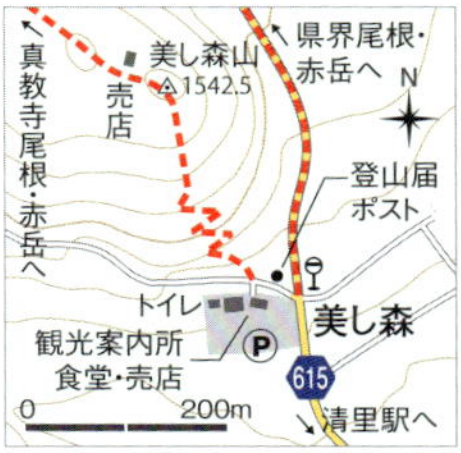

天女山《てんにょさん》 標高1529m　三ツ頭・権現岳方面

Map 2-4B

前三ツ頭を経て三ツ頭、権現岳へ登る天女山（大泉口）コースの起点。権現岳と赤岳をはじめ、富士山、南アルプスの眺めがよく、八ヶ岳山麓の観光スポットのひとつでもある。

公共交通
JR小海線 **甲斐大泉駅**
TAXI 約10分 約1700円

マイカー
中央道 **長坂IC**
28 620 約12km

天女山 Ⓟ

●甲斐大泉駅から天女山まで歩くとコースタイム約1時間30分、甲斐大泉駅への下りは約1時間

→天女山頂上の北西側に約20台収容の駐車場（無料）が設けられている。天女山頂上へは駐車場から徒歩3〜4分

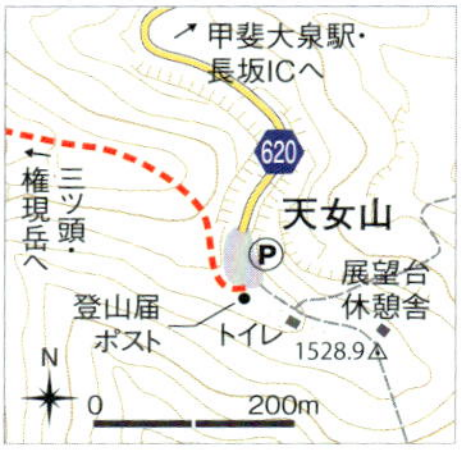

観音平《かんのんだいら》 標高約1560m　編笠山・権現岳方面

Map 1-4C

観音平は、八ヶ岳南麓を代表する登山口。編笠山、権現岳、三ツ頭への起点となるほか、八ヶ岳全山縦走のスタート、またはゴールにする登山者も多い。

公共交通
JR中央本線 **小淵沢駅**
TAXI 約20分 約3300円

マイカー
中央道 **小淵沢IC**
11 618 約8km

観音平 Ⓟ

●タクシーは、小淵沢駅への到着時間に合わせて事前に予約しておくとスムーズに乗車できる

→観音平の駐車場（無料）は下段・上段の2カ所、計約60台収容。下段の駐車場に仮設型のトイレがある

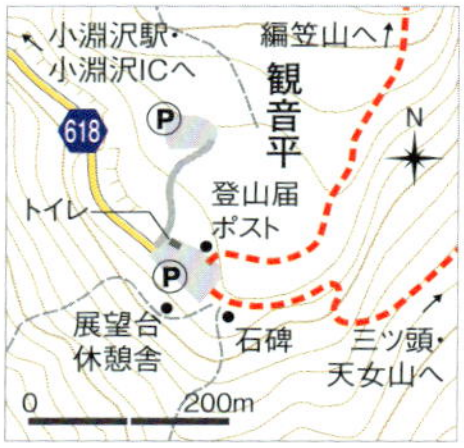

富士見高原《ふじみこうげん》 標高約1330m　西岳・編笠山方面

Map 1-3A

スキー場とゴルフ場を中心とした富士見高原リゾートの最上部に位置する登山口。八ヶ岳鉢巻周遊リゾートバス（山交タウンコーチ）の運行が開始され、アクセスが便利になった。

公共交通
JR中央本線 **小淵沢駅**
山交タウンコーチ 約25分 約600円

マイカー
中央道 **小淵沢IC**
11 485 ほか 約7km

富士見高原 Ⓟ

●八ヶ岳鉢巻周遊リゾートバスは、例年夏期と5月連休、9月・10月の土日祝に運行。富士見高原花の里バス停を利用、登山口まで徒歩4〜5分

→登山ではゴルフ練習場の約50m手前の駐車場（無料）を利用する。約50台収容

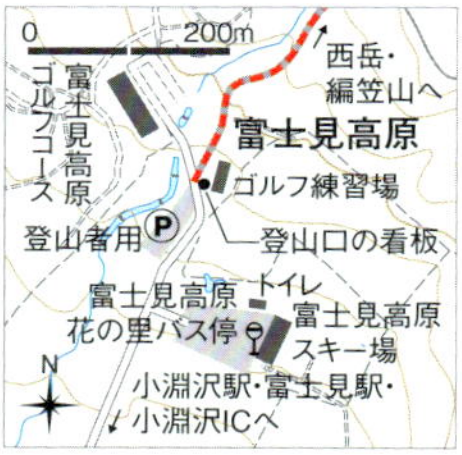

麦草峠《むぎくさとうげ》　標高2120m　高見石・白駒池・縞枯山・雨池方面

Map 8-3D

国道299号が八ヶ岳を東西に横断する峠が麦草峠。茅野駅と佐久平駅からそれぞれバス路線が通じ、多彩なコースを計画できる。

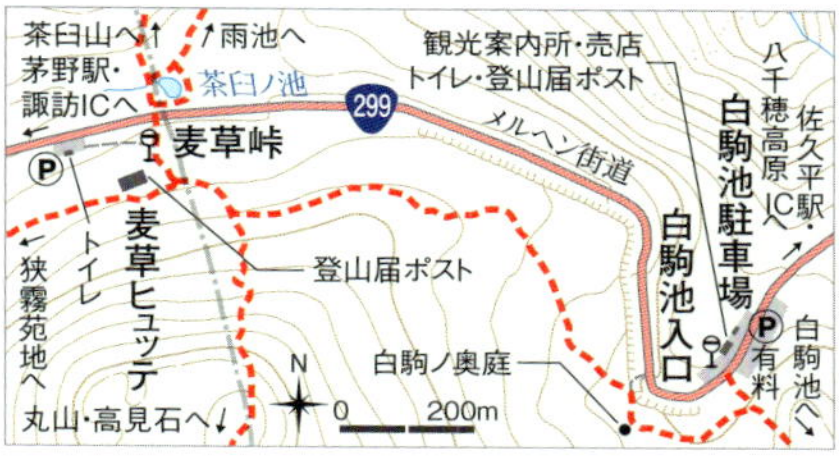

〈茅野方面から〉

公共交通	マイカー
JR中央本線 **茅野駅**	中央道 **諏訪IC**
アルピコ交通 **約1時間5分** **1450円**	152 299 約30km
麦草峠	

〈佐久平方面から〉

公共交通	マイカー
JR北陸新幹線 **佐久平駅**	中部横断道 **八千穂高原IC**
千曲バス **約1時間50分** **1990円**	299 約25km
麦草峠	

●麦草峠への国道299号は例年4月中旬〜11月中旬に開通。期間外は冬期通行止め。茅野駅からのバスは例年7月中旬〜10月中旬に白駒池入口（バス停名は白駒の池）まで運行、佐久平駅からは例年4月下旬〜10月下旬の特定日の運行。白駒池入口へは茅野駅から約1時間10分、1450円。佐久平駅からは約1時間45分、1950円

麦草峠の駐車場（無料）はバス停のある麦草ヒュッテの約100m西側（諏訪側）。約30台収容

国道299号の白駒池入口にある白駒池駐車場。普通車150台収容、1日500円。場内に売店、案内所、トイレがある

八千穂高原自然園《やちほこうげんしぜんえん》　標高約1580m　八柱山・剣ヶ峯方面

Map 9-1B

八柱山と信濃路自然歩道の剣ヶ峯への登山口。美しいシラカバ林と山野草を観賞できる自然園の散策と北八ヶ岳トレッキングを併せて楽しめる。

公共交通	マイカー
JR北陸新幹線 **佐久平駅**	中部横断道 **八千穂高原IC**
千曲バス **約1時間20分** **1610円**	299 約15km
八千穂高原自然園	

●佐久平駅からの路線バスは、例年4月下旬〜10月下旬の土日祝を中心とした特定日の運行

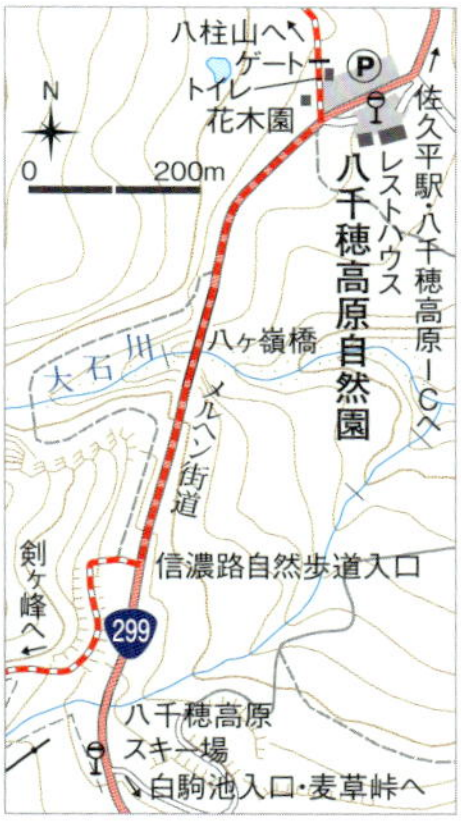

八千穂高原自然園は、例年4月下旬〜11月上旬、8時30分〜17時の開園。入園料：300円

↓八柱山方面への林道大河原峠線入口。八千穂高原自然園の駐車場と花木園がある

北《きた》八《やつ》ヶ《が》岳《たけ》ロープウェイ

標高2237m（山頂駅）　北横岳・縞枯山方面　Map 8-1C

山麓駅からロープウェイで約7分、標高2237mの山頂駅は八ヶ岳で最高所となる登山口。北横岳や縞枯山をはじめ、北八ヶ岳の池めぐりなど山頂駅を起点に幅広いコースを計画できる。

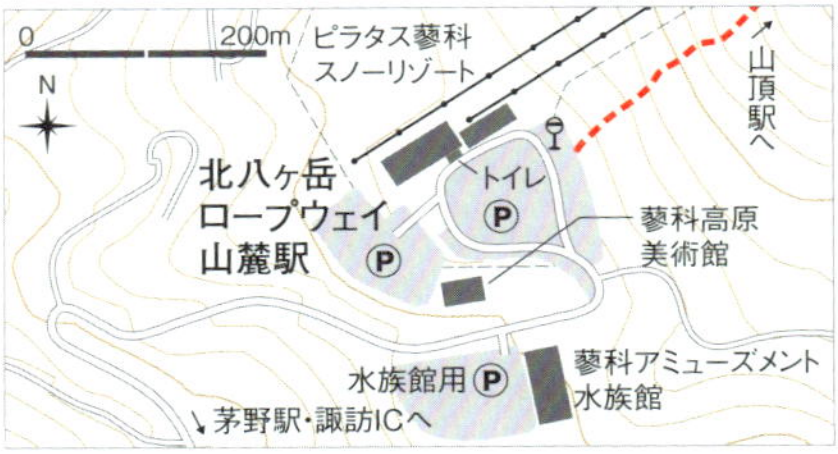

公共交通
JR中央本線 **茅野駅**
アルピコ交通
約55分
1250円

マイカー
中央道 **諏訪IC**
152 192
約24km

北八ヶ岳ロープウェイ Ⓟ

北八ヶ岳
ロープウェイ
約7分
1000円

山頂駅

●北八ヶ岳ロープウェイは通年営業（点検運休日あり）で、夏期8時〜17時（通常20分間隔）の運行。春・秋・冬期は時間が変更となるため、登山計画時に運休日と運行時間を確認しよう

山麓駅にはロープウェイ乗り場のほか、売店やレストラン、トイレがある

山麓駅前には約800台収容の大規模な駐車場（無料）があり、ピーク時期でもマイカー利用はスムーズ

山頂駅に併設された展望デッキ。南八ヶ岳と南アルプスの眺めが抜群

広場や木道の散策路が整備された山頂駅前。山頂駅には登山届ポストも備えつけられている

大《おお》河《かわ》原《ら》峠《とうげ》

標高約2090m　蓼科山・双子山方面　Map 10-2C

八ヶ岳で車道が通じる峠としては麦草峠に次いで高く、最北に位置する。アクセスはマイカー向きで、蓼科山の往復のほか、双子池や亀甲池をめぐるコースを計画できる。

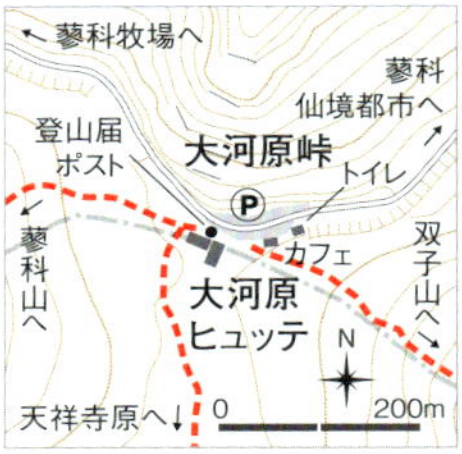

公共交通
JR中央本線 **茅野駅**
TAXI
約1時間20分
約1万3400円

マイカー
中央道 **諏訪IC**
152 40 ほか
約40km

大河原峠 Ⓟ

●マイカー利用の場合、中部横断道・佐久南ICから臼田経由、望月経由など、いくつかの経路がある

→約30台収容の駐車場（無料）をはじめ、大河原ヒュッテ、カフェ、トイレがある

蓼科牧場《たてしなぼくじょう》 標高約1820m（御泉水自然園駅） 蓼科山方面

Map 10-1A　Map 10-1D

冬は白樺高原国際スキー場、夏は緑の草原が広がる高原の観光スポット。蓼科山へはゴンドラリフトが絶好のアプローチとなる。

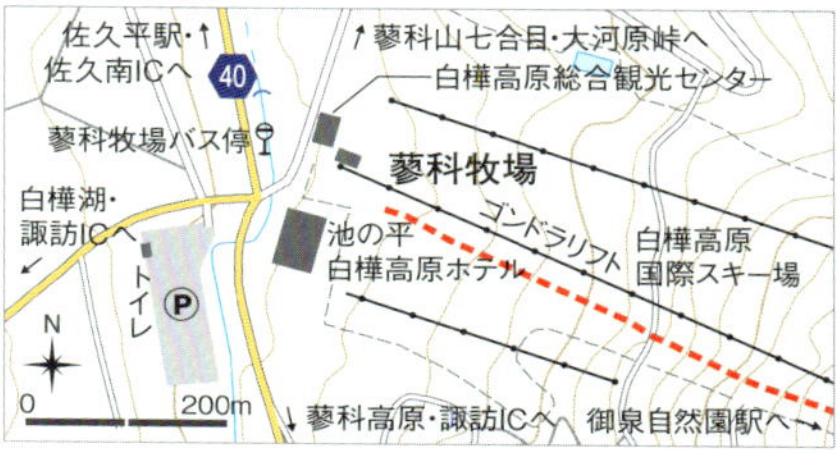

〈茅野方面から〉

公共交通	マイカー
JR中央本線 **茅野駅**	中央道 **諏訪IC**
↓ アルピコ交通 たてしな スマイル交通 **約2時間 1850円**	↓ 約28km 152 40
蓼科牧場	P

↓ 蓼科牧場 ゴンドラリフト **約5～10分 530円**

御泉水自然園駅

蓼科牧場ゴンドラリフト　例年4月下旬～11月上旬（夏期以外は水曜運休）、9時～16時30分の運行

〈佐久方面から〉

公共交通	マイカー
JR長野新幹線 **佐久平駅**	中部横断道 **佐久南IC**
↓ 千曲バス たてしな スマイル交通 **約1時間10分 1320円**	↓ 約29km 142 40
蓼科牧場	P

↓ 蓼科牧場 ゴンドラリフト **約5～10分 530円**

御泉水自然園駅

●茅野駅からはアルピコ交通・蓼科高原ラウンドバス路線を利用、東白樺湖で、たてしなスマイル交通に乗り換え。佐久平駅からは千曲バス・中山道線を利用、立科町役場前で、たてしなスマイル交通に乗り換え。運行日やダイヤ、乗り換え場所など、事前によく確認して利用しよう

ゴンドラリフトの山頂駅、御泉水自然駅前の登山口。蓼科山側を向いて自然園受付の右手から登山道へ進む

蓼科山七合目《たてしなやまななごうめ》 標高約1900m 蓼科山方面

Map 10-1B

蓼科山の北中腹、蓼科神社の一ノ鳥居がある登山口。蓼科山頂上へはコースタイム2時間10分、蓼科山への最短コースとなる。マイカー利用の場合は、この七合目から登ることが多い。

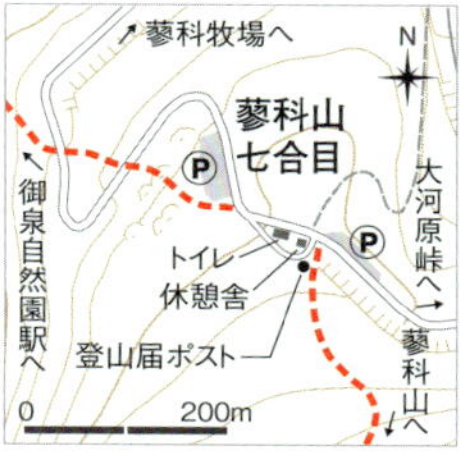

公共交通	マイカー
JR中央本線 **茅野駅**	中央道 **諏訪IC**
↓ TAXI **約1時間 約1万1500円**	↓ 約33km 152 40 ほか
蓼科山七合目	P

●蓼科牧場ゴンドラリフトの御泉自然園駅（山頂駅）からは蓼科山七合目までコースタイム20分

→駐車場（無料）は2カ所、登山口付近の路肩に約20台、山麓側約100m手前のスペースに約30台駐車可能

蓼科山登山口《たてしなやまとざんぐち》 標高約1720m　蓼科山方面

Map 10-4A

蓼科山の南中腹、ビーナスライン沿いの登山口。女乃神《めのかみ》茶屋が立つことから女乃神茶屋登山口とも呼ばれる。茅野駅から路線バスを利用する場合、蓼科山七合目に比べてアクセスが便利。

公共交通：JR中央本線 **茅野駅** → アルピコ交通 約1時間35分 1350円 → **蓼科山登山口**

マイカー：中央道 **諏訪IC** → 152 192 ビーナスライン 約25km → **蓼科山登山口**

●茅野駅からは蓼科高原ラウンドバス路線を利用。例年、GWと夏期、9月・10月の土日祝に運行

→駐車場（無料）は、蓼科山登山口バス停の約50m先（白樺湖側）。約30台収容でトイレ、登山届ポストがある

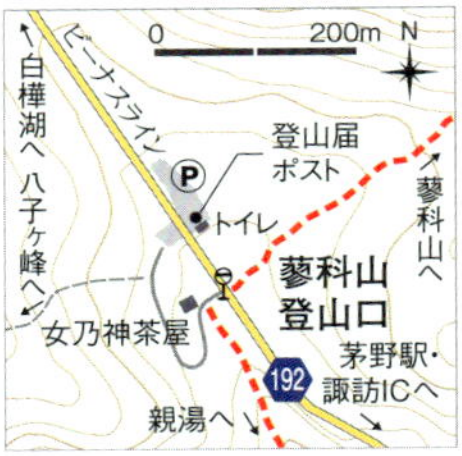

竜源橋《りゅうげんばし》 標高約1640m　蓼科山方面

Map 10-4B

蓼科山登山口の東約1km、滝ノ湯川に沿って天祥寺原へ向かう登山口。蓼科山の三要登山口のなかでは低い位置からのスタートとなるが、大らかな笹原が広がる天祥寺原の景観が魅力。

公共交通：JR中央本線 **茅野駅** → アルピコ交通 約1時間30分 1300円 → **竜源橋**

マイカー：中央道 **諏訪IC** → 152 192 ビーナスライン 約24km → **竜源橋**

●茅野駅からは蓼科高原ラウンドバスを利用

→駐車場（無料）は、登山口と付近の路肩に計10台前後。登山届ポストは、蓼科山登山口にあるため、バス利用の場合は茅野駅で提出する

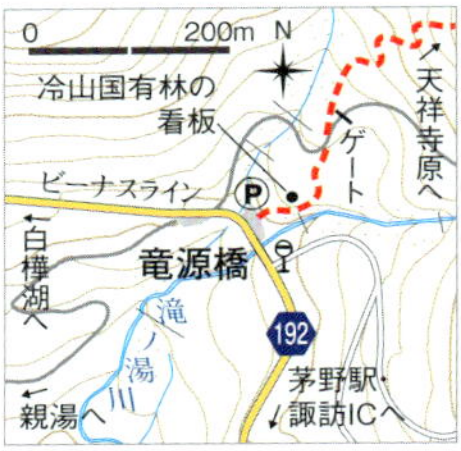

親湯《しんゆ》 標高約1360m　蓼科山方面

Map 8-4A

親湯は蓼科高原を代表する歴史ある温泉のひとつ。付近には蓼科温泉共同浴場や小斉の湯などの日帰り温泉施設もあり、蓼科山からの下山後によく利用されている。

公共交通：JR中央本線 **茅野駅** → アルピコ交通 約40分 920円 → **親湯入口**

マイカー：中央道 **諏訪IC** → 152 192 ビーナスライン 約17km → **親湯入口**

●茅野駅～親湯入口のバス路線は、北八ヶ岳ロープウェイ線を利用

→滝ノ湯川にかかる橋と薬師堂、蓼科山から下山してくると、ここに下り立つ

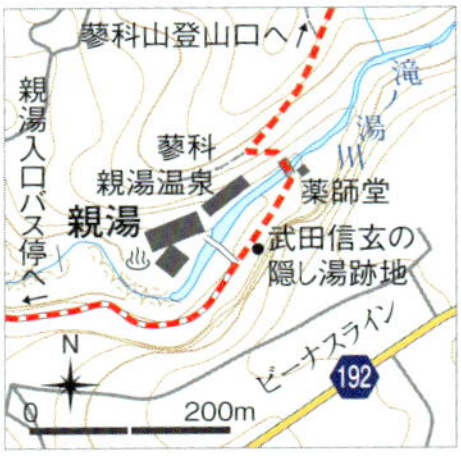

八ヶ岳の山小屋ガイド

＊山小屋の宿泊は基本的に予約が必要です。
＊掲載の営業期間や宿泊料金などの情報は、本書の発行日時点のものです。発行後に変更になることがあります。予約時に各山小屋・宿泊施設へご確認ください。
＊宿泊料金等の消費税表示（税込み・税別）は、山小屋・宿泊施設によって異なります。予約時に併せてご確認ください。
＊キャンプ指定地の飲料水については各山小屋へお問合せください。指定地以外でのキャンプは禁止されています。

凡例＝①連絡先住所 ②収容人数 ③営業期間 ④宿泊料金（1泊2食、素は素泊まり料金） ⑤キャンプ指定地 ⑥ホームページ ⑦備考

八ヶ岳山荘《やつがたけさんそう》

美濃戸口 Map 3-2A

現地 TEL0266-74-2728（予約・問合せ）

標高約1490m、南八ヶ岳の主要登山口、美濃戸口バス停前に位置 ①〒392-0010 長野県諏訪市渋崎1792-448 藤森周二 ②50人 ③通年 ④8500円（個室） 素2000円（仮眠室24時間可） ⑥あり ⑦予約希望 駐車場（40台、1日500円） 入浴500円（主に土日祝の7〜17時、時期により変動） FAX0266-74-2755

美濃戸高原《みのとこうげん》ロッヂ

美濃戸口 Map 3-2A

現地 TEL0266-74-2102（FAX兼）

南八ヶ岳の主要登山口、美濃戸口バス停から徒歩2分、標高約1470mに位置。赤岳、横岳、阿弥陀岳などへの前後泊に便利 ①〒391-0011 長野県茅野市玉川11400-829 田中敏夫 ②20人（全室個室） ③通年 ④8000円〜 素4500円〜 ⑥あり ⑦予約希望 登山前日の夜間到着にも対応 宿泊者のみ帰りの入浴可（16〜21時）

美濃戸高原《みのとこうげん》 やまのこ村《むら》

美濃戸 Map 3-2B

連絡先 TEL090-3215-0135（事務所） 現地 TEL0266-74-2274

南八ヶ岳への前進基地となる標高約1720mの美濃戸に位置 ①〒253-0063 神奈川県茅ヶ崎市柳島海岸2-27 原田茂 ②80人 ③通年（冬期不定休） ④8500円〜 素5000円〜 ⑤20張 利用料1人550円 ⑥あり ⑦予約希望 個室あり 駐車場（70台、1日1000円、予約駐車も可） 冬期暖房費500円

赤岳山荘《あかだけさんそう》

美濃戸 Map 3-2B

現地 TEL0266-74-2272（予約 FAX兼） 連絡先 TEL0266-27-2077

美濃戸口よりコースタイム1時間、美濃戸の中央に位置し、赤岳・横岳・硫黄岳など南八ヶ岳中心部への登山基地となる山小屋 ①〒393-0087 長野県諏訪郡下諏訪町西鷹野町4916-18 船江将大 ②80人 ③通年 ④8200円〜 素5200円〜 ⑤10張 利用料1人500円 ⑥あり ⑦予約希望 駐車場（60台、1日1000円） 冬期暖房費200円

美濃戸山荘《みのとさんそう》

美濃戸

Map 3-2B

連絡先 TEL 0266-74-2728（予約・問合せ）

赤岳・横岳・硫黄岳・阿弥陀岳などへの登山ベース、美濃戸の最奥に位置　①〒392-0010 長野県諏訪市渋崎1792-448　藤森周二　②100人　③4月下旬～10月上旬・年末年始　④8500円～　素6000円～　⑤20張　利用料1人500円　⑥あり　⑦予約希望　個室あり　宿泊者専用駐車場あり　FAX0266-74-2755

赤岳鉱泉《あかだけこうせん》

赤岳・横岳北西中腹

Map 3-2D

現地 TEL 090-4824-9986

標高約2220m、赤岳、横岳、硫黄岳への登山基地となる通年営業の山小屋　①〒399-0214 長野県諏訪郡富士見町落合桜ヶ丘10716　柳沢太貴　②200人　③通年　④1万円～　素7000円～　⑤50張　利用料1人1000円　⑥あり　⑦予約希望　5月上旬～10月下旬まで風呂あり　テント泊の方の入浴料1000円　厳冬期人工氷瀑　FAX0266-62-8600

行者小屋《ぎょうしゃごや》

赤岳北西中腹

Map 3-2D

現地 TEL 090-4740-3808

赤岳を間近に見上げる南沢源流の標高約2340mに位置。赤岳周辺への絶好の登山基地となる山小屋　①〒399-0214 長野県諏訪郡富士見町落合桜ヶ丘10716　柳沢太貴　②100人　③6月上旬～11月上旬・年末年始　④1万円～　素7000円～　⑤100張　利用料1人1000円　⑥あり　⑦予約希望　休館時は赤岳鉱泉へ連絡　FAX0266-62-8600

赤岳天望荘《あかだけてんぼうそう》

赤岳北側直下

Map 3-3D

連絡先 TEL 0266-74-2728（予約・問合せ）

赤岳の北側直下、主稜線上の標高約2720mに位置。赤岳頂上へ50分　①〒392-0010 長野県諏訪市渋崎1792-448　藤森周二　②200人　③4月下旬～11月上旬・12月下旬～2月下旬　④9000円～　素6500円～　⑥あり　⑦予約希望（大部屋・個室各種あり）　宿泊者用風呂6月～10月上旬　宿泊者コーヒー・お茶・お湯無料　FAX0266-74-2755

赤岳頂上山荘《あかだけちょうじょうさんそう》

赤岳頂上

Map 3-3D

連絡先 TEL 0266-72-3260（FAX兼）
現地 TEL 090-2214-7255（予約・問合せ）

標高2899mの赤岳の北峰頂上に立つ八ヶ岳最高所の山小屋。360度の大展望、朝夕は絶景　①〒391-0011 長野県茅野市玉川2382-5　㈲本沢温泉　②200人　③5月下旬～11月上旬　④9000円　素5500円　⑥あり　⑦予約希望　個室あり　期間外閉鎖　到着は15時～16時までに

硫黄岳山荘《いおうだけさんそう》

硫黄岳・横岳鞍部　Map 3-1D

連絡先 HPから予約可能　TEL0266-73-6673（予約専用ダイヤル）
現地 TEL090-3142-8469（営業期間中 緊急時のみ）

標高約2650m、コマクサの大群落をはじめ高山植物の宝庫。御来光と夕日が見られる　①〒391-0215 長野県茅野市中大塩13-73　硫黄岳山荘グループ事務所　②200人　③4月下旬～11月上旬　④9500円　素6500円　⑥あり　⑦予約希望　水洗トイレ　夏季シャワーブース（利用料1回500円）　期間外閉鎖　FAX0266-78-7825　FreeWifi　カード決済可

夏沢鉱泉《なつざわこうせん》

夏沢峠西中腹　Map 6-4C

連絡先 HPから予約可能　TEL0266-73-6673（予約専用ダイヤル）
現地 TEL090-4158-4545（緊急時のみ）

桜平から徒歩35分、標高約2060mに位置　①〒391-0215 長野県茅野市中大塩13-73　硫黄岳山荘グループ事務所　②40人　③通年　④1万500円（冬期1万3000円）　素7500円（冬期1万円）⑥あり　⑦要予約　外来入浴650円（10～16時頃）　宿泊者に限り茅野駅から桜平ゲートまで通年送迎（定刻、定員あり）　FAX0266-78-7825　FreeWifi　カード決済可

オーレン小屋《ごや》

夏沢峠西中腹　Map 6-4C

連絡先 TEL0266-72-1279（予約・問合せ）
現地 TEL090-1549-0599（4月下旬～11月上旬）

標高約2330m、硫黄岳、天狗岳への絶好の登山基地　①〒391-0213 長野県茅野市豊平2472　㈲コダイラ 小平勇夫　②250人　③4月下旬～11月上旬　④1万円～　素6500円～　⑤100張　利用料1人1000円　⑥あり　⑦予約希望　宿泊者に限り茅野駅から送迎可（条件あり要確認）　テント泊の方の入浴500円　FAX0266-72-1296

ヒュッテ夏沢《なつざわ》

夏沢峠　Map 6-4D

連絡先 TEL0266-74-2728（予約・問合せ）

南北八ヶ岳の境となる標高約2440mの夏沢峠に位置。八ヶ岳主稜線縦走の拠点　①〒392-0010 長野県諏訪市渋崎1792-488　藤森周二　②100人　③6月下旬～9月上旬（7月中は貸切あり、要問合せ）　④8500円～　素6000円～　⑥あり　⑦要予約　団体貸切り可（応相談）　FAX0266-74-2755

山《やま》びこ荘《そう》

夏沢峠　Map 6-4D

連絡先 TEL0266-72-3260（FAX兼）
現地 TEL090-5446-1205（予約・問合せ 矢島）

標高約2440m、夏沢峠に立ち、硫黄岳、天狗岳をはじめ南北八ヶ岳縦走の拠点となる山小屋　①〒391-0011 長野県茅野市玉川2382-5　㈲本沢温泉　②40人　③5月下旬～11月上旬（不定休あり）　④7500円　素4500円　⑥あり　⑦営業日を問合せのうえ予約希望　期間外閉鎖

凡例＝①連絡先住所　②収容人数　③営業期間　④宿泊料金（1泊2食、素は素泊まり料金）　⑤キャンプ指定地　⑥ホームページ　⑦備考

青年小屋《せいねんごや》

編笠山北中腹　Map 1-2C

連絡先 TEL 0551-36-2251（FAX兼）
現地 TEL 090-2657-9720（4月下旬～11月上旬）

編笠山と権現岳の鞍部、標高約2380mに位置、八ヶ岳最南の山小屋。編笠山、権現岳、西岳をはじめ、主稜線縦走の拠点　①〒408-0044 山梨県北杜市小淵沢町8881　竹内敬一　②150人　③４月下旬～11月上旬　詳細は要問合せ　④8500円～　素5500円～　⑤20張　利用料１人600円　⑦予約希望　期間外一部開放

権現小屋《ごんげんごや》

権現岳頂上　Map 1-1D

連絡先 TEL 0551-36-2251（FAX兼）
連絡先 TEL 090-2657-9720（4月下旬～11月上旬、青年小屋の電話でも可）

権現岳の頂稜、標高約2700mに位置。南八ヶ岳の主稜線縦走の拠点となる山小屋。権現岳頂上へは2～3分、小屋の前からも大展望　①〒408-0044 山梨県北杜市小淵沢町8881　竹内敬一　②40人　③4月下旬～10月下旬　詳細は要問合せ　④8500円～　素5500円～　⑦予約希望　期間外閉鎖

キレット小屋《こや》

キレット　Map 3-4D

連絡先 TEL 0266-72-3260（FAX兼）
現地 TEL 090-4716-2008（予約・問合せ）

赤岳と権現岳の鞍部、標高約2440m、主稜線縦走の拠点となる山小屋。水場もあり、八ヶ岳最深部のオアシス的存在　①〒391-0011 長野県茅野市玉川2382-5　㈲本沢温泉　②35人　③7月上旬～10月中旬（不定休あり）　④7800円　素4700円　⑥15張　利用料1人500円　⑥あり　⑦予約希望　個室あり　期間外閉鎖

稲子湯旅館《いなごゆりょかん》

稲子湯　Map 9-4C

現地 TEL 0267-93-2262

八ヶ岳東麓の標高約1500m、カラマツ林に囲まれた閑静な一軒宿の温泉。天狗岳やにゅう方面への登山口に位置　①〒384-1104 長野県南佐久郡小海町稲子1343　②30人　③通年　年数回不定休あり　④9870円　素5550円　入湯税込150円　⑥あり　⑦予約希望　日帰り入浴650円（9～16時30分頃 不定休）　冬期暖房費あり　登山者用駐車場30台1日300円

しらびそ小屋《ごや》

みどり池　Map 7-2A

連絡先 TEL 0267-96-2165
現地 TEL 090-4739-5255（天候により不通の場合あり）

標高約2040m、みどり池の北東岸に立つ山小屋　①〒384-1301 長野県南佐久郡南牧村海尻400-3　今井孝明　②40人　③通年　④8500円～　素5500円～　⑤10張　利用料1人700円　⑥あり　⑦要予約　冬期暖房費800円　FAX 0267-96-2195

湯元《ゆもと》 本沢温泉《ほんざわおんせん》

本沢温泉　Map 6-3D

連絡先 TEL 0266-72-3260（FAX兼）
現地 TEL 090-3140-7312（予約・問合せ）

日本最高所の野天風呂（標高2150m）と内風呂の２つの天然温泉を楽しめる山小屋　①〒391-0011 長野県茅野市玉川2382-5 ㈲本沢温泉　②150人　③通年　④9000円～　素6000円～　入湯税込150円　⑤30張　利用料1人600円　⑥あり　⑦予約希望　個室あり　日帰り入浴　野天風呂600円、内風呂（混雑時不可）800円

根石岳山荘《ねいしだけさんそう》

箕冠山・根石岳鞍部　Map 6-3D

連絡先 HPから予約可能　TEL 0266-73-6673（予約専用ダイヤル）
現地 TEL 090-4158-4544（営業期間中 緊急時のみ）

標高約2550m、山荘前にコマクサ群落、御来光と夕日　①〒391-0215 長野県茅野市中大塩13-73　硫黄岳山荘グループ事務所　②60人　③4月下旬～11月上旬、年末年始、1月～3月土曜・休前日　④9500円（冬期1万1000円）　素6500円（冬期8000円）　⑥あり　⑦予約希望　湧水あり　夏秋は宿泊者風呂あり　期間外閉鎖　FAX 0266-78-7825　Free Wifi　カード決済可

渋御殿湯《しぶごてんゆ》

奥蓼科・渋ノ湯　Map 6-1B

現地 TEL 0266-67-2733

北八ヶ岳西麓の代表的な登山口、標高約1850mに位置。武田信玄の隠し湯として知られた八ヶ岳山麓の名湯。　①〒391-0212 長野県茅野市北山5520-3奥蓼科　②100人　③通年　④8640円～　素5400円～　入湯税別150円　⑥あり　⑦要予約　日帰り入浴1000円（西の湯のみ　10時～15時）　登山者用駐車場30台1日1000円　FAX 0266-67-4467

唐沢鉱泉《からさわこうせん》

天狗岳西麓　Map 6-2B

現地 TEL 0266-76-2525（通年）

標高約1870m、天狗岳西尾根をはじめ天狗岳方面への登山口。炭酸泉で知られる八ヶ岳山麓の秘湯のひとつ　①〒391-0213 長野県茅野市豊平4733-1　両角岩男　②100人　③4月下旬～1月上旬　④1万3110円～　⑥あり　⑦要予約　茅野駅から送迎（事前予約）　日帰り入浴700円（10～16時）

黒百合《くろゆり》ヒュッテ

天狗岳北中腹　Map 6-2C

連絡先 TEL 0266-72-3613（FAX兼）　**現地** TEL 090-2533-0620

標高約2400m、シラビソの原生林に囲まれた黒百合平に立つ通年営業の山小屋。天狗岳をはじめ北八ヶ岳登山の拠点　①〒391-0013 長野県茅野市宮川8065-1　米川岳樹　②150人　③通年　④8500円～　素5500円～　⑤50張　利用料1人1000円（学生700円）　⑥あり　⑦予約希望　冬期暖房費500円　個室あり　※2019年秋に宿泊料金改定予定

凡例＝①連絡先住所　②収容人数　③営業期間　④宿泊料金（1泊2食、素は素泊まり料金）　⑤キャンプ指定地　⑥ホームページ　⑦備考

麦草《むぎくさ》ヒュッテ

麦草峠 Map 8-3D

連絡先 TEL 090-4127-8282　**現地** TEL 090-7426-0036

標高2120mの麦草峠に位置、苔むす原生林と草原に囲まれた山荘。縞枯山、高見石など北八ヶ岳登山の拠点　①〒391-0301 長野県茅野市北山8241-1　②88人　③通年（完全予約制）　④8000円～　素5000円～　⑥あり　⑦要予約　メール予約は1週間前まで　冬期暖房費500円　FAX 0266-78-2231　※2019年10月料金改定予定

高見石小屋《たかみいしごや》

高見石 Map 9-4A

連絡先 TEL 090-3215-0135（事務所）　**現地** TEL 090-4705-7051

高見石の南西側直下、標高約2270mに位置。北八ヶ岳縦走や散策の拠点となる山小屋。夜は天体望遠鏡を使ってスターウォッチング　①〒253-0063 神奈川県茅ヶ崎市柳島海岸2-27　原田茂　②150人　③通年　④8500円～　素5000円～　⑤5張　利用料1人550円　⑥あり　⑦予約希望　個室あり　冬期暖房費500円

白駒荘《しらこまそう》

白駒池 Map 9-4A

連絡先 TEL 0266-78-2029　**現地** TEL 090-1549-0605

標高約2115m、四季折々に美しい風景を見せる白駒池の西岸に立つ山小屋。にゅう、天狗岳などへの拠点　①〒391-0301 長野県茅野市北山6581　辰野廣茂　②200人　③通年　④8500円～　素5500円～　⑥あり　⑦予約希望（冬期は要予約）　10月～5月暖房費500円　FAX 0267-88-2681　冬期連絡先 TEL 090-1549-0605

青苔荘《せいたいそう》

白駒池 Map 9-3A

連絡先 TEL 0267-88-2082（事務所）　**現地** TEL 090-1423-2725

標高約2115m、原生林に囲まれた白駒池の北岸に立つ山小屋。白駒池周辺の散策をはじめ、北八ヶ岳登山の拠点　①〒384-0701 長野県南佐久郡佐久穂町畑3220-46　山浦清　②100人　③通年　④8000円～　素5000円～　⑤60張　利用料1人900円要連絡　⑥あり　⑦要予約　冬期は大部屋なし　FAX 0267-88-2078

縞枯山荘《しまがれさんそう》

八丁平 Map 8-1C

連絡先 TEL 0266-67-5100（FAX兼用）　**現地** TEL 080-8108-3826

北八ヶ岳ロープウェイ山頂駅からコースタイム15分、標高約2230mの八丁平に位置。薪ストーブとランプの山小屋。縞枯山や北横岳など北八ヶ岳登山の拠点　①〒391-0301 長野県茅野市北山4035　嶋義晃　②40人（冬期30人）　③通年（不定休あり）　④8000円～　素5000円～　⑥あり　⑦要予約　冬期暖房費500円

北横岳《きたよこだけ》ヒュッテ

北横岳直下　Map 10-4C

連絡先 TEL 090-7710-2889（予約）　**現地** TEL 090-3140-9702

北横岳直下、標高約2400mに位置。北八ヶ岳ロープウェイ山頂駅からコースタイム1時間10分、大展望の北横岳南峰へ20分、七ツ池へ3分　①〒391-0301 長野県茅野市北山4035-2 石臼台A-8　島立健二　②30人　③通年　予約のない日は休館　④8200円～　素4800円～（季節料金あり）　⑥あり　⑦要予約（予約定員制）

双子池《ふたごいけ》ヒュッテ

双子池　Map 10-3D

連絡先 TEL 0266-76-5620（予約 FAX 兼）　**現地** TEL 090-4821-5200

標高約2030m、双子池の湖畔に立つ山小屋。北横岳や蓼科山、北八ヶ岳の池めぐりの拠点　①〒391-0213 長野県茅野市豊平10222-30　米川友基　②80人　③4月下旬～11月上旬　④7800円～　素5000円～　⑤30張　利用料1人800円　⑥あり　⑦要予約　個室あり　茅野駅から大河原峠まで送迎応相談

蓼科山荘《たてしなさんそう》

将軍平　Map 10-2B

連絡先 TEL 0266-76-5620（予約 FAX 兼）　**現地** TEL 090-1553-4500

標高約2360m、蓼科山頂上、七合目、大河原峠、天祥寺原への分岐となる将軍平に位置。蓼科山頂上へはコースタイム40分　①〒391-0213 長野県茅野市豊平10222-30　米川友基　②45人　③4月下旬～11月上旬　④8000円　素4000円　⑥あり　⑦要予約　メール予約は1週間前まで　期間外閉鎖　茅野駅から七合目登山口まで送迎応相談

蓼科山頂《たてしなさんちょう》ヒュッテ

蓼科山頂上　Map 10-2B

現地 TEL 090-7258-1855（予約・問合せ）　**連絡先** TEL 049-266-9264

標高2530.7m、まぎれもなく360度の大パノラマが展開する蓼科山頂上に立つ山小屋　①〒356-0025埼玉県ふじみ野市仲1-4-8　米川佐和子（事務所）　②70人　③4月下旬～11月上旬、年末年始　詳細はHP参照　④8300円～　素5500円　⑥あり　⑦要予約　FAX 049-266-9265

大河原《おおかわら》ヒュッテ

大河原峠　Map 10-2C

連絡先 TEL 0266-79-5494　**現地** TEL 090-3558-5225

マイカー、タクシーでアクセスできる標高約2090mの大河原峠に立ち、蓼科山や双子池への登山基地となる山小屋　①〒391-0104 長野県諏訪郡原村5782　田中良徳　②20人　③6月上旬~11月上旬（完全予約制）　④7500円　素4500円　⑥あり　⑦要予約　HP予約フォームにて　相部屋なし　風呂あり

凡例＝①連絡先住所　②収容人数　③営業期間　④宿泊料金（1泊2食、素は素泊まり料金）　⑤キャンプ指定地　⑥ホームページ　⑦備考

立ち寄り湯ガイド

尖石《とがりいし》温泉 縄文《じょうもん》の湯

℡0266-71-6080

茅野市にある6つの温泉施設のひとつで、福祉コミュニティ温泉として親しまれている。露天風呂、サウナ、休憩室などを備える。入浴料：600円、営業時間：9時～21時（受付20時30分まで）、定休日：月曜。茅野駅から車20分。長野県茅野市豊平4734-7821

清里《きよさと》温泉 天女《てんにょ》の湯

℡0551-48-5551

清里丘の公園にあるアクアリゾート清里の天然温泉施設。入浴料：780円（19時以降620円）、営業時間：10時～22時（季節・曜日により変動。受付30分～1時間前まで）、休業日：火曜（夏期除く）。清里駅から車5分。丘の公園・天女の湯バス停すぐ。山梨県北杜市高根町清里3545-5

北八ヶ岳松原湖《まつばらこ》温泉 八峰《やっほう》の湯

℡0267-93-2288

八ヶ岳東麓、小海町にある温泉施設。源泉掛け流しの内湯、露天風呂、サウナなどを備える。入浴料：500円、営業時間：10時～21時（受付20時まで）、定休日：無休（メンテナンス休業日あり）。美術館・八峰の湯バス停すぐ。長野県南佐久郡小海町大字豊里5918-2

蓼科《たてしな》温泉共同浴場

℡0266-67-2100

茅野駅から北八ヶ岳ロープウェイへのバス路線沿いに位置。透明で熱めの湯が掛け流しで浴槽に注がれている。長年親しまれているシンプルな共同浴場。入浴料：500円、営業時間：11時～21時、定休日：無休。プール平バス停より徒歩1分。長野県茅野市北山4035-170

小斉《こさい》の湯

℡0266-67-2121

蓼科温泉のひとつ。天然温泉の源泉掛け流しの大浴場をはじめ、5つの露天風呂を備える。入浴料：600円、営業時間：8時～20時頃まで、定休日：無休。もんがく平別荘地入口バス停より徒歩3分。長野県茅野市北山4035

＊入浴料、営業時間、定休日、交通などの情報は、抜粋して掲載しています。変更になることがありますので、利用の際は、各施設にご確認ください。

尖石温泉 縄文の湯

北八ヶ岳松原湖温泉 八峰の湯

スパティオ小淵沢《こぶちさわ》 延命《えんめい》の湯

℡0551-36-6111

編笠山の南麓、道の駅こぶちさわに隣接した温泉施設。中央道小淵沢ICに近く、マイカー利用に向く。入浴料：820円、営業時間：10時～23時（受付22時30分まで）、定休日：毎月第2火曜。道の駅こぶちさわバス停すぐ。山梨県北杜市小淵沢町2968-1

八峯苑《はっぽうえん》 鹿《しか》の湯

℡0266-66-2131

富士見高原リゾートのホテル八峯苑鹿の湯の温泉施設を日帰りで利用できる。大浴場、露天風呂、サウナなどを備える。入浴料：600円。営業時間：10時～21時45分（受付21時まで）。八峯苑鹿の湯バス停すぐ。長野県諏訪郡富士見町境12067

原村《はらむら》八ヶ岳温泉 もみの湯

℡0266-74-2911

八ヶ岳の南西麓、原村の別荘地にある温泉施設。入浴料：500円（17時以降300円）、営業時間：10時～21時30分（受付21時まで）、定休日：毎月第3水曜（祝祭日の場合は翌日）。八ヶ岳エコーラインに近く、マイカー利用に向く。美濃戸口から車10分。もみの湯・樅の木荘バス停すぐ。長野県諏訪郡原村原山17217-1729

行政区界・地形図

1:25,000地形図(メッシュコード)＝❶小淵沢(533862) ❷谷戸(533863) ❸八ヶ岳西部(533872) ❹八ヶ岳東部(533873) ❺蓼科(543802) ❻松原湖(543803) ❼蓼科山(543812) ❽高野町(543813)

登山計画書の提出

八ヶ岳登山にあたっては、事前に登山計画書（登山届・登山者カード）を作成、提出することが基本。登山計画書を作成することで、歩くコースの特徴やグレードを知り、充分な準備を整えて未然に遭難事故を防ぐ。また、万が一、登山者にアクシデントが生じたとき、迅速な捜索・救助活動にもつながる。

主要登山口には、用紙とともに登山届ポスト（提出箱）が設けられ、その場で記入・提出することもできるが、準備段階で作成することが望ましい。登山者名と連絡先、緊急連絡先、登山日程とコースなどが一般的な記入要件だ。

なお八ヶ岳では「長野県登山安全条例」および「山梨県登山の安全の確保に関する条例」に基づき、登山計画書の提出が義務または努力義務となっている(詳細は長野県・山梨県のホームページ参照)。提出は登山口の提出箱のほか、日本山岳ガイド協会が運営するオンライン登山届システム「コンパス」など、インターネットからもできる。

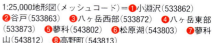

問合せ先一覧

市町村役場

北杜市役所	〒408-0188	山梨県北杜市須玉町大豆生田961-1	TEL 0551-42-1111
富士見町役場	〒399-0292	長野県諏訪郡富士見町落合10777	TEL 0266-62-2250
原村役場	〒391-0192	長野県諏訪郡原村6549-1	TEL 0266-79-2111
茅野市役所	〒391-8501	長野県茅野市塚原2-6-1	TEL 0266-72-2101
南牧村役場	〒384-1302	長野県南佐久郡南牧村大字海ノ口1051	TEL 0267-96-2211
小海町役場	〒384-1192	長野県南佐久郡小海町大字豊里57-1	TEL 0267-92-2525
佐久穂町役場	〒384-0697	長野県南佐久郡佐久穂町大字高野町569	TEL 0267-86-2525
佐久市役所	〒385-8501	長野県佐久市中込3056	TEL 0267-62-2111
立科町役場	〒384-2305	長野県北佐久郡立科町大字芦田2532	TEL 0267-56-2311

県庁・県警察本部

山梨県庁	〒400-8501	山梨県甲府市丸の内1-6-1	TEL 055-237-1111
長野県庁	〒380-8570	長野県長野市大字南長野字幅下692-2	TEL 026-232-0111
山梨県警察本部	〒400-8586	山梨県甲府市丸の内1-6-1	TEL 055-221-0110
長野県警察本部	〒380-8510	長野県長野市大字南長野字幅下692-2	TEL 026-233-0110

主な観光協会

北杜市観光協会……TEL 0551-30-7866
八ヶ岳観光協会……TEL 0266-73-8550
蓼科観光協会……TEL 0266-67-2222
小海町観光協会……TEL 0267-93-2005
佐久穂町観光協会……TEL 0267-88-3956
信州たてしな観光協会……TEL 0267-55-6654

交通機関（バス・ロープウェイ）

アルピコ交通……TEL 0266-72-2151
山交タウンコーチ……TEL 0551-22-2511
清里ピクニックバス……TEL 0551-48-2200
小海町営路線バス……TEL 0267-92-2525
千曲バス……TEL 0267-22-2100
たてしなスマイル交通……TEL 0267-88-8403
北八ヶ岳ロープウェイ……TEL 0266-67-2009
蓼科牧場ゴンドラリフト……TEL 0267-55-6201
サンメドウズ清里……TEL 0551-48-4111

交通機関（タクシー）

■茅野駅
アルピコタクシー……TEL 0266-71-1181
第一交通……TEL 0266-72-4161

■小淵沢駅
小淵沢タクシー……TEL 0551-36-2525
大泉タクシー……TEL 0551-36-5611

■甲斐大泉駅
北杜タクシー……TEL 0551-32-2055

■清里駅
清里観光タクシー……TEL 0551-48-2021

■野辺山駅
野辺山観光タクシー……TEL 0267-98-2878

■小海駅
小海タクシー……TEL 0267-92-2133

■八千穂駅
八千穂タクシー……TEL 0267-88-2064

■佐久平駅
千曲ハイヤー……TEL 0267-62-1010

主な山名・地名さくいん

あ

赤岩ノ頭　あかいわのかしら……24・40
赤岳　あかだけ……13・16・27・33・60
雨池　あまいけ……94・108
雨池峠　あまいけとうげ……99・108
編笠山　あみがさやま……43・51
阿弥陀岳　あみだだけ……17・18
硫黄岳　いおうだけ……24・37・40
稲子岳　いなごだけ……61・82
稲子湯　いなごゆ……77・134
美し森　うつくしのもり……31・135
大石峠　おおいしとうげ……100
大河原峠　おおかわらとうげ……119・138
大岳　おおだけ……111
御小屋山　おこややま……20

か

唐沢鉱泉　からさわこうせん……73・134
観音平　かんのんだいら……44・136
北横岳　きたよこだけ……103・106・110
亀甲池　きっこういけ……106・119
キレット　きれっと……55・58
黒百合平　くろゆりだいら……71・81
剣ヶ峯　けんがみね……92
権現岳　ごんげんだけ……43・46・57

さ

桜平　さくらだいら……38・133
渋ノ湯　しぶのゆ……69・133
縞枯山　しまがれやま……99
白駒池　しらこまいけ……87・90・93

た

台座ノ頭　だいざのかしら……25
高見石　たかみいし……70・88
蓼科山　たてしなやま……61・113・115・118
蓼科山登山口　たてしなやまとざんぐち……116・140
蓼科山七合目　たてしなやまななごうめ……114・139
茶臼山　ちゃうすやま……100
坪庭　つぼにわ……99・104
天狗岳　てんぐだけ……69・71・74・81・85
天女山　てんにょさん……55・136

な

中岳　なかだけ……17
中山　なかやま……70・89
中山峠　なかやまとうげ……72・82
夏沢鉱泉　なつざわこうせん……38
夏沢峠　なつざわとうげ……39
七ツ池　ななついけ……105
西岳　にしだけ……49・51
にゅう　にゅう……87
根石岳　ねいしだけ……80

は

日ノ岳　ひのだけ……26
富士見高原　ふじみこうげん……50・136
双子池　ふたごいけ……107・119
双子山　ふたごやま……119
本沢温泉　ほんざわおんせん……79・84

ま

丸山　まるやま……88
箕冠山　みかぶりやま……80
三ツ頭　みつがしら……47・53・56
三ツ岳　みつだけ……109・110
みどり池　みどりいけ……78
峰ノ松目　みねのまつめ……21・37・41
美濃戸　みのと……13・23・132
美濃戸口　みのとぐち……13・23・132
麦草峠　むぎくさとうげ……87・94・96・137

や・ら

八柱山　やばしらやま……94
横岳（奥ノ院）　よこだけ（おくのいん）……26・29
横岳登山口　よこだけとざんぐち……28・135
竜源橋　りゅげんばし……117・140

Alpine Guide 八ヶ岳

ヤマケイ アルペンガイド
八ヶ岳

2019年5月1日　初版第1刷発行

著者／佐々木 亨
発行人／川崎深雪
発行所／株式会社 山と溪谷社
〒101-0051
東京都千代田区神田神保町1丁目105番地
http://www.yamakei.co.jp/

■乱丁・落丁のお問合せ先
山と溪谷社自動応答サービス
TEL03-6837-5018
受付時間／10:00〜12:00、
13:00〜17:30（土日、祝日を除く）
■内容に関するお問合せ先
山と溪谷社　TEL03-6744-1900（代表）
■書店・取次様からのお問合せ先
山と溪谷社受注センター
TEL03-6744-1919　FAX03-6744-1927

印刷・製本／大日本印刷株式会社

装丁・ブックデザイン／吉田直人
DTP／株式会社ローヤル企画
地図制作／櫻井敦子（フォーエバー）

ISBN 978-4-635-01291-1

＊本書に掲載した地図の作成にあたっては、国土地理院長の承認を得て、同院発行の数値地図（国土基本情報）電子国土基本図（地図情報）、数値地図（国土基本情報）電子国土基本図（地名情報）、数値地図（国土基本情報20万）及び基盤地図情報を使用しました。（承認番号 平30情使、第1382号）

＊本書の取材・執筆にあたりましては、八ヶ岳の山小屋・宿泊施設、市町村、交通機関、ならびに登山者のみなさんにご協力いただきました。お礼申し上げます。＊本書に掲載したコース断面図の作成とGPSデータの編集にあたりましては、DAN杉本さん作成のフリーウェア「カシミール3D」を利用しました。お礼申し上げます。

佐々木《ささき》 亨《とおる》　写真・文

1961年東京都生まれ。幼少の頃から家族で山歩きに親しみ、丹沢や八ヶ岳、北アルプスに登る。初めて八ヶ岳に訪れたのは小学5年のとき、小淵沢駅から歩き、編笠山、権現岳、赤岳へと縦走、真教寺尾根を清里駅まで下山した。20代の頃は社会人山岳会に属し、谷川岳一ノ倉沢や北岳バットレス、冬季の八ヶ岳でクライミングを行なう。八ヶ岳には四季を通じて足を運び、これまでの山行と実踏取材は100回以上を数える。

1985年に編集事務所・フォーエバー設立。主な著書に『始める! 山歩き』『学べる! 山歩きの地図読み』『山麓から登る世界文化遺産 富士山』『詳しい地図で迷わず歩く! 丹沢・箱根371km』（いずれも山と溪谷社）などがある。各地の登山教室では「地図読み」の講師を務める。埼玉県鶴ヶ島市在住。

「アルペンガイド登山地図帳」の取り外し方

本を左右に大きく開く

＊「アルペンガイド登山地図帳」は背の部分が接着剤で本に留められています。無理に引きはがさず、本を大きく開くようにすると簡単に取り外せます。
＊接着剤がはがれる際に見返しの一部が破れることがあります。あらかじめご了承ください。

問合せ先一覧

山小屋

八ヶ岳山荘	℡0266-74-2728
美濃戸高原ロッヂ	℡0266-74-2102
美濃戸高原 やまのこ村	℡090-3215-0135
赤岳山荘	℡0266-74-2272
美濃戸山荘	℡0266-74-2728
赤岳鉱泉	℡090-4824-9986
行者小屋	℡090-4740-3808
赤岳天望荘	℡0266-74-2728
赤岳頂上山荘	℡090-2214-7255
硫黄岳山荘	℡0266-73-6673
夏沢鉱泉	℡0266-73-6673
オーレン小屋	℡0266-72-1279
ヒュッテ夏沢	℡0266-74-2728
山びこ荘	℡090-5446-1205
青年小屋	℡0551-36-2251
権現小屋	℡0551-36-2251
キレット小屋	℡090-4716-2008
稲子湯旅館	℡0267-93-2262
しらびそ小屋	℡0267-96-2165
湯元 本沢温泉	℡090-3140-7312
根石岳山荘	℡0266-73-6673
渋御殿湯	℡0266-67-2733
唐沢鉱泉	℡0266-76-2525
黒百合ヒュッテ	℡0266-72-3613
麦草ヒュッテ	℡090-4127-8282
高見石小屋	℡090-3215-0135
白駒荘	℡0266-78-2029
青苔荘	℡0267-88-2082
縞枯山荘	℡0266-67-5100
北横岳ヒュッテ	℡090-7710-2889
双子池ヒュッテ	℡0266-76-5620
蓼科山荘	℡0266-76-5620
蓼科山頂ヒュッテ	℡090-7258-1855
大河原ヒュッテ	℡0266-79-5494

県庁・県警本部・市町村役場

山梨県庁	℡055-237-1111
長野県庁	℡026-232-0111
山梨県警察本部	℡055-221-0110
長野県警察本部	℡026-233-0110
北杜市役所	℡0551-42-1111
富士見町役場	℡0266-62-2250
原村役場	℡0266-79-2111
茅野市役所	℡0266-72-2101
南牧村役場	℡0267-96-2211
小海町役場	℡0267-92-2525
佐久穂町役場	℡0267-86-2525
佐久市役所	℡0267-62-2111
立科町役場	℡0267-56-2311

交通機関

アルピコ交通	℡0266-72-2151
山交タウンコーチ	℡0551-22-2511
清里ピクニックバス	℡0551-48-2200
小海町営路線バス	℡0267-92-2525
千曲バス	℡0267-22-2100
たてしなスマイル交通	℡0267-88-8403
北八ヶ岳ロープウェイ	℡0266-67-2009
蓼科牧場ゴンドラリフト	℡0267-55-6201
サンメドウズ清里	℡0551-48-4111
アルピコタクシー（茅野駅）	℡0266-71-1181
第一交通（茅野駅）	℡0266-72-4161
小淵沢タクシー（小淵沢駅）	℡0551-36-2525
大泉タクシー（小淵沢駅）	℡0551-36-5611
北杜タクシー（甲斐大泉駅）	℡0551-32-2055
清里観光タクシー（清里駅）	℡0551-48-2021
野辺山観光タクシー（野辺山駅）	℡0267-98-2878
小海タクシー（小海駅）	℡0267-92-2133
八千穂タクシー（八千穂駅）	℡0267-88-2064
千曲ハイヤー（佐久平駅）	℡0267-62-1010

北横岳・縞枯山詳細図

1:15,000 0 300m N

麦草峠・白駒池詳細図

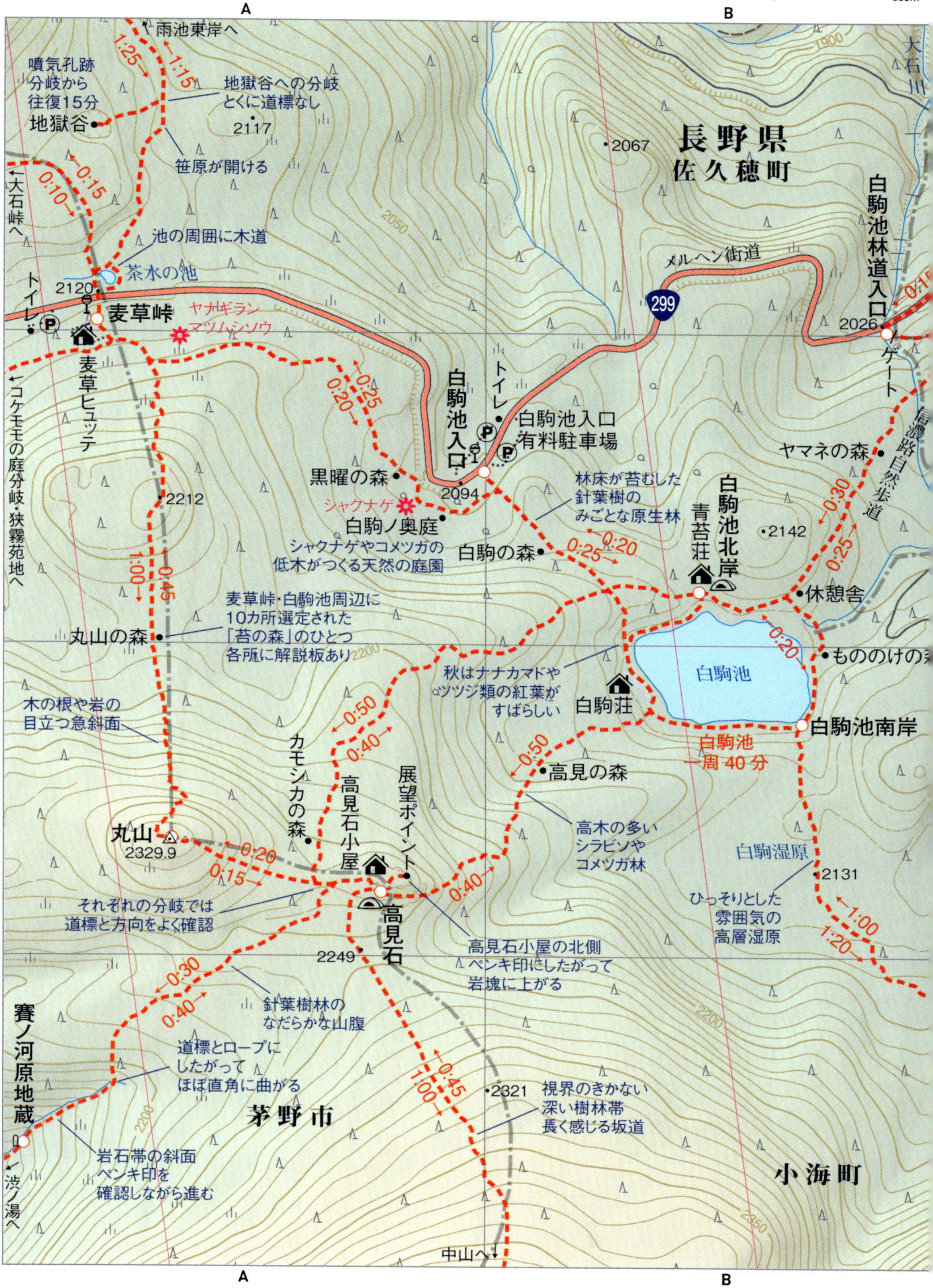
1:15,000
0
300m
A
B
雨池東岸へ
1:25
1:15
噴気孔跡
分岐から
往復15分
地獄谷への分岐
とくに道標なし
地獄谷
2117
笹原が開ける
2067
長野県
佐久穂町
大石川
大石峠へ
0:15
0:10
池の周囲に木道
茶水の池
2120
トイレ
麦草峠
ヤナギラン
マツムシソウ
麦草ヒュッテ
メルヘン街道
299
白駒池林道入口
2026
ゲート
コケモモの庭分岐・狭霧苑地へ
0:25
0:20
白駒池入口
トイレ
白駒池入口
有料駐車場
黒曜の森
2094
ヤマネの森
信濃路自然歩道
2212
シャクナゲ
白駒ノ奥庭
シャクナゲやコメツガの
低木がつくる天然の庭園
林床が苔むした
針葉樹の
みごとな原生林
白駒の森
0:20
0:25
青苔荘
白駒池北岸
2142
0:30
0:25
休憩舎
1:00
0:45
麦草峠・白駒池周辺に
10カ所選定された
「苔の森」のひとつ
各所に解説板あり
丸山の森
0:20
もののけの森
秋はナナカマドや
ツツジ類の紅葉が
すばらしい
白駒池
白駒荘
木の根や岩の
目立つ急斜面
0:50
0:40
カモシカの森
高見石小屋
展望ポイント
0:50
高見の森
白駒池南岸
白駒池
一周 40 分
高木の多い
シラビソや
コメツガ林
丸山
2329.9
0:20
0:15
0:40
白駒湿原
2131
それぞれの分岐では
道標と方向をよく確認
高見石
高見石小屋の北側
ペンキ印にしたがって
岩塊に上がる
ひっそりとした
雰囲気の
高層湿原
1:00
1:20
2249
0:30
0:40
針葉樹林の
なだらかな山腹
賽ノ河原地蔵
道標とロープに
したがって
ほぼ直角に曲がる
0:45
1:00
2321
視界のきかない
深い樹林帯
長く感じる坂道
茅野市
小海町
岩石帯の斜面
ペンキ印を
確認しながら進む
渋ノ湯へ
中山へ
1
2
3
4
1900
2050
2200
2350

1:25,000
0
500m
N
C
D
1
2
3
4
トキンの岩
2014.2
2039
2030
1853
佐久市
春日
佐久平駅・佐久南ICへ
40
蓼科牧場
無雪期は草原の斜面が広がる
白樺高原国際スキー場
ゴンドラリフト
竜ヶ峰
1855
御泉水自然園
御泉水自然園駅
1827
茅野駅・諏訪ICへ
蓼科仙境都市・佐久南ICへ
1598
蓼科高原へ
とくに道標はないが地形図に記載の徒歩道を歩くこともできる
蓼科山七合目へ
0:35
0:45
0:20
0:15
部分的に急坂
地面に岩礫が目立つ
大河原峠
2049
1811
1:20
1:00
大河原ヒュッテ
マツムシソウ
0:20
0:30
1681
広大な笹原の斜面
2138
双子山
2224.1
草原が広がるなだらかな頂稜
旧三角点
佐久穂町
0:40
0:30
0:45
0:35
1901
草原とカラマツ林
2136
水際にナナカマドやダケカンバが多く秋の紅葉がみごと
2093
天祥寺原
通常、水流のない涸れ沢を渡る
苔むした大岩が目印となる鞍部
雌池
双子池
双子池ヒュッテ
老齢の天然木が見られるカラマツ林
1858
大岳川
0:45
2120
0:40
0:30
雄池
双子池入口
0:20
0:25
広がりのある谷地形
亀甲池
天狗ノ露地
休憩適地
林道をショートカットする登山道
亀甲池構造土を観察できる
段差の大きい岩石帯の難路
0:50
カラ川橋
0:40
ジグザグを刻む樹林帯の急坂が続く
林道大河原峠線
1:10
1:00
2000
大岳分岐
高木の針葉樹が多いなだらかな地形赤テープを目印に進む
露岩や木の根が濡れていると滑りやすく足もと注意
1:20
1:00
2382
大岳
通行止めの林道大河原峠線の代替となる登山道
1:55
1:25
亀甲池への下りではロープにしたがって北東にカーブ
クサリ場
岩の荒海のような険しい地形クサリ場3カ所
北峰
2480
北横岳
2472.0
南峰
0:30
0:25
七ツ池
三ツ岳分岐
三ツ岳
0:40
Ⅲ峰
Ⅱ峰
Ⅰ峰
1:20
0:40
0:50
雨池北岸
2097
0:15
0:10
北横岳ヒュッテ
0:55
1:10
岩礫の急斜面
1:10
林道大河原峠線の双子池入口〜雨池峠下は落石の危険があるため通行止め
雨池
山頂駅へ
雨池山へ
雨池西岸へ
雨池東岸へ

A
B
蓼科牧場へ
※右図へ続く
御泉水自然園駅
1827
蓼科牧場へ
1974.4
1598
0:15
0:20
1870
蓼科山七合目
2031
一ノ鳥居
1900
沿道に
ダケカンバの大木
1806
馬返し
0:50
1:30
シラビソやコメツガなど
針葉樹の原生林
涸れ沢状で
岩礫の多い道
佐久市最高地点
縞枯現象の
枯木帯を
通り抜けながら
1631
登山道の約20m西側
溶岩の累々とした
斜面が開ける
2040
前掛山
2354
天狗ノ露地
赤谷分岐
将軍平
木道が敷かれた
平坦な湿地
岩石がゴロゴロと
積み重なった急斜面
岩石が濡れていると
滑りやすく足もと注意
蓼科山荘
石を敷き詰めたような
細い沢筋を進む
1661
長野県
立科町
蓼科神社
0:40
0:30
涸れ沢の二俣
登りでは左俣へ
蓼科山
蓼科山頂ヒュッテ
展望盤
2530.7
樹林帯と
ガレ場となった
沢床を交互に歩く
直線的な
急坂が続く
クサリに沿って
山頂直下の岩石帯を
巻いて進む
1:10
1:40
1:10
0:50
石がゴロゴロとした
涸れ沢を渡る
幸徳平
将軍平分岐
192
白樺湖へ
2156
休憩適地
登山道の西側に
三角点
2113.7
約2110m地点
笹原が開け
蓼科山と北横
間近に見上げ
2004
ビーナスライン
蛙石
緩急の大きい
段々状の斜面
両岸がせまった
小さな峡谷
水流近くを通る
1878
1869
スズラン峠
ミズナラ林の
急斜面
1:10
1:30
茅野市
1860
滝湯川
1864.8
192
0:50
1:20
女乃神茶屋
蓼科山登山口
道標を確認して
林道を斜めに横断
1833
親湯へ
竜源橋
蓼科高原へ
A
B
1
2
3
4

1:25,000
0
500m
N
C
D
1
2
3
4
カラ川橋へ
0:50
0:40
2097
雨池北岸
雨池西岸
雨池峠下へ
八千穂高原ICへ
八千穂レイク
雨池
0:10
0:15
0:20
雨池東岸
雨池南岸
林道大河原峠線へ
なだらかな起伏
2100
0:40
0:35
浅間山、奥秩父
富士山を展望
深宇宙探査用
アンテナ
八柱山
2114.6
2012
急坂
1:20
1:00
ササの刈り払い後は
地面が滑りやすく
足もとに注意
カラマツ尾根
尾根上の
鞍部の地形
時期によっては
ササが深い
1900
八柱山
登山口
0:55
1:05
1745
八千穂高原自然園へ
1450
荒倉川
1308
1458.9
1566
1350
1300
1318.3
1473
1700
1670
1328
1318
茨沢川
1540.3
小海リエックス
カントリークラブ
松原湖駅・小海駅
八千穂高原ICへ
480
1750
1633
小海リエックス
スキーバレー
1701
1460
1568.2
大月川
1500
1300
1382
林道を
約80m歩く
みどり池入口
1581
稲子湯
0:15
0:10
ゲート
唐沢橋
池へ
1391
1350
1400
本沢温泉入口へ
磁針方位は西偏約7°20′

白駒池・稲子湯

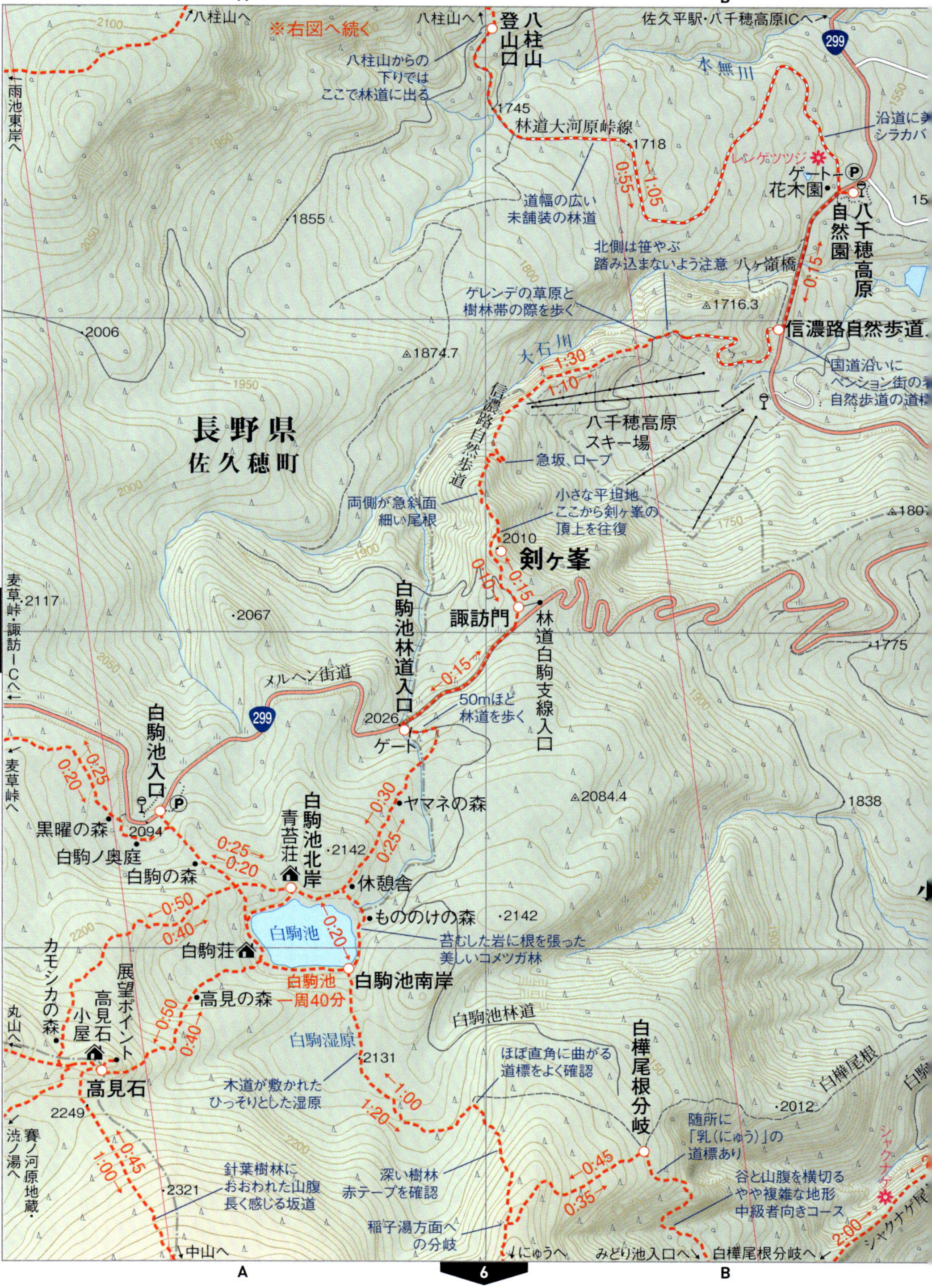
八柱山へ
※右図へ続く
八柱山へ
八柱山登山口
八柱山からの下りではここで林道に出る
佐久平駅・八千穂高原ICへ
299
本無川
雨池東岸へ
1745
林道大河原峠線
1718
0:55
1:05
沿道に美しいシラカバ
レンゲツツジ
ゲート
花木園
八千穂高原自然園
道幅の広い未舗装の林道
1855
北側は笹やぶ踏み込まないよう注意
八ヶ嶺橋
0:15
ゲレンデの草原と樹林帯の際を歩く
1716.3
2006
1874.7
信濃路自然歩道入口
大石川
1:30
1:10
国道沿いにペンション街の美しい自然歩道の道標
長野県
佐久穂町
信濃路自然歩道
八千穂高原スキー場
急坂、ロープ
両側が急斜面細い尾根
小さな平坦地ここから剣ヶ峯の頂上を往復
1807
2010
剣ヶ峯
0:10
0:15
麦草峠・諏訪IC へ
2117
2067
白駒池林道入口
諏訪門
林道白駒支線入口
1775
メルヘン街道
0:15
50mほど林道を歩く
白駒池入口
299
2026
ゲート
0:25
0:20
麦草峠へ
0:30
0:25
ヤマネの森
2084.4
1838
黒曜の森
2094
白駒ノ奥庭
白駒の森
0:25
0:20
白駒池北岸
青苔荘
2142
休憩舎
もののけの森
2142
0:50
0:40
白駒池
0:20
苔むした岩に根を張った美しいコメツガ林
カモシカの森
展望ポイント
白駒荘
白駒池南岸
白駒池一周40分
高見石小屋
高見の森
白駒池林道
丸山へ
0:50
0:40
白駒湿原
2131
ほぼ直角に曲がる道標をよく確認
白樺尾根分岐
白樺尾根
高見石
木道が敷かれたひっそりとした湿原
1:00
2249
1:20
2012
随所に「乳(にゅう)」の道標あり
渋ノ湯へ
賽ノ河原地蔵
0:45
1:00
0:45
0:35
谷と山腹を横切るやや複雑な地形中級者向きコース
シャクナゲ
2321
針葉樹林におおわれた山腹長く感じる坂道
深い樹林赤テープを確認
稲子湯方面への分岐
2:00
シャクナゲ尾根
中山へ
にゅうへ
みどり池入口へ
白樺尾根分岐へ
A
B
1
2
3
4
8
6

1:25,000
0
500m
N
10
C
D
北横岳へ
三ツ岳へ
雨池北岸・双子池へ
八柱山へ
2325
雨池山
雨池峠下
雨池西岸
雨池
雨池東岸
北横岳分岐
縞枯山荘
横岳神社
坪庭
八丁平
山頂駅
2233
雨池峠
林道を歩く
0:25
0:15
0:20
0:40
0:30
1:25
1:20
ロープウェイ下の登山道
やや長い道のりだが
展望がよい
山頂駅から坪庭経由で
雨池峠へは
コースタイム40分
石のゴロゴロ
とした道
部分的に急坂
2156
林道大河原峠線
1
笹平
縞枯山展望台
岩塊の上から
南八ヶ岳を
よく望める
林道を歩く
2006
縞枯山
2403
笹原の斜面を
横切りながら進む
佐久穂町
2387.2
ピラタス蓼科
スノーリゾート
縞枯現象の
枯木帯を3カ所
通り抜ける
2091
森林浴展望台
縞枯山・
茶臼山の鞍部
八ヶ岳の広大な
山裾とともに
南・中央アルプス、
御嶽山を眺望
ウッドデッキから
南・中央アルプス
御嶽山を展望
0:50
0:45
0:10
1:15
樹林の深いところでは
赤テープを目印に進む
2164
茶臼山
2384
茶臼山展望台
直線的な急坂
五辻
一帯に大らかな
笹原が広がる
0:55
小さな台地
2
休憩舎
中小場
2232.4
円筒状の
噴気孔跡
谷底まで下れる
1940
小さな草原と
針葉樹林を交互に
通り抜ける
2128
樹間を縫うように進む
赤布、赤テープを確認
大石峠
地獄谷
2117
9
高原ICへ
八千穂
笹原が開ける
オトギリ平
茶水の池
2120
浅い谷状の
岩石帯
コケモモの庭
麦草峠
出逢ノ辻
1939.7
299
2105
駒鳥の池
麦草ヒュッテ
白駒池入口へ
3
コケモモの庭分岐
斧断ちの森
美しい
原生林
2212
狭霧苑地
2026
メルヘン街道
登山道沿いは
まさにコケの絨毯
丸山の森
緩急の大きな山腹
1837
冷山歩道
コメツガとシャクナゲの低木が
天然の庭園の景観をつくる
丸山
2329.9
高見石へ
2215
「至渋の湯・至狭霧園」と
記された道標が立つ鞍部
4
冷山のコル
登りでは北へほぼ
直角に曲がる
冷山・2193
1:00
賽ノ河原地蔵
扇状に広がる
岩石帯
川渋
渋ノ湯へ
6

A
10
B
1
2
3
4
蓼科山登山口へ
竜源橋
192
1701
木橋で沢を渡る
美しいミズナラ林
磁針方位は西偏約7°10′
1811.2
1679
1892
1549
親湯への下りでは
ここで竜源橋から続く
林道と合わさる
下りでは「蓼科湖」への
道標を確認して
クランク状に進む
ピラタスの丘
城の平分岐
城の平
武田信玄が
ひらいた棒道
起伏が少なく
歩きやすい
1485
1826
北八ヶ岳ロープウェイ
牧歌的
草原の
1:50
滝ノ湯川
1:00
1:20
1546
山麓駅
北八ヶ岳
ロープウェイ
蓼科高原美術館
カラマツ林の
なだらかな斜面
親湯入口・プール平へ
ビーナスライン
親湯
1733
長野県
茅野市
※下図へ続く
1593
1452.2
1505
1712
茅野駅・諏訪ICへ
1402
1492
蓼科山登山口へ
1631
親湯
0:15
1715
0:05
親湯入口
北八ヶ岳ロープウェイ・蓼科山登山口へ
滝ノ湯
茅野駅・諏訪ICへ
1562
蓼科温泉
共同浴場
プール平
蓼科
小斉の湯
299
1611
A
B

天狗岳詳細図

1:15,000
0
300m
N
C
D
↑にゅう分岐へ
黒百合ヒュッテ
黒百合平
東天狗、西天狗からなる双耳峰の天狗岳をよく望めるポイント
稲子岳南壁
しらびそ小屋
2433
中山峠
擂鉢池
幹の細いダケカンバ林
樹間から稲子岳南壁を見上げる
森林軌道のレールが残る平坦に近い道
みどり池
→こまどり沢・稲子湯へ
天狗ノ奥庭
草地の急斜面クサリの設置された露岩、2カ所
小さな谷地形を渡る
2455•
ハイマツと岩礫の稜線東側は断崖
針葉樹のシラビソやコメツガにおおわれたおだやかな地形
クリンソウ
小さな流れや湿地が点在するなだらかな斜面
岩石帯ペンキ印を追って進む
みどり池分岐へ
「天狗の鼻」と呼ばれる岩峰西側を巻く
長野県
小海町
•2236
天狗岳
東天狗
西天狗
鉄製の桟橋が設置された岩棱
ミヤマキンバイ
トウヤクリンドウ
ミヤマダイコンソウ
白い砂礫地が広がる鞍部
白砂新道入口
白砂新道
尾根上に休憩適地
2209•
根石岳
•2603
深いシラビソ林を抜ける
屈曲の多い複雑な地形赤テープやロープをよく確認しながら進む
→みどり池へ
根石岳山荘
コマクサ
ハイマツ帯と針葉樹林帯の垂直分布が逆転した植生
本沢温泉
クリンソウ
→富士見平・本沢温泉入口へ
衝地の鞍部に規模の大きいコマクサ群落
箕冠山
通常、水流の少ない沢を渡る登りでは沢を直進しないよう注意
湯川
みどり池分岐
野天風呂入口
2213•
登りではここで支尾根に上がる天狗岳を望める
•野天風呂
茅野市
本沢温泉「雲上の湯」源泉の標高2150m野天風呂としては日本最高所
ほぼ一定の傾斜が続く針葉樹林帯の斜面
2427•
ガレ場を横切る約10mのクサリ
南牧村
ヒュッテ夏沢
山びこ荘
夏沢峠
オーレン小屋へ↓
オーレン小屋へ↓
↓硫黄岳へ

7 みどり池・本沢温泉入口

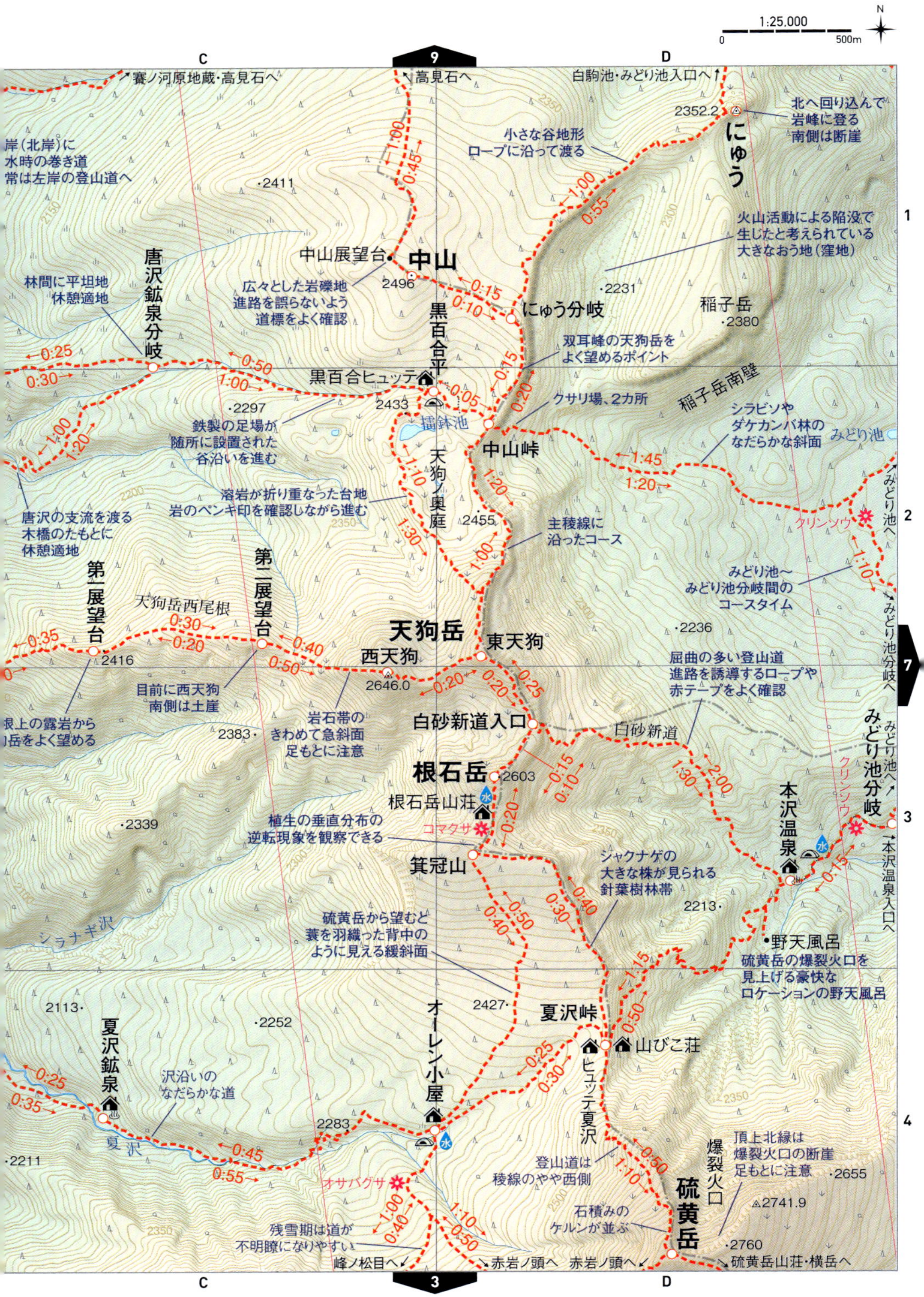
1:25,000
0
500m
N
C
D
9
7
3
1
2
3
4
賽ノ河原地蔵・高見石へ
高見石へ
白駒池・みどり池入口へ
2352.2
北へ回り込んで
岩峰に登る
南側は断崖
にゅう
小さな谷地形
ロープに沿って渡る
岸（北岸）に
水時の巻き道
常は左岸の登山道へ
2411
中山展望台
中山
2496
広々とした岩礫地
進路を誤らないよう
道標をよく確認
火山活動による陥没で
生じたと考えられている
大きなおう地（窪地）
2231
稲子岳
2380
にゅう分岐
唐沢鉱泉分岐
林間に平坦地
休憩適地
黒百合平
黒百合ヒュッテ
2433
擂鉢池
双耳峰の天狗岳を
よく望めるポイント
クサリ場、2カ所
稲子岳南壁
シラビソや
ダケカンバ林の
なだらかな斜面
みどり池
2297
鉄製の足場が
随所に設置された
谷沿いを進む
中山峠
天狗ノ奥庭
2455
溶岩が折り重なった台地
岩のペンキ印を確認しながら進む
唐沢の支流を渡る
木橋のたもとに
休憩適地
主稜線に
沿ったコース
クリンソウ
みどり池へ
みどり池～
みどり池分岐間の
コースタイム
第一展望台
第二展望台
天狗岳西尾根
2416
天狗岳
東天狗
西天狗
2646.0
2236
みどり池分岐へ
屈曲の多い登山道
進路を誘導するロープや
赤テープをよく確認
目前に西天狗
南側は土崖
根上の露岩から
岳をよく望める
2383
岩石帯の
きわめて急斜面
足もとに注意
白砂新道入口
白砂新道
根石岳
2603
根石岳山荘
水
コマクサ
みどり池へ
みどり池分岐
本沢温泉
本沢温泉入口へ
2339
植生の垂直分布の
逆転現象を観察できる
箕冠山
シャクナゲの
大きな株が見られる
針葉樹林帯
2213
野天風呂
硫黄岳の爆裂火口を
見上げる豪快な
ロケーションの野天風呂
シラナギ沢
硫黄岳から望むと
蓑を羽織った背中の
ように見える緩斜面
2427
2113
2252
夏沢鉱泉
夏沢峠
山びこ荘
ヒュッテ夏沢
オーレン小屋
沢沿いの
なだらかな道
2283
夏沢
2211
オサバグサ
登山道は
稜線のやや西側
爆裂火口
頂上北縁は
爆裂火口の断崖
足もとに注意
2655
2741.9
硫黄岳
石積みの
ケルンが並ぶ
2760
残雪期は道が
不明瞭になりやすい
峰ノ松目へ
赤岩ノ頭へ
赤岩ノ頭へ
硫黄岳山荘・横岳へ
0:45
1:00
0:55
1:00
0:15
0:10
0:25
0:30
0:50
1:00
0:15
0:05
0:20
1:00
1:20
1:10
1:30
1:20
1:00
1:45
1:20
1:10
0:35
0:30
0:20
0:40
0:50
0:20
0:20
0:25
0:15
0:10
0:20
1:30
2:00
0:15
0:50
0:40
0:30
0:40
1:15
0:50
0:25
0:30
0:25
0:35
0:45
0:55
0:50
1:10
1:00
0:40
1:10
0:50

A
8
B
冷山のコルへ
ジグザグを繰り返す急斜面
1611
渋川温泉
サカサ川
1738
1917
渋御殿湯
渋川
渋ノ湯
トイレ
1922
1:00
1:25
1:20
1:00
1:00
1643
191
茅野駅・諏訪ICへ
2122
八方台分
八方台
1732
1858.4
1955
2006
唐沢鉱泉
トイレ
唐沢
1608
針葉樹林帯の山腹に大きくジグザグを刻む
0:45
1:00
2138
1815
1979
枯尾ノ峰
枯尾ノ峰分岐
未舗装だが比較的、路面の安定した林道
桜平駐車場(下)
1566
河原木場沢
醤油樽ノ滝
1939
唐沢鉱泉・桜平分岐
茅野駅・諏訪南ICへ
桜平ゲートまで約3.5km
1736
桜平駐車場(中)
トイレ
桜平ゲート
鳴岩川
桜平ゲートまで約600m
長野県
茅野市
落差7～8mの夏沢鳳滝など小さな滝が連なる渓流
1626
1986
1829.7
1651
1812
1
2
3
4
A
3
B

横岳・硫黄岳詳細図

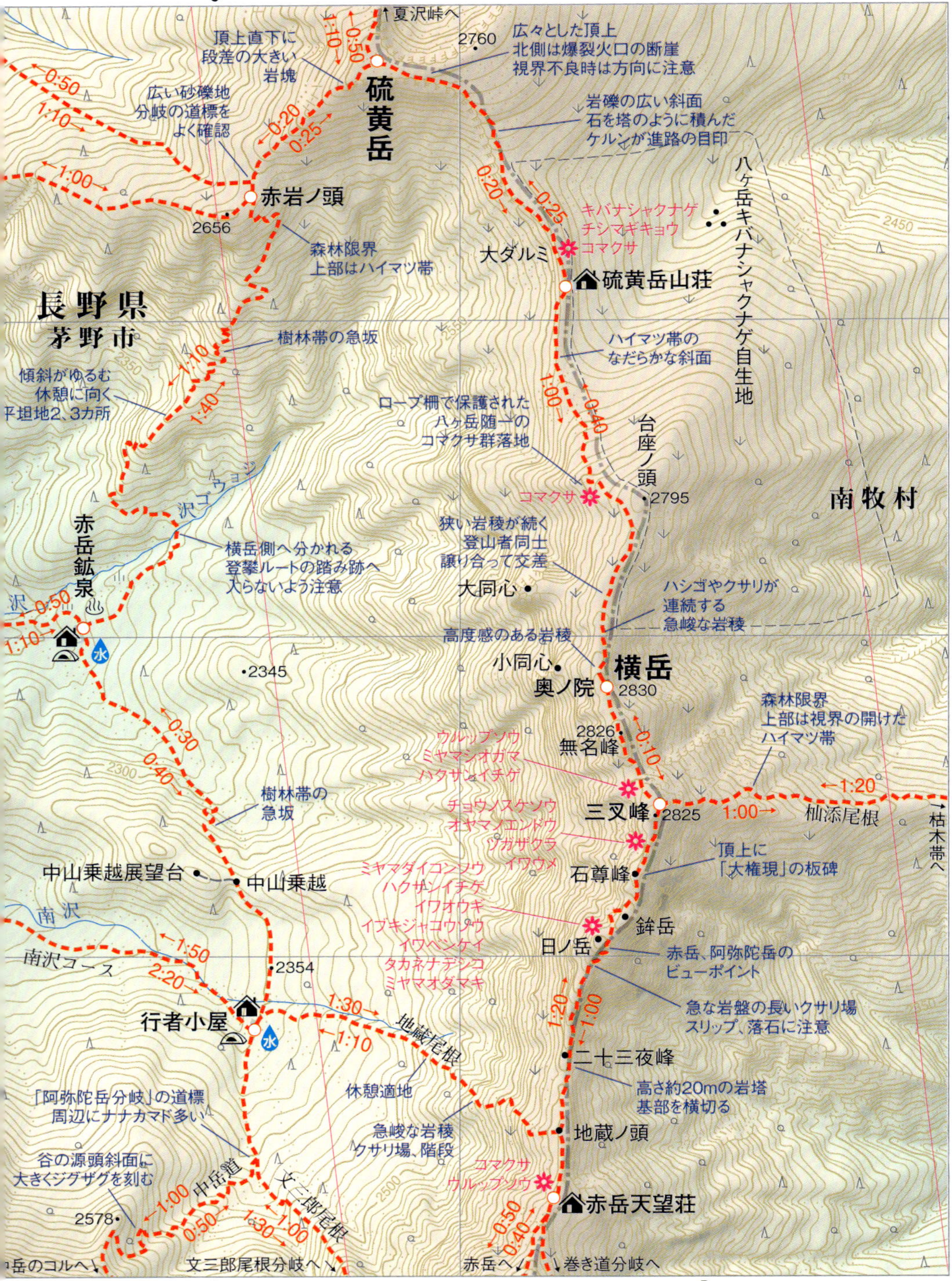

1:15,000
0
300m
N
C
D
↑夏沢峠へ
2760
頂上直下に
段差の大きい
岩塊
硫黄岳
広々とした頂上
北側は爆裂火口の断崖
視界不良時は方向に注意
広い砂礫地
分岐の道標を
よく確認
岩礫の広い斜面
石を塔のように積んだ
ケルンが進路の目印
赤岩ノ頭
2656
八ヶ岳キバナシャクナゲ自生地
キバナシャクナゲ
チシマギキョウ
コマクサ
大ダルミ
硫黄岳山荘
森林限界
上部はハイマツ帯
長野県
茅野市
樹林帯の急坂
ハイマツ帯の
なだらかな斜面
傾斜がゆるむ
休憩に向く
平坦地2、3カ所
ロープ柵で保護された
八ヶ岳随一の
コマクサ群落地
台座ノ頭
2795
コマクサ
南牧村
ジョウゴ沢
赤岳鉱泉
狭い岩稜が続く
登山者同士
譲り合って交差
大同心
横岳側へ分かれる
登攀ルートの踏み跡へ
入らないよう注意
ハシゴやクサリが
連続する
急峻な岩稜
沢
水
高度感のある岩稜
小同心
横岳
奥ノ院
2830
2345
森林限界
上部は視界の開けた
ハイマツ帯
2826
無名峰
ウルップソウ
ミヤマシオガマ
ハクサンイチゲ
三叉峰
2825
杣添尾根
→杣木帯へ
樹林帯の
急坂
チョウノスケソウ
オヤマノエンドウ
ツガザクラ
イワウメ
頂上に
「大権現」の板碑
石尊峰
中山乗越展望台
中山乗越
ミヤマダイコンソウ
ハクサンイチゲ
イワオウギ
イブキジャコウソウ
イワベンケイ
タカネナデシコ
ミヤマオダマキ
鉾岳
日ノ岳
赤岳、阿弥陀岳の
ビューポイント
南沢
南沢コース
2354
行者小屋
急な岩盤の長いクサリ場
スリップ、落石に注意
地蔵尾根
二十三夜峰
高さ約20mの岩塔
基部を横切る
休憩適地
「阿弥陀岳分岐」の道標
周辺にナナカマド多い
急峻な岩稜
クサリ場、階段
地蔵ノ頭
谷の源頭斜面に
大きくジグザグを刻む
中岳道
文三郎尾根
コマクサ
ウルップソウ
赤岳天望荘
2578
中岳のコルへ
文三郎尾根分岐へ
赤岳へ
巻き道分岐へ

5 権現岳・赤岳詳細図

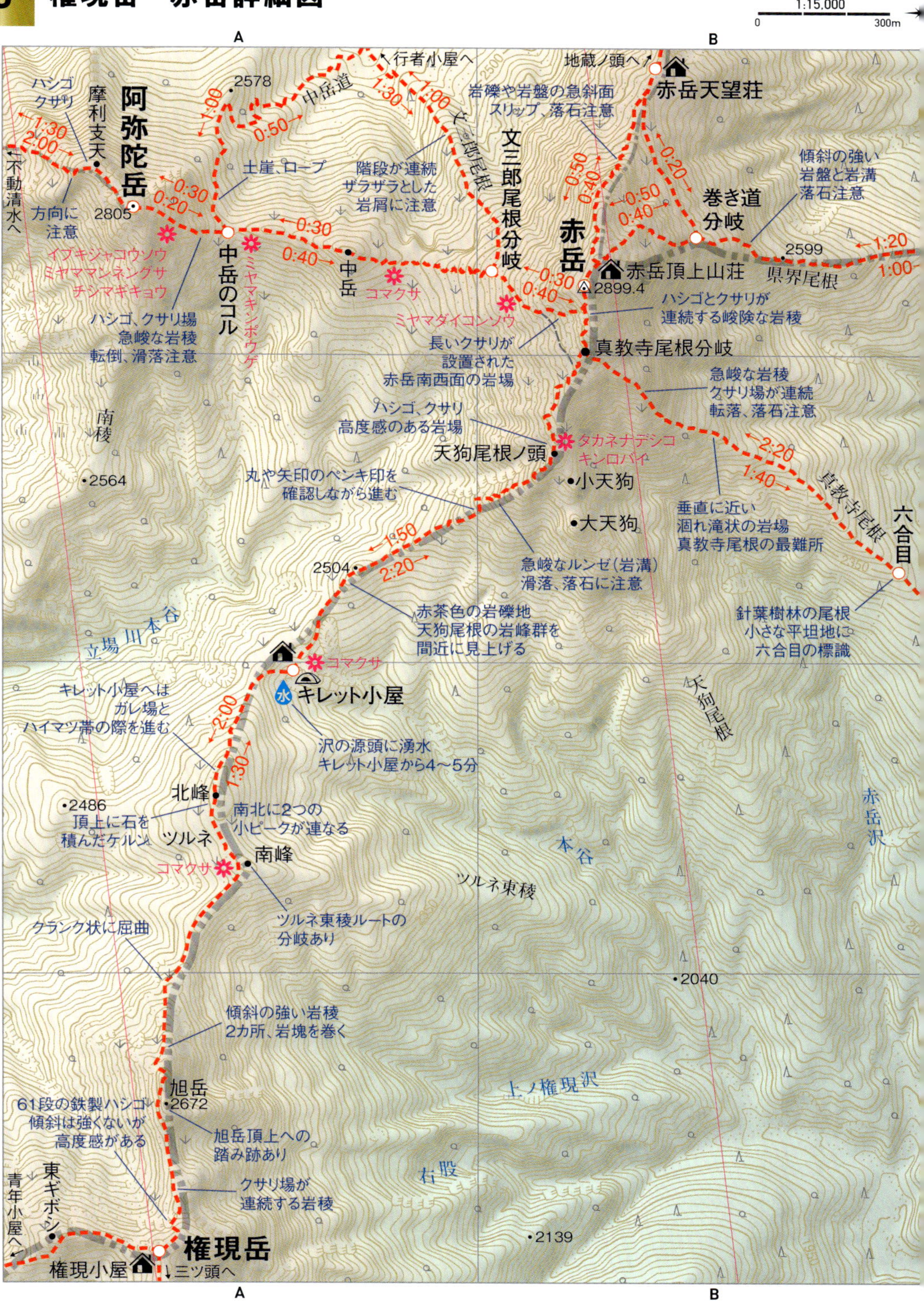
1:15,000
0
300m
A
B
行者小屋へ
地蔵ノ頭へ
赤岳天望荘
岩礫や岩盤の急斜面
スリップ、落石注意
ハシゴ
クサリ
摩利支天
阿弥陀岳
2578
中岳道
文三郎尾根
不動清水へ
方向に注意
2805
土崖、ロープ
階段が連続
ザラザラとした
岩屑に注意
文三郎尾根分岐
赤岳
巻き道分岐
傾斜の強い
岩盤と岩溝
落石注意
2599
中岳のコル
中岳
イブキジャコウソウ
ミヤママンネングサ
チシマギキョウ
ミヤマキンポウゲ
コマクサ
ミヤマダイコンソウ
赤岳頂上山荘
県界尾根
2899.4
ハシゴとクサリが
連続する峻険な岩稜
ハシゴ、クサリ場
急峻な岩稜
転倒、滑落注意
長いクサリが
設置された
赤岳南西面の岩場
真教寺尾根分岐
急峻な岩稜
クサリ場が連続
転落、落石注意
南稜
ハシゴ、クサリ
高度感のある岩場
天狗尾根ノ頭
タカネナデシコ
キンロバイ
2564
丸や矢印のペンキ印を
確認しながら進む
小天狗
大天狗
垂直に近い
涸れ滝状の岩場
真教寺尾根の最難所
真教寺尾根
六合目
2504
急峻なルンゼ（岩溝）
滑落、落石に注意
赤茶色の岩礫地
天狗尾根の岩峰群を
間近に見上げる
針葉樹林の尾根
小さな平坦地に
六合目の標識
立場川本谷
コマクサ
キレット小屋
キレット小屋へは
ガレ場と
ハイマツ帯の際を進む
天狗尾根
沢の源頭に湧水
キレット小屋から4〜5分
北峰
2486
頂上に石を
積んだケルン
ツルネ
南北に2つの
小ピークが連なる
赤岳沢
本谷
コマクサ
南峰
ツルネ東稜
ツルネ東稜ルートの
分岐あり
クランク状に屈曲
2040
傾斜の強い岩稜
2カ所、岩塊を巻く
旭岳
2672
上ノ権現沢
61段の鉄製ハシゴ
傾斜は強くないが
高度感がある
旭岳頂上への
踏み跡あり
右股
東ギボシ
青年小屋へ
クサリ場が
連続する岩稜
2139
権現岳
権現小屋
三ツ頭へ
1:30
2:00
0:30
0:20
1:00
0:50
0:30
0:40
0:50
0:40
0:20
0:50
0:40
1:20
1:00
0:30
0:40
2:20
1:40
1:50
2:20
2:00
1:30
1
2
3
4

1:25,000
0
500m
N
C
D
高石川
高見沢川
海ノ口別荘地
海ノ口自然郷
1585.7
1468
1706
杣添川
野辺山駅へ
1472
1719
1561
1455
長野県
南牧村
1496
1622
板橋川
1455
南牧村・村道
幅10～15mの防火帯
ササの斜面を進む
植生保護フェンス
扉を開閉して
通行する
1621
1557.8
ゲート
0:35
0:30
県界尾根登山口
(野辺山口)
登山届ポスト
5、6台の
駐車スペース
未舗装の林道
荒天後は
道路状況を確認
八ヶ岳牧場
1437
1510
磁北方位は西偏約7°00′
野辺山駅へ
1585
1
2
3
4

県界尾根・杣添尾根

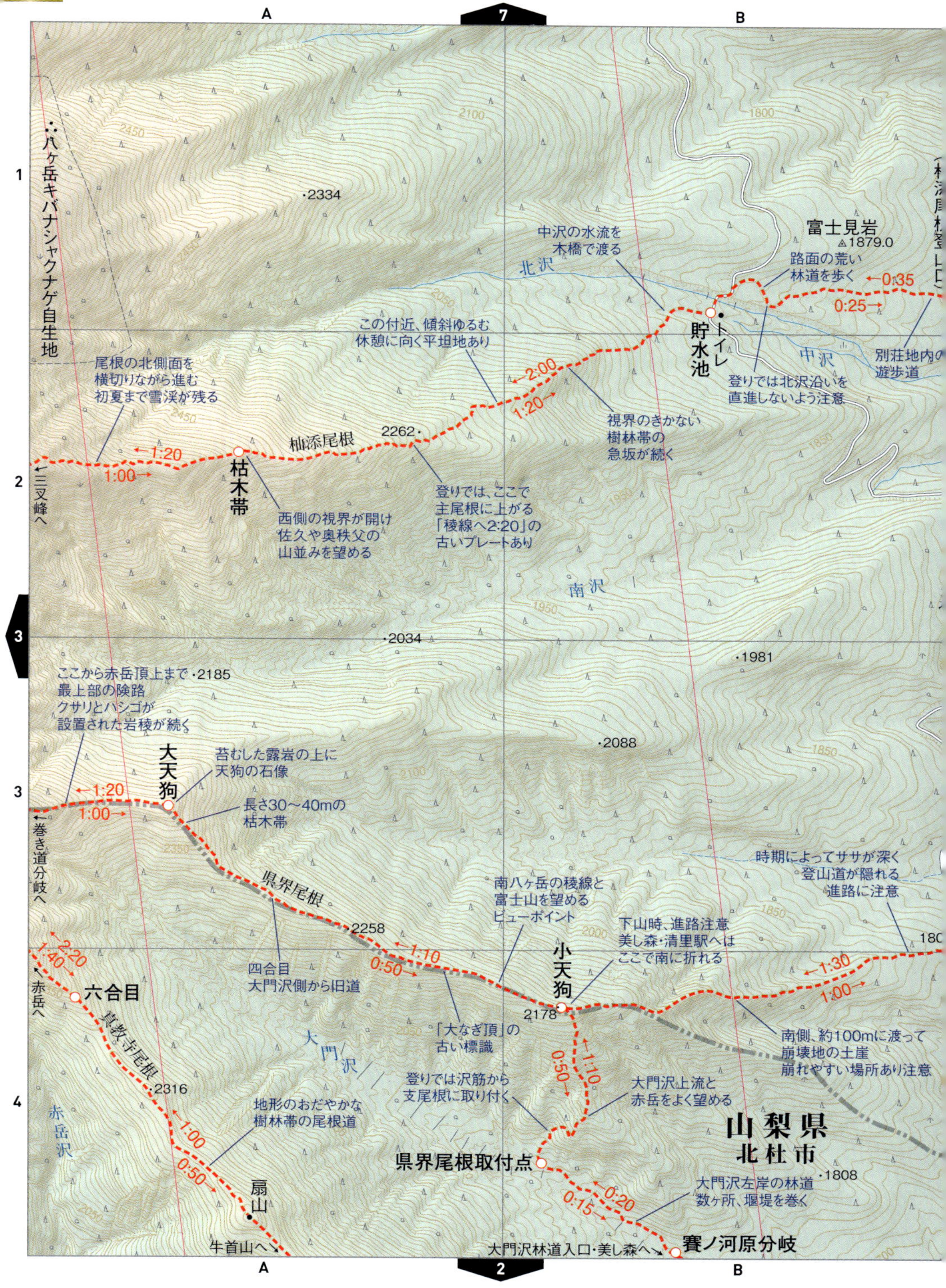
A
7
B
1
2
3
4
八ヶ岳キバナシャクナゲ自生地
2334
2450
2100
1800
富士見岩
1879.0
中沢の水流を
木橋で渡る
北沢
路面の荒い
林道を歩く
←0:35
0:25→
杣添尾根登山口
貯水池
トイレ
この付近、傾斜ゆるむ
休憩に向く平坦地あり
中沢
別荘地内の
遊歩道
尾根の北側面を
横切りながら進む
初夏まで雪渓が残る
←2:00
1:20→
登りでは北沢沿いを
直進しないよう注意
視界のきかない
樹林帯の
急坂が続く
←1:20
1:00→
枯木帯
杣添尾根
2262
三叉峰へ
西側の視界が開け
佐久や奥秩父の
山並みを望める
登りでは、ここで
主尾根に上がる
「稜線へ2:20」の
古いプレートあり
南沢
1950
2034
1981
ここから赤岳頂上まで
2185
最上部の険路
クサリとハシゴが
設置された岩稜が続く
2088
1850
大天狗
苔むした露岩の上に
天狗の石像
←1:20
1:00→
長さ30〜40mの
枯木帯
巻き道分岐へ
時期によってササが深く
登山道が隠れる
進路に注意
県界尾根
南八ヶ岳の稜線と
富士山を望める
ビューポイント
2258
下山時、進路注意
美し森・清里駅へは
ここで南に折れる
←2:20
1:40→
←1:10
0:50→
小天狗
←1:30
1:00→
赤岳へ
六合目
四合目
大門沢側から旧道
2178
「大なぎ頂」の
古い標識
南側、約100mに渡って
崩壊地の土崖
崩れやすい場所あり注意
真教寺尾根
大門沢
0:50→
←1:10
2316
登りでは沢筋から
支尾根に取り付く
大門沢上流と
赤岳をよく望める
赤岳沢
地形のおだやかな
樹林帯の尾根道
←1:00
0:50→
山梨県
北杜市
県界尾根取付点
1808
大門沢左岸の林道
数ヶ所、堰堤を巻く
←0:20
0:15→
扇山
牛首山へ
大門沢林道入口・美し森へ
賽ノ河原分岐
2

1:25,000
0
500m
N
6
C
D
オーレン小屋へ
オーレン小屋へ
夏沢峠へ
2760
「峰の松目コル」の道標
2567.6
峰ノ松目
2528
2656
赤岩ノ頭
硫黄岳
キバナシャクナゲ
大ダルミ
硫黄岳山荘
八ヶ岳キバナシャクナゲ自生地
南面にガレ場
赤岳、阿弥陀岳を望める
木橋数ヶ所
本流、支流を
渡りながら進む
水際の
木道を通る
横岳西壁の岩峰
大同心を望める
赤岳鉱泉
ジョウゴ沢
八ヶ岳随一の
コマクサ群落地
コマクサ
台座ノ頭
2795
2292
2132
北沢コース
北沢
登りでは
ここまで林道
1949
堰堤広場
増水時や
自然災害時の
迂回道
大同心
クサリ、ハシゴ
急峻な岩稜
小同心
奥ノ院
2830
横岳
無名峰
2826
2345
柚添尾根
三叉峰
2825
横岳登山口へ
石尊峰
美濃戸中山
2387
中山乗越展望台
中山乗越
ハクサンイチゲ
ミヤマダイコンソウ
鉾岳
日ノ岳
右岸の
高みを進む
祠のある岩壁
「美濃戸40分・行者40分」の
古い手書きプレートあり
白河原
2354
行者小屋
地蔵尾根
長いクサリ場
落石注意
922
砂礫の河原が開け
横岳の稜線を望める
4
峡谷部
水流近くを進む
急な階段
クサリ場
地蔵ノ頭
急坂、長いロープ
スリップとロープの
摩擦による火傷に注意
摩利支天
2578
中岳道
文三郎尾根
文三郎尾根分岐
赤岳天望荘
御小屋尾根
2296
不動清水入口
不動清水入口から
水場往復10分
中央稜
2805
阿弥陀岳
御小屋尾根
下山時
方向に注意
中岳のコル
中岳
赤岳
2899.4
赤岳頂上山荘
真教寺尾根分岐
巻き道分岐
県界尾根
大天狗へ
クサリ場が
連続する岩稜
真教寺尾根
六合目へ
2261
南稜
2564
天狗尾根ノ頭
小天狗
大天狗
2504
急峻な
ルンゼ(岩溝)
立場岳
立場川本谷
コマクサ
キレット小屋
赤岳沢
天狗尾根
2370
2486
北峰
ツルネ
コマクサ
南峰
本谷
ツルネ東稜
2040
権現岳へ
1
1
2
3
4
水
0:20
0:25
0:20
0:25
1:00
0:40
1:10
0:50
1:00
1:10
1:40
1:00
0:40
0:50
1:10
0:40
0:40
0:30
0:10
1:00
1:20
1:30
1:10
1:50
2:20
1:30
1:00
1:00
0:50
0:50
1:00
1:30
2:00
0:50
0:40
0:20
0:30
0:20
0:40
0:30
0:50
0:40
1:20
1:00
0:30
0:40
2:20
1:40
1:50
2:20
2:00
1:30

3 赤岳・阿弥陀岳・横岳・硫黄岳

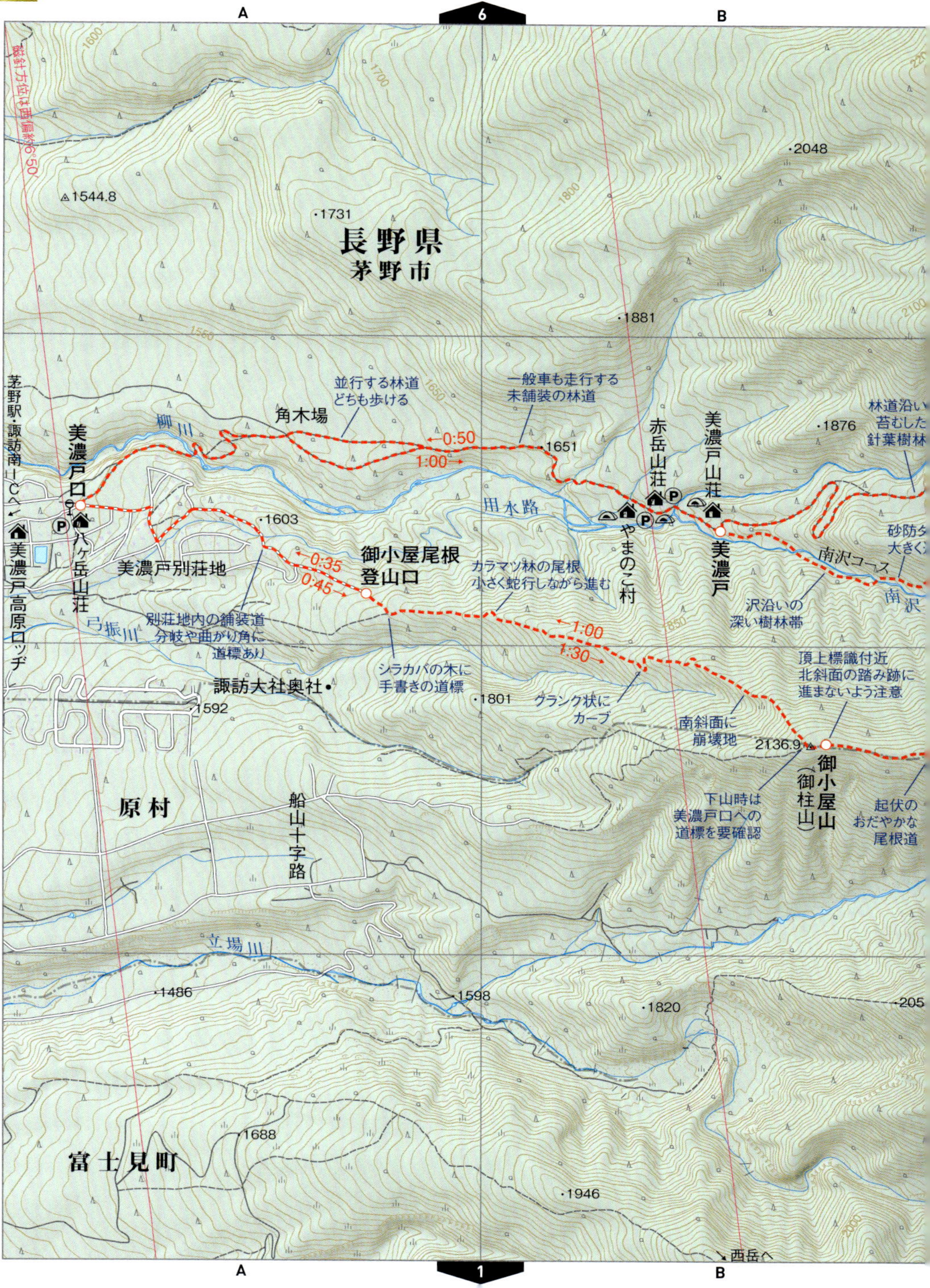

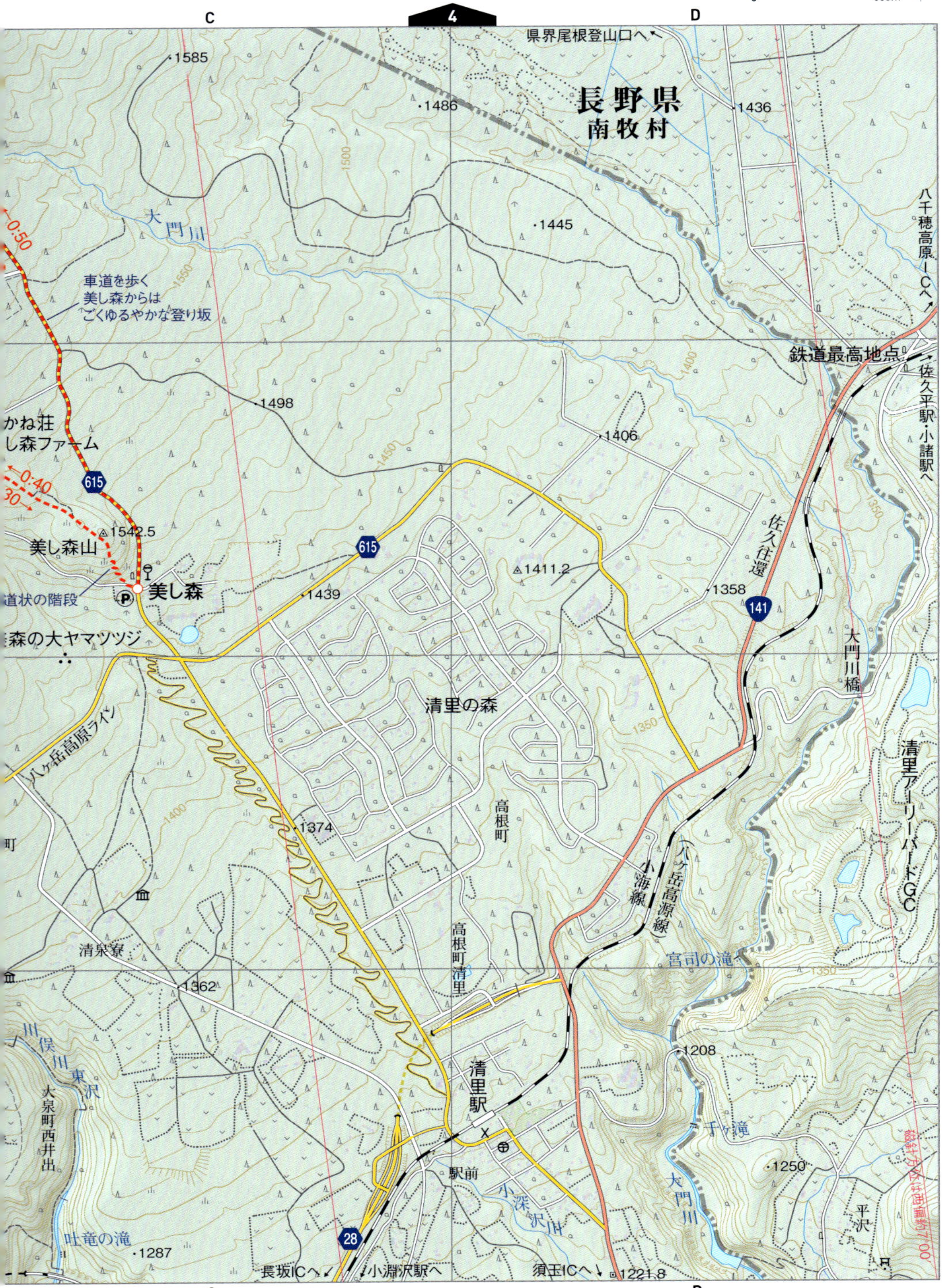
1:25,000
0
500m
N
4
C
D
県界尾根登山口へ
長野県
南牧村
1585
1486
1436
1445
大門川
0:50
車道を歩く
美し森からは
ごくゆるやかな登り坂
八千穂高原IC へ
鉄道最高地点
佐久平駅・小諸駅へ
1498
1406
かね荘
し森ファーム
615
0:40
30
1542.5
美し森山
美し森
道状の階段
1439
1411.2
佐久往還
1358
141
森の大ヤマツツジ
大門川橋
清里の森
八ヶ岳高原ライン
1350
高根町
清里アーリーバードGC
1374
小海線
八ケ岳高原線
清泉寮
高根町清里
宮司の滝
1362
川俣川東沢
1208
大泉町西井出
清里駅
千ヶ滝
駅前
1250
小深沢川
大門川
平沢
吐竜の滝
28
1287
長坂ICへ
小淵沢駅へ
須玉ICへ
1221.8
1
2
3
4
磁針方位は西偏約7°00'

2 天女山・美し森

A
4
B
六合目へ
1:00
0:50
倒木や枯木が多い
赤テープを目印に進む
2280.3
牛首山
1:20
1:00
天狗岩
オオビランジ
真教寺尾根
県界尾根取付点・赤岳へ
飛び石で
水流を渡る
増水時は危険
賽ノ河原分岐
0:35
0:25
0:25
0:20
堰堤を巻きながら
大門沢沿いを進む
大門沢
林道入口
大門沢
堰堤で沢を渡る
カラマツロッジ
1906
賽ノ河原
サンメドウズ清里
ハイランドパーク
清里ハイランド
パーク
地獄谷
1886
ササの深い斜面
尾根の南側へ
回り込む
平坦な砂礫地
富士山と
南アルプスを展望
0:40
0:50
1
2101
1687
カラマツ植林地の
防火帯を通る
羽衣
羽衣池
160
2
2032
八ヶ岳横断歩道
1545
川俣川渓谷
1779
前三ツ頭へ
登りでは
この付近から
急坂が続く
川俣川西沢
山梨県
北杜市
2:10
1:30
1859
海抜1800mの石碑
ダケカンバや
ナナカマドなどの
自然林
3
天女山(大泉口)コース
なだらかな尾根道
カラマツ林と
砂礫地を交互に
通り抜ける
1734
八ヶ岳牧場
1530
11
県立まきば公園
0:50
0:40
観音平へ
1791
八ヶ岳横断歩道
天ノ河原
0:20
0:15
天女山駐車場
天女山
P
1528.9
展望台
砂礫地が開け
富士山と
南アルプスを展望
4
620
138
八ヶ岳牧場
天女山入口
11
28
1479
甲斐小泉駅へ
小淵沢駅・小淵沢ICへ
甲斐小泉駅・長坂ICへ
A
B

1 25,000
0
500m
N
C
D
3
キレット小屋へ
2:00
1:30
・2040
地形の複雑な岩稜
クサリ場が連続
旭岳
2672
本谷
上ノ権現沢
地獄谷
・2494
・2107
東側の正面に
ギボシの岩峰が
そびえ立つ
61段の源治ハシゴ
右股
1
東ギボシ
権現岳
・2139
西ギボシ
権現小屋
2715
檜峰神社
左股
絵図小屋跡
ガレ場
落石注意
のろし場
急坂、露岩にクサリ
小ピークの地形
でアップダウン
乙女ノ水
水
水場、青年小屋から
往復10分
1:10
1:40
東ギボシの直下を
横切るクサリ場
足もとに注意
2300
0:40
1:00
青年小屋
岩石帯の斜面
ペンキ印を追って進む
小ピークの
西側直下を巻く
鋭角にそびえる
権現岳、赤岳の
眺めがすばらしい
0:40
コイワカガミ
編笠山
三ツ頭
2580
2523.9
0:25
前三ツ頭分岐
時、進路注意
道標をよく確認
0:55
1:10
0:35
0:50
2
登りでは砂礫地から
樹林帯へ入る
ペンキ印を要確認
岩石帯の
急斜面
樹林帯の急坂
露岩にハシゴ
西側に枯木帯
目前に編笠山
0:50
0:40
1:00
シャクナゲ公園
1:10
樹林帯の急坂
ロープ数ヶ所
2364.6
前三ツ頭
2:10
1:30
1:00
1:40
小泉口コース
2282
2
・2106
草地の
おだやかな地形
休憩適地
海抜1800mの石碑へ
押手川
岩礫地の頂上
富士山、南アルプス
奥秩父の展望雄大
りでは進路に注意
道標と赤テープを
よく確認
コイワカガミ
木戸口
・2043
2050
3
樹林帯の長い尾根道
0:30
ヘリポート
カラマツ林の
なだかな斜面
0:40
・1891
休憩適地
富士山を望める
1:20
2:00
山梨県
北杜市
雲海
笹すべり
・1851
天女山へ
門状の
の間を
抜ける
・1884
・1912
ササの深い斜面
踏み跡から
はずれないよう注意
八ヶ岳横断歩道
0:45
1:00
野生動物が生息
水場は飲用不適
9.4
整然とした
カラマツ林
4
延命水
延命水入口
八ヶ岳横断歩道
三昧線滝
磁針方位は西偏約6°50′
0:45
P
八ヶ岳横断歩道
観音平
(甲斐小泉駅方面分岐)
古杣川
八ヶ岳神社
・1489
天女山へ
観音平へ
C
D

1 編笠山・権現岳・西岳

A
3
B
立場川キャンプ場へ
1632
2107
1
西岳
下山時
方向に注意
長野県
富士見町
1628
1440
林間の広場
休憩適地あり
視界が
開ける岩
1846
2138
コメツガやシラビソ
亜高山帯の針葉樹
1:00
1:30
林道編笠線
登りでは不動清水から
数えて3本目の林道
標高約1920m
2
ミズナラやダケカンバなど
広葉樹が多い
1584
1515.1
高さ7～8m、
幅5mほどの露岩
「臼久保岩小屋」の
プレートもあり
0:45
1:10
1:10
1:50
地面にシダが多い
カラマツ林
2095
1652
石小屋
富士見高原から
不動清水へは
林道や散策路など
複数の経路あり
不動清水
水
トイレ
レンゲツツジ
0:30
0:40
0:35
0:45
0:30
0:40
針葉樹林帯の
急坂が続く
標高約100mご
標識あり
美しい
ミズナラ林
1404
盃流し
1538
長さ50mほどの
一枚岩に
水が流れ落ちる
3
登山届ポスト
ゲート
林道と登山道が
交わる五差路
富士見高原
ゴルフコース
小さな沢を渡る
クラブハウス
P
富士見高原
(編笠山・西岳登山口)
原村へ
富士見高原花の里
富士見高原スキー場
1446
484
1423.7
4
1427
八峯苑 鹿の湯
切掛沢川
八ヶ岳鉢巻道路
1249
1334
小淵沢駅・小淵沢ICへ
小淵沢駅・小淵沢ICへ
A
B

主な地図記号

※そのほかの地図記号は、国土地理院発行2万5000分ノ1地形図に準拠しています

- 一般登山コース
- 参考コース（登攀ルート等）
- ←1:30 コースタイム（時間：分）
- コースタイムを区切る地点
- 4車線以上
- 2車線道路
- 1車線道路
- 軽車道
- 徒歩道
- 庭園路
- 高速・有料道路
- 299 国道・番号
- 192 都道府県道・番号
- 鉄道・駅
- JR線・駅
- 索道（リフト等）
- 送電線
- 都道府県界
- 市町村界

- 特定地区界
- 植生界
- 2899.4 三角点
- 1159.4 電子基準点
- 720.9 水準点
- ・1651 標高点
- 等高線（主曲線）標高10mごと
- 等高線（計曲線）主曲線5本目ごと
- 等高線（補助曲線）
- 1500 等高線標高
- 磁北線
- 市役所
- 町村役場
- 警察署
- 消防署
- 交番
- 病院
- 神社
- 寺院

- 営業山小屋
- 避難小屋・無人山小屋
- キャンプ指定地
- 水場（主に湧水）
- 主な高山植物群落
- バス停
- 駐車場
- 温泉
- 噴火口・噴気孔
- 採鉱地
- 発電所
- 電波塔
- 史跡・名勝・天然記念物
- 岩がけ
- 岩
- 土がけ
- 雨裂
- 砂れき地
- おう地（窪地）

- 湖・池等
- 河川・せき（堰）
- 河川・滝
- 広葉樹林
- 針葉樹林
- ハイマツ地
- 笹地
- 荒地
- 竹林
- 畑・牧草地
- 果樹園
- 田

標高

- 3000m
- 2500m
- 2000m
- 1500m
- 1000m
- 500m

コースマップ

国土地理院発行の2万5000分ノ1地形図に相当する数値地図（国土基本情報）をもとに調製したコースマップです。

赤破線で示したコースのうち、地形図に記載のない部分、あるいは変動が生じている部分については、GPSで測位した情報を利用しています。ただし10〜20m程度の誤差が生じている場合があります。

また、登山コースは自然災害などにより、今後も変動する可能性があります。登山にあたっては本書のコースマップと最新の地形図（電子国土Web・地理院地図、電子地形図25000など）の併用を推奨します。

コースマップには、コンパス（方位磁石）を活用する際に手助けとなる磁北線を記入しています。本書のコースマップは、上を北（真北）にして製作していますが、コンパスのさす北（磁北）は、真北に対して西へ7度前後（八ヶ岳周辺）のズレが生じています。真北と磁北のズレのことを磁針偏差（西偏）といい、登山でコンパスを活用する際は、磁針偏差に留意する必要があります。

磁針偏差は、国土地理院・地磁気測量の2015.0年値（2015年1月1日0時[UT]における磁場の値）を参照しています。

八ヶ岳登山にあたっては、コースマップとともにコンパスを携行し、方角や進路の確認に役立ててください。

Contents

コースマップ目次

1 編笠山・権現岳・西岳
2 天女山・美し森
3 赤岳・阿弥陀岳・横岳・硫黄岳
4 県界尾根・杣添尾根
5左 権現岳・赤岳詳細図
5右 横岳・硫黄岳詳細図
6 天狗岳・にゅう
7左 みどり池・本沢温泉入口
7右 天狗岳詳細図
8 縞枯山・茶臼山・麦草峠
9 白駒池・稲子湯
10 北横岳・蓼科山・双子池
11左 麦草峠・白駒池詳細図
11右 北横岳・縞枯山詳細図

コースさくいん

南八ヶ岳

コース1 赤岳 阿弥陀岳 …… Map 3-2A
サブコース 阿弥陀岳から御小屋尾根を下山 …… Map 3-3D
コース2 赤岳 横岳・硫黄岳 …… Map 3-2A
サブコース 杣添尾根から横岳へ …… Map 4-1B
コース3 赤岳 県界尾根・真教寺尾根 …… Map 2-2C
コース4 硫黄岳 峰ノ松目 …… Map 6-3B
コース5 編笠山 権現岳 …… Map 1-4C
コース6 西岳 編笠山 …… Map 1-3A
コース7 権現岳 赤岳 …… Map 2-4B

北八ヶ岳

コース8 天狗岳 高見石 …… Map 6-1B
サブコース 西尾根から天狗岳へ …… Map 6-2B
コース9 天狗岳 みどり池・本沢温泉 …… Map 9-4C
サブコース 白砂新道から天狗岳へ …… Map 7-1B
コース10 にゅう 白駒池 …… Map 8-3D
サブコース 八千穂高原から剣ヶ峯・白駒池へ …… Map 9-1B
サブコース 麦草峠から雨池・八柱山へ …… Map 8-3D
サブコース 麦草峠から狭霧苑地・渋ノ湯へ …… Map 8-3D
コース11 縞枯山 茶臼山 …… Map 8-1C
コース12 北横岳 双子池・雨池 …… Map 8-1C
サブコース 山頂駅から三ツ岳・大岳へ …… Map 8-1C
コース13 蓼科山 …… Map 10-1A
サブコース 竜源橋から蓼科山へ …… Map 10-4B

積雪期

コース14 山頂駅から北横岳へ …… Map 8-1C
コース15 渋ノ湯から天狗岳へ …… Map 6-1B
コース16 美濃戸口から赤岳へ …… Map 3-2A

八ヶ岳全図

立科・佐久へ
望月高原牧場
佐久市
佐久小諸JCTへ
佐久穂IC
佐久平
小諸方面
海瀬駅
中部横断自動車道
鍋鑵山
1207
1579
白樺高原
女神湖
蓼科牧場
蓼科牧場ゴンドラリフト
御泉水自然園駅
蓼科牧場
八千穂駅
八千穂高原IC
887
石堂川
10
蓼科山七合目
大河原峠
蓼科仙境都市
大門峠
前掛山
立科町
双子山
将軍平
佐久穂町
高岩駅
蓼科山
2531
天祥寺原
双子池
白樺湖
299
馬流駅
152
八子ヶ峰
蓼科山登山口
大岳
北横岳
2480
三ツ岳
八柱山
2115
1167
小海駅
竜源橋
8
雨池山
八柱山登山口
9
山頂駅
雨池峠
雨池
大門街道
北八ヶ岳ロープウェイ
ビーナスライン
縞枯山
2403
八千穂高原自然園
千代里牧場
右
11
信濃路自然歩道入口
親湯
山麓駅
茶臼山
2384
141
千曲川
剣ヶ峯
滝ノ湯
大石峠
松原湖駅
麦草峠
親湯入口
プール平
白駒池入口
みどり池入口
滝川
11
左
松原湖
蓼科高原
狭霧苑地
白駒池
メルヘン街道
蓼科湖
299
丸山
稲子湯
湯川
高見石
1193
冷山
大月川
1304
6
小海町
明治湯
渋ノ湯
にゅう
7
左
海尻駅
渋川
中山
2496
稲子岳
横谷温泉
黒百合平
本沢温泉入口
JR小海線
中山峠
みどり池
977
唐沢鉱泉
天狗岳
林道ゲート
152
唐沢
7
右
2646
佐久海ノ口駅
茅野へ
茅野市
根石岳
2603
湯川
桜平
箕冠山
本沢温泉
尖石石器時代遺跡
小海線
清里・小淵沢へ

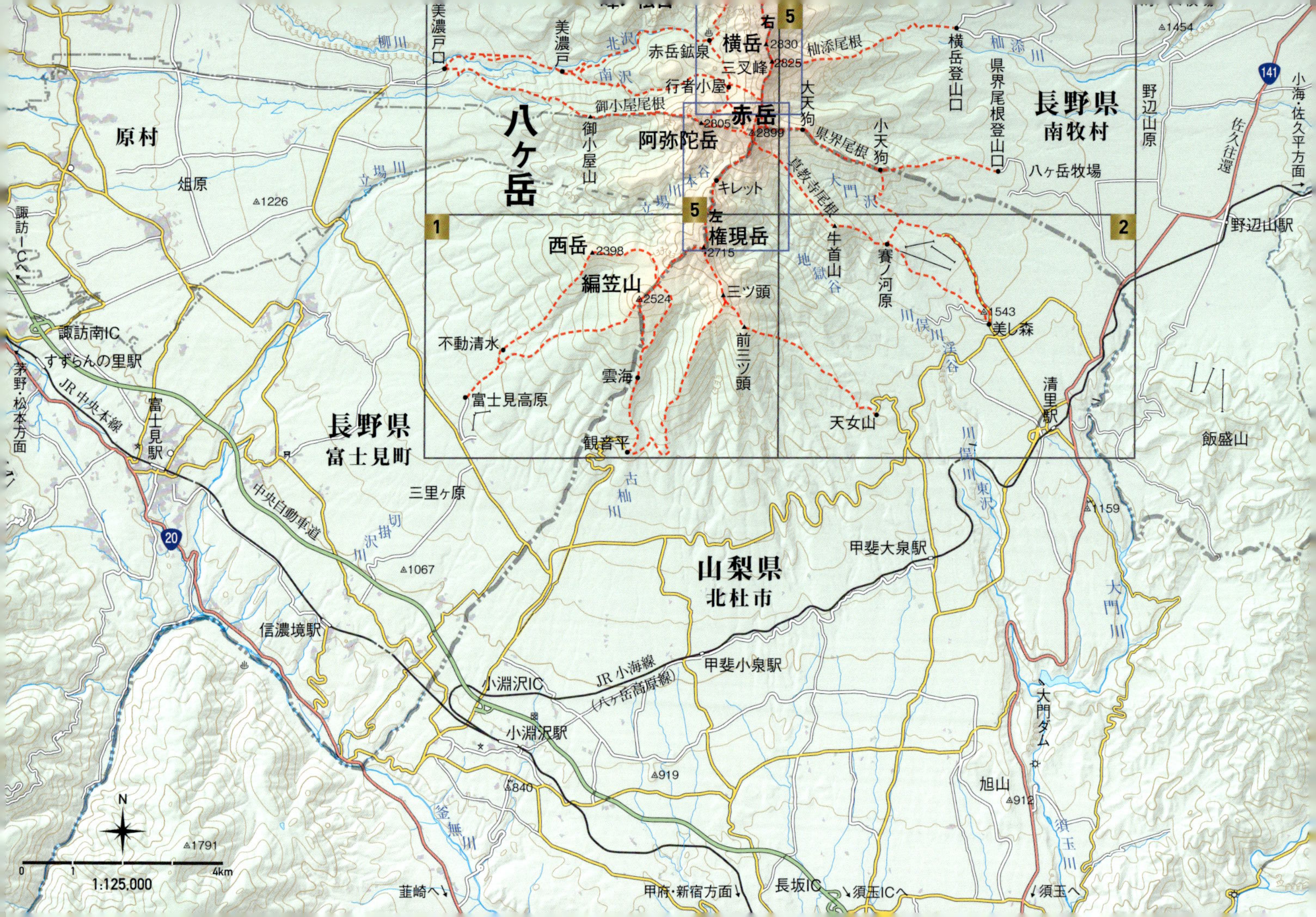
八ヶ岳
赤岳
2899
阿弥陀岳
2805
横岳
2830
三叉峰
2825
権現岳
2715
編笠山
2524
西岳
2398
赤岳鉱泉
行者小屋
御小屋尾根
御小屋山
美濃戸
美濃戸口
杣添尾根
横岳登山口
県界尾根登山口
大天狗
小天狗
県界尾根
真教寺尾根
キレット
牛首山
三ツ頭
前三ツ頭
賽ノ河原
美し森
1543
天女山
雲海
不動清水
富士見高原
観音平
長野県
南牧村
八ヶ岳牧場
野辺山原
野辺山駅
佐久往還
小海・佐久平方面
141
1454
長野県
富士見町
原村
立場川
柳川
北沢
南沢
杣添川
大門沢
地獄谷
川俣川渓谷
川俣川東沢
古杣川
切掛沢川
釜無川
大門川
須玉川
大門ダム
清里駅
甲斐大泉駅
甲斐小泉駅
JR小海線
(八ヶ岳高原線)
小淵沢IC
小淵沢駅
山梨県
北杜市
三里ヶ原
1067
中央自動車道
JR中央本線
すずらんの里駅
諏訪南IC
富士見駅
諏訪IC
茅野・松本方面
信濃境駅
20
1226
1159
飯盛山
旭山
912
919
840
1791
韮崎へ
甲府・新宿方面
長坂IC
須玉ICへ
須玉へ
1:125,000
0
1
4km
N
1
2
5
右
左

取り外せる！　持ち歩ける！

アルペンガイド

登山地図帳

八ヶ岳

Alpine Guide